香港文庫
新古今香港系列

A History of
Telecommunications
in Pre-War
Hong Kong

戰前香港電訊史

馬冠堯 —— 著

新古今香港系列

總

序

香港，作為中國南部海濱一個重要的海港城市，有著特殊的社會經歷和文化特質。它既是中華文化值得驕傲的部分，又是具有強烈個性的部分。尤其在近現代時期，由於處於中西文化交匯的前沿地帶，因而還擁有融匯中西的大時代特徵。回顧和整理香港歷史文化積累的成果，遠遠超出整理一般地域文化歷史的意義。從宏觀的角度看，它在特定的時空範疇展現了中華文化承傳、包容的強大生命力，從而也反映了世界近代文化發展的複雜性和多面性。

　　梁啟超在《中國歷史研究法》中對有系統地收集史料和研究成果的重要性，曾作這樣的論述：

　　　　大抵史料之為物，往往有單舉一事，覺其無足輕重；及彙集同類之若干事比而觀之，則一時代之狀況可以跳活表現。比如治庭院者，孤植草花一本，無足觀也；若集千萬本，蒔已成畦，則絢爛炫目矣。[1]

　　近三十年來香港歷史文化研究，已有長足的進步，而對香港社會歷史文化的認識，到了一個全面、深入認識、整理和繼續探索的階段，因而《香港文庫》可視為時代呼喚的產物。

1　梁啟超：《中國歷史研究法》〔香港：三聯書店（香港）有限公司，2000〕，69頁。

（一）

　　曾經在一段時間內，有些人把香港的歷史發展過程概括為從"小漁村到大都會"，即把香港的歷史過程，僅僅定格在近現代史的範疇。不知為甚麼這句話慢慢成了不少人的慣用語，以致影響到人們對香港歷史整體的認識，故確有必要作一些澄清。

　　從目前考古掌握的資料來看，香港地區的有人類活動歷史起碼可以上溯到新石器中期和晚期，是屬於環珠江口的大灣文化系統的一部分。由此我們可以清楚地看到，香港的地理位置從遠古時期開始，就決定了它與中國內地不可分割的歷史關係。它一方面與鄰近的珠江三角洲人群的文化互動交流，同時與長江流域一帶的良渚文化有著淵源的關係。到了青銅器時代，中原地區的商殷文化，透過粵東地區的浮濱文化的傳遞，已經來到香港。[2]

　　還有一點不可忽視的是，香港位於中國東南沿海，處於東亞古代海上走廊的中段，所以它有著深遠的古代人口流動和文化交流的歷史痕跡。古代的這種歷史留痕，正好解釋它為甚麼在近現代能迅速崛起所具備的自然因素。天然的優良港口在人類歷史的"大

2　參看香港古物古蹟辦事處：〈香港近年的考古發現與研究〉，載《考古》
　　第 6 期（2007），3–7 頁。

航海時代"被發掘和利用,是順理成章的事,而它的地理位置和深厚的歷史文化根源,正是香港必然回歸祖國的天命。

香港實際在秦代已正式納入中國版圖。而在秦漢之際所建立的南越國,為後來被稱為"嶺南"的地區奠定了重要的政治、經濟和文化基礎。[3] 香港當時不是區域政治文化中心,還沒有展示它的魅力,但是身處中國南方的發展時期,大區域的環境無疑為它鋪墊了一種潛在的發展力量。我們應該看到,當漢代,廣東的重要對外港口從徐聞、合浦轉到廣州港以後,從廣州出海西行到南印度"黃支"的海路,途經現在香港地區的海域。香港九龍漢墓的發現可以充分證實,香港地區當時已經成為南方人口流動、散播的區域之一了。[4] 所以研究中國古代海上絲綢之路,不應該完全忘卻對香港古代史的研究。

到了唐宋時期,廣東地區的嶺南文化格局已經形成。中國人口和政治重心的南移、珠江三角洲地區進入"土地生長期"等因素都為香港人口流動的加速帶來新動力。所以從宋、元、明開始,內地遷移來香港地區生活的人口漸次增加,現在部分香港原住民就

---

3 參看張榮方、黃淼章:《南越國史》(廣州:廣東人民出版社,1995)。

4 參看區家發:〈香港考古成果及其啟示〉,載王賡武主編:《香港史新編》(增訂版)〔香港:三聯書店(香港)有限公司,2017〕,3-42 頁。

是這段歷史時期遷來的。[5] 香港作為一個地區，應該包括港島、九龍半島和新界三個部分，所以到十九世紀四十年代，香港絕對不能說"只是一條漁村"。

我們在回顧香港歷史的時候，常常責難晚清政府無能，把香港割讓給英國，但是即使是那樣，清朝在《南京條約》簽訂以後，還是在九龍尖沙咀建立了兩座砲台，後來又以九龍寨城為中心，加強捍衛南九龍一帶的土地。[6] 這一切說明清王朝，特別是一些盡忠職守的將領一直沒有忘記自己國家的土地和百姓，而到了今天，我們卻沒有意識到說香港當英國人來到的時候只是"一條漁村"，這種說法從史實的角度看是片面的，而這種謬誤對年輕一代會造成歸屬感的錯覺，很容易被引申為十九世紀中期以後，英國人來了，香港才開始它的歷史，以致完整的歷史演變過程被隱去了部分。所以從某種意義上看，懂得古代香港的歷史是為了懂得自己社會和文化的根，懂得今天香港回歸祖國的歷史必然。因此，致力於香港在十九世紀中葉以前歷史的研究和整理，是我們《香港文庫》特別重視的一大宗旨。

5   參看霍啟昌：〈十九世紀中葉以前的香港〉，載《香港史新編》（增訂版），43－66頁。

6   其實我們如果細心觀察九龍城在第一次鴉片戰爭以後形成的過程，便可以看到清王朝對香港地區土地力圖保護的態度，而後來南九龍的土地在第二次鴉片戰爭中失去，主要是因為軍事力量對比過於懸殊。

（二）

　　曲折和特別的近現代社會進程賦予這個地區的歷
史以豐富內涵，所以香港研究是一個範圍頗為複雜的
地域研究。為此，本文庫明確以香港人文社會科學為
範疇，以歷史文化研究資料、文獻和成果作為文庫的
重心。具體來說，它以收集歷史和當代各類人文社會
科學方面的作品和有關文獻資料為己任，目的是為了
使社會大眾能全面認識香港文化發展的歷程而建立的
一個帶知識性、資料性和研究性的文獻平台，充分發
揮社會現存有關香港人文社會科學方面資料和成果的
作用，承前啟後，以史為鑒。在為人類的文明積累文
化成果的同時，也為香港社會的向前邁進盡一份力。

　　我們希望《香港文庫》能為讀者提供香港歷史文
化發展各個時期、各種層面的狀況和視野，而每一種
作品或資料都安排有具體、清晰的資料或內容介紹和
分析，以序言的形式出現，表現編者的選編角度和評
述，供讀者參考。從整個文庫來看，它將會呈現香港
歷史文化發展的宏觀脈絡和線索，而從具體一個作品
來看，又是一個個案、專題的資料集合或微觀的觀察
和分析，為大眾深入了解香港歷史文化提供線索或背
景資料。

　　從歷史的宏觀來看，每一個區域的歷史文化都有
時代的差異，不同的歷史時期會呈現出不同的狀況，

歷史的進程有快有慢，有起有伏；從歷史的微觀來看，不同層面的歷史文化的發展和變化會存在不平衡的狀態，不同文化層次存在著互動，這就決定了文庫在選題上有時代和不同層面方面的差異。我們的原則是實事求是，不求不同時代和不同層面上數量的刻板均衡，所以本文庫並非面面俱到，但求重點突出。

在結構上，我們把《香港文庫》分為三個系列：

1. "香港文庫・新古今香港系列"。這是在原三聯書店（香港）有限公司於 1988 年開始出版的 "古今香港系列" 基礎上編纂的一套香港社會歷史文化系列。以在香港歷史中產生過一定影響的人、事、物和事件為主，以通俗易懂的敘述方式，配合珍貴的歷史圖片，呈現出香港歷史與文化的各個側面。此系列屬於普及類型作品，但絕不放棄忠於史實、言必有據的嚴謹要求。作品可適當運用注解，但一般不作詳細考證、書後附有參考書目，以供讀者進一步閱讀參考，故與一般掌故性作品以鋪排故事敘述形式為主亦有區別。

"香港文庫・新古今香港系列" 部分作品來自原 "古今香港系列"。凡此類作品，應對原作品作認真的審讀，特別是對所徵引的資料部分，應認真查對、核實，亦可對原作品的內容作必要的增訂或說明，使其更為完整。若需作大量修改者，則應以重新撰寫方式處理。

本系列的讀者定位為有高中至大專水平以上的讀者，故要求可讀性與學術性相結合。以文字為主，配有圖片，數量按題材需要而定，一般不超過 30 幅。每種字數在 10 到 15 萬字之間。文中可有少量注解，但不作考證或辯論性的注釋。本系列既非純掌故歷史叢書，又非時論或純學術著作，內容以保留香港地域歷史文化為主旨。歡迎提出新的理論性見解，但不宜佔作品過大篇幅。希望此系列成為一套有保留價值的香港歷史文化叢書，成為廣大青少年讀者和地方史教育的重要參考資料。

　　2. "香港文庫・研究資料叢刊"。這是一套有關香港歷史文化研究的資料叢書，出版目的在於有計劃地保留一批具研究香港歷史文化價值的重要資料。它主要包括歷史文獻、地方文獻（地方誌、譜牒、日記、書信等）、歷史檔案、碑刻、口述歷史、調查報告、歷史地圖及圖像以及具特別參考價值的經典性歷史文化研究作品等。出版的讀者對象主要是大、中學生與教師，學術研究者、研究機構和圖書館。

　　本叢刊出版強調以原文的語種出版，特別是原始資料之文本；亦可出版中外對照之版本，以方便不同讀者需要。而屬經過整理、分析而撰寫的作品，雖然不是第一手資料，但隨時代過去，那些經過反復證明甚具資料價值者，亦可列入此類；翻譯作品，亦屬同類。

每種作品應有序言或體例說明其資料來源、編纂體例及其研究價值。編纂者可在原著中加注釋、說明或按語，但均不宜太多、太長，所有資料應注明出處。

本叢刊對作品版本的要求較高，應以學術研究常規格式為規範。

作為一個國際都會，香港在研究資料的整理方面有一定的基礎，但從當代資料學的高要求來說，仍需努力，希望叢刊的出版能在這方面作出貢獻。

3. "香港文庫·學術研究專題"。香港地區的特殊地理位置和經歷，決定了這部分內容的重要。無論在古代作為中國南部邊陲地帶與鄰近地區的接觸和交往，還是在大航海時代與西方殖民勢力的關係，以致今天實行的"一國兩制"，都有不少是值得深入研究的課題。人們常用"破解"一詞去形容自然科學方面獲得新知的過程，其實在人文社會科學方面也是如此。人類社會發展過程的地區差異和時代變遷，都需要不斷的深入研究和探討，才能比較準確認識它的過去，如何承傳和轉變至今天，又如何發展到明天。而學術研究正是從較深層次去探索社會，探索人與自然的關係，把人們的認識提高到理性的階段。所以，圍繞香港問題的學術研究，就是認識香港的理性表現，它的成果無疑會成為香港文化積累和水平的象徵。

由於香港無論在古代和近現代都處在不同民族和不同地區人口的交匯點，東西不同的理論、價值觀和文化之間的碰撞也特別明顯。尤其是在近世以來，世界的交往越來越頻密，軟實力的角力和博弈在這裡無聲地展開，香港不僅在國際經濟上已經顯示了它的地位，而且在文化上的戰略地位也顯得越來越重要。中國要在國際事務上取得話語權，不僅要有政治、經濟和軍事等方面的實力，在文化領域上也應要顯現出相應的水平。從這個方面看，有關香港研究的學術著作出版就顯得更加重要了。

"香港文庫·學術研究專題"系列是集合有關香港人文社會科學專題著作的重要園地，要求作品在學術方面達到較高的水平，或在資料的運用方面較前人有新的突破，或是在理論方面有新的建樹，作品在體系結構方面應完整。我們重視在學術上的國際交流和對話，認為這是繁榮學術的重要手段，但卻反對無的放矢，生搬硬套，只在形式上抄襲西方著述"新理論"的作品。我們在選題、審稿和出版方面一定嚴格按照學術的規範進行，不趕潮流，不跟風。特別歡迎大專院校的專業人士和個人的研究者"十年磨一劍"式的作品，也歡迎翻譯外文有關香港高學術水平的著作。

（三）

簡而言之，我們把《香港文庫》的結構劃分為三個系列，是希望把普及、資料和學術的功能結合成一個文化積累的平台，把香港近現代以前、殖民時代和回歸以後的經驗以人文和社會科學的視角作較全面的探索和思考。我們將以一種開放的態度，以融匯穿越時空和各種文化的氣度，實事求是的精神，踏踏實實做好這件有意義的文化工作。

香港在近現代和當代時期與國際交往的歷史使其在文化交流方面亦存在不少值得總結的經驗，這方面實際可視為一種香港當代社會資本，值得開拓和保存。

毋庸置疑，《香港文庫》是大中華文化圈的一部分，是匯聚百川的中華文化大河的一條支流。香港的近現代歷史已經有力證明，我們在世界走向融合的歷史進程中，保留中華文化傳統的重要。香港今天的文化成果，說到底與中國文化一直都是香港文化底色的關係甚大。我們堅信過去如此，現在如此，將來也一定如此。

鄭德華

目錄

前言

當今是資訊世界，資訊不但壟斷了人們的時間，更嚴重影響人們的分析能力。資訊泛濫導致"偽資訊"（偽造的和不全面的訊息）不斷出現在地球的每一角落。辨別真假除了要有邏輯的獨立思考外，還要追尋資訊的出處，以正是非。前者是思維方法，有專書講述，[1] 後者是讀歷史的要門，非通過讀歷史來達到不可。2001 年諾貝爾三位經濟學獎得主指出，不對稱的資訊會影響市場的抉擇，例如借款人比貸款人更清楚他們的還款前景和能力；二手車賣家比買家更通曉他的舊汽車的性能；公司董事會比股東更明瞭公司的盈利能力；投保人比保險公司更了解他們的事故風險等。可見缺乏全面的資訊足以影響買賣交易。大數據出現後，筆者在網上找尋資料，奇怪的是看完網上資料後不久，便會收到很多相關廣告訊息。又如走入商場後，手機訊息全是商場資料，根本無需搜尋。最可怕的是在網上消費時，每次尋找的商品價格，一次總比一次高，消費者有如肉在板上，任人宰割。在微信中的符號，筆者亦大多不太理解，亦無字典可查和書本可學習，比起百年前的電報碼更神秘；收到如此多的訊息，如排山倒海一般，但全都未經專業新聞工作者查證，剎那間很多"謊言"已變成"頭條新聞"，

1　Daniel J. Levitin, *Weaponized Lies: How to Think Critically in the Post-Truth Era* (Dutton, New York, 2017).

足以浪費不少時間。接收的電話，大半是商業廣告，也會令人浪費不少寶貴光陰，亦要小心聆聽，以防騙子。當下的生活一點也不輕鬆，很難收到準確的訊息，彷彿進入了一個高危社會（Risky Society），除了"快"和"多"外，"質素"不知去了哪裡！

19 世紀出現的電報，是靠傳送符號來傳遞信息的，再往後發展至傳送聲音的電話，20 世紀發明無線電，令電線可以被放棄，繼而收音機和無線電話均可隨身攜帶，令我們的生活更加方便。再發展是電腦，可代替人腦進行繁複的數學運算，進而出現電郵和微信。至 21 世紀，智能手機將電話、收音機、相機和電腦集於一身，為人們提供無限的方便。未來的發展將會是怎樣？從石器、青銅和鐵器時代到 18 世紀的機械時代，人類科技演變的目的是創造林林總總的"工具"，協助人們改善生活。200 年來的科技演變朝著"快"和"多"的方向走，確實為人類帶來不少方便。相信未來亦會朝著這兩個方向發展，電腦容量可達至"無限"，速度亦可接近"即時"（real time），資料充足配合即時運算，懂即時分析的電腦將會"天下無敵"。近年它在棋藝上已可以戰勝人腦。數碼私人助理員（Digital Personal Assistant）已漸流行，例如谷歌的即時谷歌（Google Now）、微軟的郭天娜（Cortena）、蘋果的沙華（Siri）和亞瑪遜的依華（Evi）等。不久的將來，小小的晶片將可以植入人體，指代姓名和身份，亦可連接電腦，智能眼鏡亦可代替智能手機，鏡片可成為顯示屏和相機。今天我們已進入 "超智能"（Super-intelligence）時代，一般人的腦袋無論是記憶或分析力，都已開始不及電腦。這已偏離創造科技的初心，即電腦只是 "工具"。科技發展的歷史是從失敗中成長的，霍金（Stephen William Hawking, 1942-2018）稱之為 "愚蠢的過去"（History of Stupidity）。[2] 霍金先生認為人工智能興起的威力在於它是人類最好的亦是最壞的事，世人仍然未有答案。[3] 這種影響是從未在歷史上發生過的，而人類進化的速度比 "超智能" 慢得多，因此不少頂級科學家成立了未來生活學院（Future of Life Institute），研究 "超智能" 對社會的影響。專家們皆認同的一點是人類必須察覺 "超智能" 的危險，它有如古代的刀槍和今天的核武器，有好亦有壞，最重要的是緊記利用智慧去控制其發展及用途。[4] 2015 年，霍金、太空 X 公司（Space X）的馬斯

2　Stephen Hawking, *Brief Answers to the Big Questions* (London: John Murray, 2018), pp. 189-190.

3　Stephen Hawking, *Brief Answers to the Big Questions*, pp. 205-206; *www.lcfi.ac.uk, Leverhulme Centre for the Future of Intelligence*, University of Cambridge.

4　Stephen Hawking, *Brief Answers to the Big Questions*, p.188, 196; *https://www.washingtonpost.com/news/innovations/wp/2014/10/24/elon-musk-with-artificial-intelligence-we-are-summoning-the-demon/?utm_term=.1f1605dd32f4; https://www.cnbc.com/2019/03/26/bill-gates-artificial-intelligence-both-promising-and-dangerous.html*.

克（Elon Reeve Musk, 1971- ）、蘋果的沃茲尼克（Steve Wozniak, 1950- ）、微軟的賀維茲（Eric Horvitz）和谷歌的羅域（Peter Norvig, 1956- ）等人聯署反對自主武器（autonomous weapons），即利用 "超智能" 能夠在無人干預或操控的情況下搜索、識別並使用致命武力攻擊包括人類在內的目標，一般稱為 "殺手機器人"。[5]

從正面看，人們只需要對某事物有興趣，無須找老師或進大學，便可從網絡上找尋 "虛擬老師"，即從基本知識起，逐步學習，最終便可達至大學或專業水平，媲美受傳統教育的人士，成為該領域的 "自學成功者"。其實在我們的日常生活中，每個社交群組皆可視作一個專門的網絡領域，一群有共同興趣的朋友討論和分享知識。每個人可自由地參加多個社交群組，只要抱著學子心態，知識由此即可得到廣博或專精的積累。筆者參加了多個領域的群組，虛心學習，獲益匪淺。出外旅遊時，訂購機票和叫服務車等網上服務確實帶來了不少方便。若科技發展只從方便和容量，即 "多" 與 "快" 的方向發展，而忽略最重要的資訊質素，則最終不是改善人類的生存質素，而是將一般人變成機器。無論電腦如何大和快，若存入的資料是錯誤的，或不完整，它亦無法提供應有的服務，即合理的答案。歷史領域就是最佳例子，在網上，19 世紀

5　*https://futureoflife.org/open-letter-autonomous-weapons/.*

香港的人物、公司和政府資料有很多空白地方，有待人們發掘，公諸於世，再存進電腦，才可利用電腦保存和分析，更不用說中國歷史和世界歷史了。基於這一原因，筆者雖力有不逮，但仍望勉竭綿力，集中描述戰前香港電訊的一些故事，提醒社會科技演變的目的和原意——任何機器都只是我們的"工具"。

本書的版稅，扣除開支後，如以往一樣，將捐贈政府認可的慈善機構。

第一章
電報篇：

外重內輕

（一）古代傳訊

　　古代遠距離傳遞訊息的媒介有火、符號、音、箭信（見圖 1.1）、快馬或快狗送信、飛鴿傳書（見圖 1.2）和郵遞。中國古代有"烽火戲諸侯"的故事，西方人以毛氈控制放出煙的形狀，以作通訊。《聖經》內亦有吹號角和引火傳訊的記載。以煙火和簡單的符號通知作戰士兵，亦是在戰場上的必用方法，無分中西。公元前 264 年的布匿戰爭（Punic War），普利比士（Polybius, 208 B.C.-125 B.C.）記下了早期遠距離文字的傳送方法，將文字以直橫五格代替，直右橫左，日間以旗、晚上以火傳送文字，一支旗或火代表第一格字母，五支旗或火代表第五格字母。[1] 這是最原始的遠距離文字傳送方法，電報機的發明也有其影子。美國獨立戰爭中，軍事訊息以旗杆傳送，杆頂有一桶、桶下有旗，旗下有籃子，指揮軍隊，當敵人進攻時，旗杆上甚麼也沒有（見圖 1.3）。葛什白（Claude Chappe, 1763-1805）於法國大革命前以一長木和兩短木做出 192 個不同形狀的號誌（semaphore），每隔 20 里築一高台，台頂上放號誌，一傳再傳，通知遠方的族人（見圖

---

[1]　Tal. P. Shaffner, *The Telegraph Manual: A Complete History and Description of the Semaphoric, Electric and Magnetic Telegraphs of Europe, Asia, Africa and America, Ancient and Modern* (New York: D. Van Nostrand, 1867), pp. 20-21.

圖 1.1　古代箭信　　　　圖 1.2　飛鴿傳書

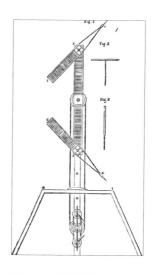

圖 1.3　美國戰爭用的訊號　圖 1.4　法國號誌

圖 1.5　德國號誌　　　　圖 1.6　英國號誌

1.4），這是機械傳訊，形式已近電報。德國和英國人都有其號誌（見圖 1.5 和圖 1.6），這些號誌到今天仍在航海中使用。人手運作比較慢，東西方皆利用飛禽代替，最有效的是飼養白鴿，在第一次世界大戰中也有使用。電報（telegraph）一字含遠距離（tele）和圖表（graph）兩字，源自希臘文 τηλέ（距離）和 γράφω（書寫）兩字，即寫給遠距離。[2] 從字面上看，漢字可以比英文或拉丁文更準確地描述電報，即以電力通報。

2　Tal. P. Shaffner, *The Telegraph Manual: A Complete History and Description of the Semaphoric, Electric and Magnetic Telegraphs of Europe, Asia, Africa and America, Ancient and Modern*, p. 2.

（二）電報誕生

　　1740 年代，荷蘭的穆森布羅克（Pieter van Muss-henbroek, 1692-1761）、阿拿曼（M. Allamand）和温加蘭（John Henry Winkler）在研究電力時，皆被電力震傷無數次。富蘭克林（Benjamin Franklin, 1706-1790）發現的正負極、電荷守恆定律，閃電引出光和電的關係，為日後避雷針和電容器的發明提供了不少啟發。1785 年，庫侖（Charles-Augustin de Coulomb, 1736-1806）發現電力具相吸和相拒的作用，並可量化，與牛頓的萬有引力相似，即兩個靜止點電荷之間的交互作用力與距離的平方成反比。電力流失是由於環境因素和沒有完美的絕緣體造成的。解剖學家賈允利（Luigi Aloisio Galvani, 1737-1798）的太太於 1790 年在宰田雞時，無意中發現了生物神經組織和肌肉會產生電力，其後發明的電流計（Galvanometer）便以她的名字命名。伏特（Alessandro Giuseppe Antonio Anastasio Volta, 1745-1827）於 1800 年利用伏特堆（voltaic pile）發明了電池。

　　有了靜電力和電流的理論，亨利（Joseph Henry, 1797-1878）、羅望（Lomond）、韋仙（Reizen）、沙華（Don Salva）、嘉華露（Cavello）、奧士德（Oestead）、戴亞（Dyer）和趙雲利（Giovanni）等

人皆開始研究利用電力傳訊。[3] 森麻力（Sommerring）
繼而在 1809 年創造出雛形電報機。[4] 朗奴爵士（Sir
Francis Ronalds, 1788-1873）於 1823 年的電力傳訊實
驗 [5] 揭開了研發電報的序幕。俄國貴族舒靈（Baron
Pavel L'vovitch Schilling, 1786-1837）和美國的摩士
（Samuel Finley Breese Morse, 1791-1872，見圖 1.7）於
1832 年創造出六針電報機和密碼，奠定了電報發展
的基礎。1837 年 6 月 12 日，英國郭嘉（Sir William
Fothergrill Cooke, 1806-1879，見圖 1.8）和韋士東（Sir
Charles Wheatstone, 1802-1875，見圖 1.9）註冊電報
專利，並走入市場。[6] 同年，摩士和域路（Alfred Lewis
Vail, 1807-1859）亦將其電報和密碼在華盛頓示範，準
備商業化。[7]

---

3   Ken Beauchamp, *History of Telegraph* (London: Institution of Electrical
    Engineers, 2001), p. 22; Alfred Vail, James Cummings Vail, *Early History
    of the Electro-Magnetic Telegraph: From Letters and Journals of Alfred
    Vail* (New York: Hine Brothers, 1914), p. 1.

4   Ken Beauchamp, *History of Telegraph*, p. 23.

5   Francis Ronalds, *Description of an Electrical Telegraph and of Some Oth-
    er Electrical Apparatus* (1823), kept in the Library of the Institution of
    Electrical Engineer, London.

6   Geoffrey Hubbard, *Cooke and Wheatstone and the Invention of the Elec-
    tric Telegraph* (London: Routledge, 1965), p. 58.

7   Ken Beauchamp, *History of Telegraph*, p. 57.

圖 1.7　摩士
（Samuel Finley Breese Morse）

圖 1.8　郭嘉
（William Fothergrill Cooke）

圖 1.9　韋士東
（Sir Charles Wheatstone）

（三）應用於鐵路

郭嘉和韋士東（下稱郭韋）這對最佳拍檔，前者是提供主意和尋找商機的能手，後者是學者，專注於研究，研發出從尤斯頓（Euston）至康登鎮（Camedan Town）的一段電報網供鐵路通訊使用，一般稱針機。1838 年英國興建大西鐵路（Great Western Railway），電報網亦從帕丁頓（Paddington）鋪至西積頓（West Drayton）。[8] 圖 1.10 是當時的郭韋五針電報機。五針電報機只有 20 個字母，缺少了 C、J、Q、U、X、Z 六個字，近人研究認為 J、Q、X、Z、K、V 是比較少用的字母，但為何 C、U 以 K、V 代替？一說是挑選準則不是使用率而是近音。[9] A 是按 10 和 17 鍵，E 是按 10 和 15 鍵。郭韋其後與英國火車之父史提芬遜（Robert Stephenson, 1803-1859）緊密合作，可見鐵路和電報是現代化的孿生兄弟。沒有通訊，就無法安排班次和保證火車路軌的安全。在 1840 年的倫敦百域（Blackwell）鐵路中，郭韋的五針電報機已改良為一針（見圖 1.11）。

8　Geoffrey Hubbard, *Cooke and Wheatstone and the Invention of the Electric Telegraph*, pp. 52-53, 67-70.

9　Geoffrey Hubbard, *Cooke and Wheatstone and the Invention of the Electric Telegraph*, p. 79.

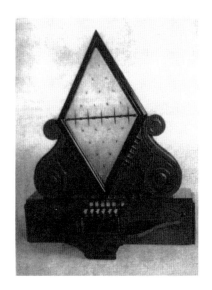

圖 1.10 郭嘉韋士東的五針電報機

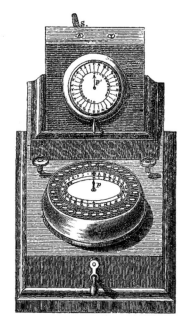

圖 1.11 郭嘉韋士東的一針電報機

（四）傳遞訊息

差不多同一時間，美國的域路創造了電報印刷機和手指鍵。摩士於 1837 年示範發放訊息測試，因而獲研究款項，再於 1844 年 5 月成功利用架空電線從華盛頓向 64 公里外的百田摩（Baltimore）發送訊息。寫下意利和夫小姐（Miss Annie Ellsworth）聞名於世的第一句電報傳送："What hath God wrought?"[10] 圖 1.12 和圖 1.13 分別是 1837 的電報線和 1840 年的火車電報機。

（五）電報密碼

摩士不但創造了電報機，更創立了一套電力傳訊解碼制度。電力只能傳達長（dash）或短（dot）訊號，將長或短的訊號編配成英語 26 個字母、10 個數字和標點符號，電報印刷機列出訊號，人們才可以得悉有如一封短信的訊息。這就是著名的摩士解碼（Morse Code），例如常用的英文 e 字是短訊號（-），t 是長訊號（—），a 是短長訊號（-—），n 是長短訊號

---

10 Tal. P. Shaffner, *The Telegraph Manual: A Complete History and Description of the Semaphoric, Electric and Magnetic Telegraphs of Europe, Asia, Africa and America, Ancient and Modern*, pp .417-421.

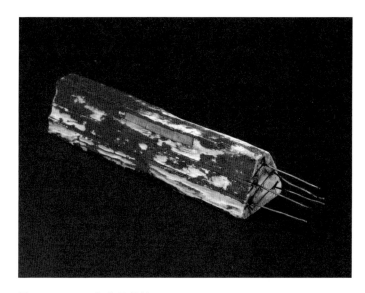

圖 1.12　1837 年的電報線

圖 1.13　1840 年的火車電報機

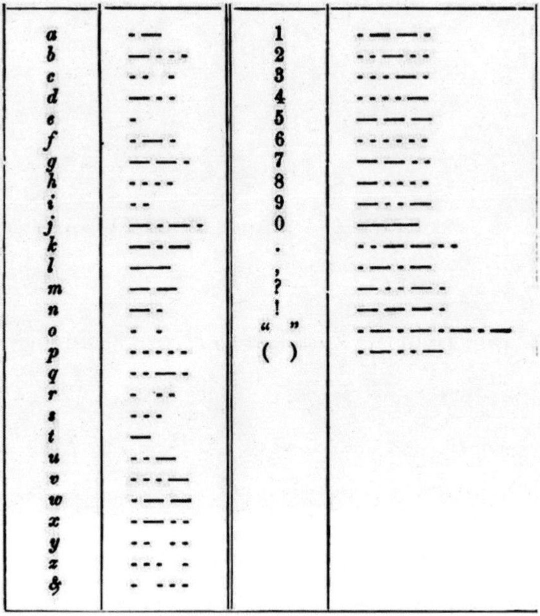

圖 1.14　摩士電報碼（Morse Code）

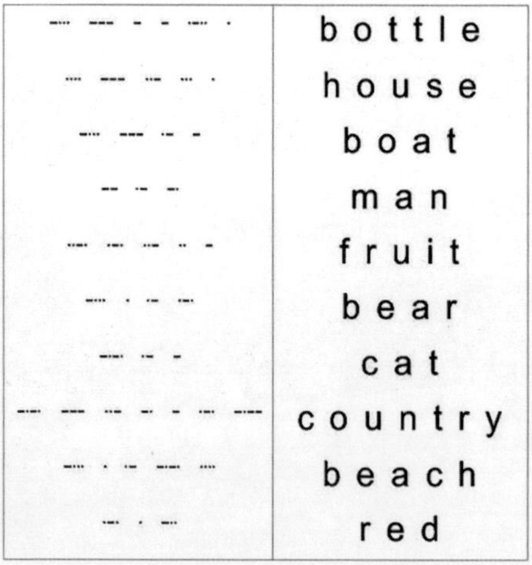

圖 1.15　摩士解碼例子

（－－）（見圖 1.14）。圖 1.15 是解碼例子。短訊號佔一格，長訊號佔三格，訊號間佔一格，字母與字母間佔一格，字與字間佔七格。

那麼中文又是如何解碼的？1862 年，一名對中國十分熟悉的法國人劉卓（Pierre Henri Stanislas d'Escayrac de Lauture, 1826-1868）致函英國殖民地部，介紹其自創的中文電報解碼方法。[11] 此君將中文字拆分部首、拼音和符號三部，每部以正方形四格表示，訊號打在其中一格。但他承認未能準確解構全部中文字。他於 1865 年所著的《中國回憶錄》比其中文電報解碼書更為人所熟悉。1866 年美國傳教士麥高雲醫生（Dr. Daniel Jerome MacGowan, 1815-1893）受美國東印度電報公司（East India Telegraph Company Limited）所託來到香港，尋找英國和法國的支持，向中國申辦電報。《德臣西報》（*The China Mail*）介紹了這位中國通，並引述他和劉卓的中文電報解碼。[12] 同時亦介紹了意大利所創的筆跡電報解碼法（Autograph Telegraph），有助於吸引中國批准承辦電報。[13] 1869 年丹麥天文學家謝魯普（Hans Carl Frederik Christian Schjellerup, 1827-1887）編了一本中文電報字典，內有

11 *CO129/90*, pp. 128-129, Letter by Pierre Henri Stanislas d'Escayrac de Lauture to Duke of Newcastle dated 14 July 1862.

12 *The China Mail*, 20 September 1866.

13 *The China Mail*, 25 October 1866.

6,800 字。[14] 丹麥原本存有兩部，一部到 2015 年捐贈中國復旦大學再轉贈上海電訊博物館。[15] 1871 年丹麥的大北電報公司（Great Northern Telegraph Company Limited）在上海接通香港至歐洲的電報網後，任職上海海關的法國人尹力嘉（Septime Auguste Vignier）根據《康熙字典》所編的《電報書籍》廣泛流行，先後出版三次。[16] 尹力嘉先生最先用三個數目字代表字首，以筆畫排列，有如字典檢索，書有 1 英尺厚，其後改善，以四位數字代表一字，並改名為《電報新書》。1881 年，上海電報局的鄭觀應（1842-1922）加編了三千多字，名為《四碼電報新編》，收錄近萬字。現存版本有 1882 年、1897 年和 1911 年的版本。圖 1.16 是中文電報解碼對照。圖 1.17 是中文電報解碼例子，圖 1.18 是 19 世紀的《電報新書》。今天香港人的身份證雖已數碼化，但我們的中文姓名仍沿用鄭先生的中文電報解碼，讀者們不妨查證一下。

人類發明電力，將訊息從發放器通過電線和接收

14　Thomas S. Mullaney, "Semiotic Sovereignty: The 1871 Chinese Telegraph Code in Historical Perspective," *Science and Technology in Modern China, 1880s-1940s* edited by Jing Tsu and Benjamin A. Elman (Brill: Boston, 2014), p. 161.

15　*www.shdxbwg.com*，2017 年 4 月 20 日。

16　Septime Auguste Vignier, *T'een-piao-shu-tsieh ou Code de Telegraphie Chinoise* (Shanghai: American Presbyterian Mission Press, 1871); *The Chinese Recorder and Missionary Journal*, Volume 5，p. 5.

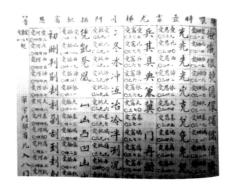

圖 1.16　中文電報解碼對照

圖 1.18　19 世紀的
《電報新書》

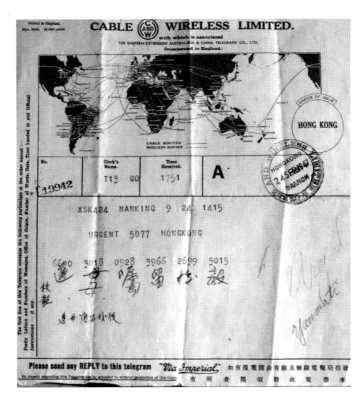

圖 1.17　中文電報解碼例子

器，傳至遠方，再通過解碼來接收訊息，委實是一大突破。當中研究涉及多國和多人，[17] 上述只敘述一些較多人熟悉，並十分重要的人物，而電報的誕生是全人類的共同研究成果。地球有 72% 是水，單是陸上電報是不足以覆蓋全世界的，關鍵是絕緣體是否防水，電纜才可安放在海床上，將資訊傳遍世界。

（六）海底電報纜

英人在遠東發現了馬來乳膠（gutta percha），是馬來西亞、星加坡和印尼特產，乳膠來自橡膠樹，遇熱融解，冷卻後形固。1656 年蔡思根（John Tradescant, 1608-1662）就注意到此植物。英籍醫生孟金利（William Montgomerie, 1797-1856）於 1822 年在星加坡發現乳膠，後製成膠刀柄供工人使用，並可用於醫療器具。1843 年，他在印度加爾各答醫務委員會和倫敦皇家藝術院展示其產品，後更獲倫敦皇家藝術院頒發金獎並公開展示獲獎產品。[18]

最早研究海底電報纜可行性的是西班牙人沙維

17　Ken Beauchamp, *History of Telegraph*, p. 26.

18　Naidu Ratnala Thulaja, "Gutta percha," *http://eresources.nlb.gov.sg/infopedia/articles/SIP_358_2005-01-06.html*, read on 12 April 2017.

（Salva），他於 1795 年在巴塞隆納科學院發表論文。[19]

較為實用的實驗來自 1838 年漆咸的皇家工程師巴是利（Pasley），他用籐作為防水物料，但仍未有採用乳膠。[20] 同年，任職於印度加爾各答醫學院的英國醫生沙尼斯（Sir William Brooke O'Shaughnessy, 1809-1889）成功地在胡格利河（Hooghly River，恆河下游的支流）造出一條長 3 公里的海底電線。[21] 1840 年韋士東教授做了同一個實驗，但未察覺到沙尼斯的經驗。有了乳膠後，他繼續研究海底電報纜。與此同時，摩士似乎掌握到建造海底電報纜的技術，宣佈興建連接歐洲和美洲的海底電報纜。1865 年康乃爾（Ezra Connell, 1807-1874）與懷特（Andrew Dickson White, 1832-1918）創立康乃爾大學，成功築了一條長 12 英里的海底電報纜橫跨候斯頓河（Hudson River），電線由棉保護，再護

19　Charles Bright, *Submarine Telegraphs: Their History, Construction, and Working* (London: Crosby Lockwood and Son, 1898), p. 1.

20　Charles Bright, *Submarine Telegraphs: Their History, Construction, and Working*, p. 2.

21　William Brooke O'Shaughnessy, "Memoranda Relative to Experiments on the Communication of Telegraphic Signals by Induced Electricity," *Journal of the Asiatic Society of Bengal* (September 1839); Mel Gorman, Sir William O'Shaughnessy, Lord Dalhouse "the Establishment of the Telegraphic System in India," *Technology and Culture, Vol. 12 (1971)*, pp. 281-301 quoted in Daniel R. Headrick and Pascal Grieset, "Submarine Telegraph Cables: Business and Politics, 1838-1939," *Business History Review*, Volume 75, No. 3 2001.

以印度膠，放置於鉛管內，效果不錯，可惜於 1846 年遭到一場風雪毀壞。[22]

　　真正大型海底電報纜是布特兄弟（John W. Brett and Jacob Brett）於 1845 年 7 月提出興建從英國杜化（Dover）至法國加萊（Calais）的海底電報纜。好不容易才在 1847 年獲法國政府批准，但很快又取消，到 1849 年才重批，最後要到 1850 年才完成。布特兄弟聯同友人斥資 2,000 英鎊組織英倫海峽海底電報公司（English Channel Telegraphy Company）。乳膠公司承造 25 海里電報纜，由哥利亞夫號（Goliath，見圖 1.19）從太晤士河駛至杜化，然後將電纜放下，每 100 碼有一重 10 至 30 磅的鉛幫助下沉（見圖 1.20）。電纜接通後，第一次測試成功，並傳至路易拿破崙（Charles-Louis Napoléon Bonaparte, 1808-1873，後為拿破崙三世）。但之後斷線，後來發現電纜折斷，鉛錘太重無法將斷纜撈起復修，結果要放棄整條電纜。1850 年底，布特兄弟再獲鋪電纜專利，但第一次失敗令投資者卻步。幸好有一名工程師金頓（Thomas Russell Crampton, 1816-1888）投資一半資金，即 7,500 英鎊，才湊夠資金動工。金頓出錢出力，由利和公司（Messrs Newall Co.）在雙韋公司（Wilkins, Weatherly Co.）製造電纜，有四根銅線，兩層乳膠保護，再以俄國麻加柏

22　Charles Bright, *Submarine Telegraphs: Their History, Construction, and Working*, p. 4.

圖 1.19　哥利亞夫號（Goliath）

圖 1.20　第一次放在英倫海峽的海底電報纜

圖 1.21　成功放下英倫海峽的海底電報纜

圖 1.22　1859年撈起英倫海峽的海底電報纜

油保護，最外層是十條不鏽鋼線螺旋式保護內層，每英里重一噸（見圖 1.21）。1851 年 9 月 25 日，由金頓監察的鋪纜工程成功放在英倫海峽之下。1859 年撈起的電纜，最外層的鋼已被侵蝕，乳膠保護層則原封不動（見圖 1.22）。[23] 金頓和團隊的四層保護方法，讓電報可接通世界各地，一場世界電報商業戰就此展開了。

23　Charles Bright, *Submarine Telegraphs: Their History, Construction, and Working*, pp. 5-13.

（七）與電報相關的公司

1. 電線公司

蘇格蘭人廖禾（Robert Stirling Newall, 1812-1889）於 1840 年發明了一部製造鋼絲繩的機器，並取得專利。1841 年與哥頓（Lewis Gordon）和連道（Charles Liddell）合創廖禾公司（R.S.Newall & Co.），於登地（Dundee）生產鋼絲繩。1850 年因控告温打利（E. Weatherly）侵犯專利權而與其不打不相識，繼而與温打利合作生產英倫海峽電纜。廖禾生產的電纜是從乳膠公司（Gutta Percha Company）購入乳膠的。英倫海峽電纜成功鋪妥令廖禾公司於 1850 年代壟斷海底電纜市場。[24] 圖 1.23 是廖禾公司海底電纜。

1841 年喜民（John Baptiste Wilhelm Heimann）亦憑專利生產鋼絲繩。翌年與古柏合創公司，可惜於 1848 年破產，幸得買家義律（George Elliot）協助減債，公司改名古柏公司（W. Kuper & Co.）。英倫海峽電纜工程獲分生產廖禾公司餘下的海底電纜。1854 年得到熟悉生產海底電纜保護層的格斯（Sir Richard Atwood Glass, 1820-1873）入股，公司改名格斯義律（Glass, Elliot & Co.），開始生產海底電纜。

---

24 K.R. Haigh, *Cableships and Submarine Cables* (London: Adlard Coles Ltd., 1968), pp. 34-36.

圖 1.23　1840 年代廖禾公司海底電纜

1864 年 4 月 7 日，公司與乳膠公司一同併入興建和維修電報公司（Telegraph Construction and Maintenance Company），此公司就是於 1865 年興建大西洋海底電纜的承建商。[25]

孟金利醫生將乳膠帶入英國，法拉弟（Michael Faraday, 1791-1867）建議應用於電線絕緣體。1845 年，標利（Henry Bewley）與瞿里（Samuel Gurney）創立乳膠公司，並與慶郭（Charles Hancock）、力高士（Christopher Nickels）和堅尼（Charles Keene）達成協議研製乳膠電線絕緣體專利。後慶郭與標利不和，另立西漢乳膠公司（West Ham Gutta Percha Company）。乳膠公司仍壟斷電線絕緣體市場，供應物料製造電纜，直至 1864 年一起併入興建和維修電報公司。

25　K.R. Haigh, *Cableships and Submarine Cables*, pp. 26-28.

圖 1.24　奧士的號（H.C. Oersted）

2. 電報公司

　　有了製造商，海底電纜就要依賴船隻安放，還有日後保養和維修的工作。因海線不涉及國家主權，只是商談上岸條件，海線因而隨之興起，但租用船隻運作是必需的。一般船隻須改裝後才可應付工作，第一艘專為海底電纜船服務的是丹麥大北電報公司（下稱大北）的奧士的號（H.C. Oersted，見圖 1.24），以著名丹麥電力學家的名字命名，時為 1872 年。大北成立於 1869 年 6 月 1 日，由三間公司組成，即成立於 1868 年 4 月並建造丹麥、挪威和英國電報網的丹挪英電報公司（Danish-Norwegian-English Telegraph Company）、成立於 1868 年底連接丹麥和俄國的丹俄電報公司（Danish-Russian Telegraph Company）和駁通蘇格蘭和挪威的挪英海底電報公司（Norwegian British Submarine Telegraph Company）。其目的是從歐洲北面貫通北美州和亞洲。1870 年 1 月 9 日，大北延至中日電報公司（Great Northern China and Japan Extension Telegraph Company）成立，專門負責興建大北經俄國至中國和日本的電報纜。[26]

英國的電報公司亦是因應興建電報纜分階段而成立，從名稱可知電報的起終點。化直馬電報公司（Falmouth, Gibraltar and Malta Telegraph Company Limited）是連接英國化矛斯經直布羅陀至馬爾他的電報纜。英地電報公司（Anglo-Mediterranean Telegraph Company Limited）是接通馬爾他和亞力山大港電報的一段。英印海底電報公司（British Indian Submarine Telegraph Company Limited）是從塞德港經亞丁至孟買的一段電報纜。延續英印電報公司（British Indian Extension Telegraph Company Limited）是駁通加勒至星加坡的電報纜。中國海底電報公司（China Submarine Telegraph Company Limited）是從星加坡至香港的一段電報纜。前三間公司後合併成東方電報公司（The Eastern Telegraph Company Limited），

---

26 Jorma Ahvenainen, *The Far Eastern Telegraphs: The History of Telegraphic Communications between the Far East, Europe and America before the First World War* (Helsinki: Suomalaninen Tiedeakatemia, 1981), pp. 20-24.

後兩間公司合併成延續東方澳州中國電報公司（下稱東延，The Eastern Extension Australasia and China Telegraph Company Limited）。[27]

（八）世界俯視遠東電報市場

西方發現了乳膠令電報線可橫渡海洋，歐美兩洲皆計劃將電報網伸延至亞洲。歐洲以英國和丹麥為主，分別從南方和北方走進亞洲（見圖 1.25 和圖 1.26）。美國則欲計劃將電報線渡過霸靈海峽（Bearing Straits），西來亞洲（見圖 1.27）。美國人沙夫拿（Taliaferro Preston Shaffner, 1811-1881）早於 1850 年已計劃從拉布拉多（Labrador）、格陵蘭（Greenland）、冰島（Iceland）、法羅群島（Faroe Islands）、經蘇格蘭、挪威至丹麥。雖已取得丹麥同意，但始終無法興建。1864 年，身兼銀行家、律師和少校的美國人哥倫士（Perry McDonough Collins, 1813-1900）提議電報線從恰哈圖經北京、南京、上海、廈門、廣州至香港，但遭到中國反對。1866 年 9 月，美國的中國通——麥高雲訪港，企圖舊事重提。麥高雲先生在港數月，遊說英法駐廣州大使向中國政府申辦香港至廣州試點電

27　Jorma Ahvenainen, *The Far Eastern Telegraphs: The History of Telegraphic Communications between the Far East, Europe and America before the First World War*, p. 19.

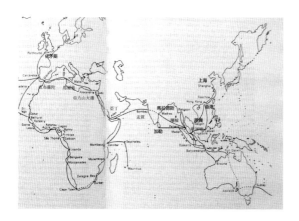

圖 1.25　從英國化矛斯（Falmouth）至中國的 "南線"

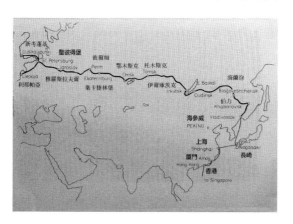

圖 1.26　從丹麥經俄國至中國的 "北線"

圖 1.27　美國經霸靈海峽（Bearing Straits）至中國的電報計劃

31

報通訊網，結果由法使李添嘉（Charles de Lallemand）
出面致函兩廣總督瑞麟（1809-1874），最終無功而返。
1867年，美國外交人員再將哥倫在中國的電報計劃寄
往英國，要求支持。英國官員直指上海至廣州一段電
報線是與英方競爭，當然未能給予任何承諾。美國人
始終無法打入遠東市場，下面要看歐洲的競爭。

（九）歐亞電報網

自從英國電報接通法國後，他們雄心勃勃，
其優勢是在遠東的殖民地可成為進軍中國和日本
的踏腳石。這條路線可見於圖1.28，從英國化矛
斯（Falmouth）開始，經直布羅陀（Gibraltar）、馬
爾他（Malta）、亞力山大港（Alexandria）、塞德港
（Port Said）、亞丁（Aden）、孟買（Bombay）、加
勒（Galle）、檳城（Penang）、星加坡，北上香港、
上海和長崎，南下印尼、澳洲和紐西蘭。[28] 這裡稱"南
線"，南線在政治上是英國的天下，英國可獨攬電報專
利，貫通只是資金、技術和時間的問題。從地圖上，
香港是英國最東的殖民地，即遠東終站，要走入中國
市場，還要與清朝政府商討。上面已提及那間吞噬多
間電報公司的東延，令其合併的始作俑者是出身曼城

---

28 *CO129/128*, pp. 318 -319, Minutes of Treasury dated 10 January 1867.

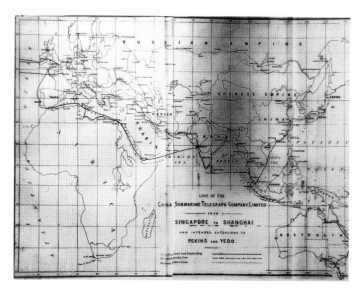

圖 1.28 "南線"可伸延至中國、日本和澳紐,圖中亦可見其歐洲競爭對手。

的紡織業商人彭達(Sir John Pender, 1816-1896,見下頁圖 1.29),此君日後成為世界海底電纜巨子,後來公司因無線電的出現而逐漸走下坡。

南線雖途經多處英國殖民地,其實並非想象中那樣一手壟斷,其競爭者之一是中印歐電報公司(Indo-European Telegraph Company)的德國博金島(Borkum)至伊朗布什爾(Bushire)陸路線,此旱線途經多隆(Toruń)、烏克蘭的基輔(Kiev)和奧德薩(Odessa)、高加索(Caucasus)、阿塞拜疆的朱利法(Julfa)、德克蘭(Teheran),[29] 見圖 1.28。要知旱線比海線便宜得

29　*CO129/128*, p. 16.

圖 1.29　彭達（John Pender）　圖 1.30　田贊（Carl Frederick Tietgen）

多，興建和維修費又便宜，建築時間也短。但海線在遠距離通訊上仍具優勢。

北歐的丹麥，早已想貫通北美和俄羅斯，這樣可繞過英國，貫通歐美，特別是大西洋海底電纜失敗後，這一計劃更具吸引力。丹麥的電報業翹楚是著名的銀行家田贊（Carl Frederick Tietgen, 1829-1901，見圖 1.30），他的電報王國，可媲美彭達。他與在紐卡素的同胞亞力臣（H.G. Erichsen, 1827-1890）和友人（Ole B. Suhur）組織丹挪英電報公司（Danish-Norwegian-English Telegraph Company）在英國註冊，建造丹麥、挪威和英國電報網。其後更伸延至瑞典、芬蘭和俄羅斯。瑞典上岸點是斯得哥爾摩以北的格理斯漢（Grisslehamn），而芬蘭上岸點是新考蓬基（Uusikaupunki）。駁通蘇格蘭的電報網則由挪英電報公司（Norwegian British Submarine Telegraph Company）建造。展開其西伯利亞線至遠東。這裡稱"北線"，與南線成為主要競爭者。

彭達和田贊首次交手是爭奪丹麥至俄羅斯的海底電線，彭達的承造及保養電報公司（Telegraph Construction and Maintenance Company）最先取得合約，可惜俄國意屬丹麥，主因是丹麥國王克里斯蒂安九世（Christian IX, 1818-1906）的女兒 Dagmar（1847-1928）嫁給了俄國皇子（後為亞力山大三世）。[30] 俄國鑑於未能從歐州走往北美，而剛好從中國取得海參崴（Vladivostok），從東面亦可往北美，故此對田贊提出的北線一拍即合，從利耶帕亞（Liepaja）和新考蓬基（Uusikaupunki）經聖彼得堡（St. Pertersburg）、雅羅斯拉夫爾（Jaroslav）、經彼爾姆（Perm）、葉卡捷林堡（Ekaterinburg）、鄂木斯克（Omsk）、托木斯克（Tomsk）、伊爾庫茨克（Irkutsk）、海蘭泡（Blagoveshchensk）、伯力（Khabarovsk）抵海參崴（見31 頁圖 1.26）。1872 年 1 月 1 日，北線開幕，歐亞兩洲正式互通電報。[31]

30 Jorma Ahvenainen, *The Far Eastern Telegraphs: The History of Telegraphic Communications between the Far East, Europe and America before the First World War*, p. 23.

31 *The Great Northern Telegraph Company: An Outline of the Company's History 1869-1969* (s.n.), p. 12.

（十）電報在香港的誕生

　　1853 年 5 月，奧地利萊思蒸氣船公司（Austrian
Lloyds Steam Navigation Co.）承辦亞力山大港至迪理
雅斯特（Trieste）航線，繼而在 10 月開辦香港至倫
敦電報服務，20 字收 32 先令（約 8 元），最低收費 1
英鎊。[32] 可見早期的電報運作是經由船隻將電報轉至
陸上的電報局，再轉發給其他的陸上電報局，是海陸
混合模式。有一說本地最早採用電報通訊是渣甸洋行
於 1863 年從東角（今銅鑼灣）架電線至中環的辦事
處。[33] 筆者未能找到資料的原出處。1868 年，香港黃埔
船塢購入了兩部 1858 年版的韋士東電報機，準備安
裝在香港仔船塢和中環的總部。花光那公司（Messrs.
Falconer & Co.）負責購買，不知何因，船塢放棄安
裝，電報機留在花光那公司貨倉。事件傳至港督麥當
奴（Sir Richard Graves MacDonell, 1814-1881），麥
督希望可適用於警署，以增加警隊效率。可惜兩部機
器未能滿足多間警署的要求，政府亦要憂慮如何防止
人為破壞電報線。[34] 事件拖至 1869 年，政府終於動用

32　*Friend of China*, 5 January 1856.

33　*South China Morning Post*, 19 September 1933; Austin Coates, *Quick
　　Tidings of Hong Kong* (Hong Kong: Oxford University Press, 1990), p. 30.

34　*The China Mail*, 5 March 1868.

7,000 元 [35] 以電報駁通全港的警署，當時築電報線從中環經山頂、薄扶林、香港仔、赤柱、筲箕灣再返回中環，全程 25 英里，並購入 15 部韋士東電報機，每部 25 元。[36] 早期電報用家多是遠距離通訊，價錢昂貴，非一般人可使用。香港地界小，而電報需要解碼，以馬甚至人手送信所花時間亦與電報相差不太遠。華人更不知電報為何物，價錢又貴，又擔心私隱，因此對他們來說毫無吸引力。只有政府在撲滅罪行時才可發揮其作用。早年電報仍是極少數人使用的玩意。

1865 年，香港報章轉載西門寺公司在美國發表乳膠保護深水電報纜的新聞。[37] 1866 年，又報導哥倫橫渡霸靈海峽的電報計劃。[38] 三個多月後，本地報章首次評論香港在世界電報網所處的有利地位。《德臣西報》認為香港水域不太深，沒有珊瑚，是安放海底電纜的最佳地點，聞說星加坡至香港海底電報纜會經越南西貢抵港。1866 年麥高雲醫生為將美國電報公司打入中國市場而留港數月，為港人介紹電報知識，內容提及三款中文解碼方法，並指出電報進軍中國市場的障礙是風水問題。麥高雲醫生獲總商會支持，引介法國大使

35　當時政府承認的流通貨幣如鷹洋（墨西哥銀元）或佛洋（西班牙銀元）等。

36　*CO129/136*, pp. 170-173.

37　*Hong Kong Daily Press*, 6 September 1865.

38　*The China Mail*, 31 May 1866.

去信兩廣總督，要求試辦香港至廣州線。當中亦有分析指出，香港至上海線是打入中國市場的主要入口。[39] 另一報章《孖剌西報》（*Hong Kong Daily Press*）亦開腔評論，借英國《電報法》（*Telegraph Act*）對香港的影響指出電報趨勢銳不可擋，香港將來的經濟和商業都無可避免會因它的存在或缺少而面對新挑戰，呼籲商界提供意見交港督轉英國政府。

自 1869 年開始，大北和東延都希望爭取中國市場，兩間公司循外交途徑申辦中國沿海海底電報纜的文件都交到了殖民地部，經殖民地部轉發港督。這批文件的複製本仍然保存在香港歷史檔案館。由於大北起步較早，並獲英俄兩國外交部支持，海底電報纜末端可停在上海吳淞外停泊的船隻內這一方案成功獲中國政府批准。東延因起步稍遲，而鋪設海底電纜又需要時間，最東的海底電報纜只能到達星加坡，未能及時將海底電報纜鋪至香港和中國內地沿海。雖然香港屬英國殖民地，東延無奈要與大北商討如何在香港合作。大北的海底電報纜是從香港至上海，他必須要向港府申請上岸。丹麥駐香港大使喜蘭（George J. Helland）於 1870 年 5 月 5 日向港府申請上岸，署任港督回覆說他要向英廷申請。大北駐英董事亞力臣索性直接向殖民地部申請，將東延和大北的協議附上，言

39　*The China Mail*, 13 February 1868.

明物料由英國製造，以及東延暫時放棄港滬線，好讓殖民地部容易辦事。[40] 原來彭達和田贊早已商量好，將香港至上海一段的電報區列為中立地域，東延以上海為終點，不再北上，大北則以香港為終點，不再南下。大北負責維修其港滬線，在香港設立聯合辦事處，平分支出。上海則由大北設立辦事處並供東延所用，支出費通過協商解決。香港至上海的電報收益，扣除港滬線的興建、維修和營運費（定每年 15,000 鎊）後平分。收費每 10 字 15 先令（約 4 元），每 20 字 25 先令（約 6 元）。大北需於 1870 年 10 月 1 日前完成港滬線，東延需於 1871 年 6 月 30 日前完成星加坡至香港線。[41] 殖民地部批准丹麥的港滬線上岸香港，條件是承諾非專利（即不壟斷）和在緊急情況（如戰爭）下港府可接收其聯合辦事處，當然有合理賠償。圖 1.31（見下頁）是 19 世紀末落成的聯合大樓，可以清楚見到兩間公司的名字。

大北在香港上岸的細節則由港府處理。當時的量地官是睦誠（Lewis Henry Moorsom, 1835-1914），他

40　Hong Kong Public Record Office, *Cable Correspondence Hong Kong 1917*, Document No. B19, Letter from Mr. Erichsen to Earl Granville dated 17 May 1870.

41　Hong Kong Public Record Office, *Cable Correspondence Hong Kong 1917*, Document No. B17, Agreement between China Submarine Telegraph Company and Great Northern Telegraph Company dated 13 May 1870.

圖 1.31　大北和東延在香港的聯合大樓刻有兩公司名字

承諾建造幾段電報線和電報杆,但要視乎上岸地點,
費用由大北支付。大北電報網的維修費則自付,工程
必須由歐籍人士監工和量地官批准。大北和政府共用
電報網的維修費則平攤或以電線數目分擔。有關該電
報網的其他合理額外費用,大北不可推卻政府的要
求。在現有的電線杆上加添電線,無可否認會加快其
損毀速度,政府與大北日後商討一價格以作賠償。[42]
根據上述協議,港府與大北於 1870 年 10 月 28 日簽
訂合約,大北港滬線在深水灣登陸,並築一間小屋保
護電線連接陸上線。新建費用為每英里 280 元,新加
電線為每英里 47 元,合共建築費為每英里 327 元。
小屋租金每年 1 元。署任港督柯士甸(John Gardiner

42　Hong Kong Public Record Office, *Cable Correspondence Hong Kong 1917*,
　　Document No. B23, Minute by Surveyor General dated 25 May 1870.

Austin, 1812-1900）代表港府與代表大北的丹麥上尉蘇信（Edouard Suenson, 1842-1921）簽約，睦誠則為見證人。[43] 1870 年 10 月 20 日，是香港歷史重要和罕見的一日。不知港府是否因為覺得被丹麥奪去部分光彩，港滬線上岸的一天竟然沒有任何公開慶祝，亦沒有通知傳媒。當天約有 20 人見證，包括署督、行政局議員、首席法官、律政司、幾國大使、銀行家和富商。最奇怪的是，這樣一個貫通歐亞的超級大工程開幕，竟有一名年輕的日本人見證，名陸奧陽之助（Mutzu Yonoake Sama Waka Yama Hun），不知何許人也！負責翻譯的是首位西方佛教僧人范查理（Captain Charles Pfoundes, 1840-1907）。主持人應是上尉蘇信，他駕駛的著名丹麥軍艦妥丹史竹號（Tordenskjold，見下頁圖 1.32）名聞世界，此艦在深水灣外停泊。[44] 很明顯，陸奧陽之助先生是為上海至長崎的海底電報纜而來，熱心日本佛學的范查理當時為英國駐長崎大使，講得一口流利的日語。介紹由丹麥海軍人員講解，當時有三艘丹麥海底電報纜船協助鋪纜，孫信（Albert Suenson）掌舵的軍艦妥丹史竹號，還有和沙拿號（Cella）。圖 1.33（見下頁）是當時電報纜在深水灣下

43　Hong Kong Public Record Office, *Cable Correspondence Hong Kong 1917,* Document No. B32, Agreement between Hong Kong Government and Great Northern Telegraph Company dated 28 October 1870.

44　*The China Mail*, 21 October 1870.

圖 1.32　丹麥軍艦妥丹史竹號（Tordenskjold）

圖 1.33　電報纜在深水灣下水情況，右為沙拿號（Cella）。

水情況。圖 1.34（見下頁）是小屋和軍艦。圖 1.35（見下頁）是電報線和電報杆。

法國、俄國、丹麥和英國皆於 1860 年代向清朝政府申請興辦電報，結果無一成功。清朝政府一直拒絕外國電報線在陸上運作，主因是人民以風水理由反對，政府無法保證電線和電杆的安全；內部密函顯示："若洋人安置飛線，一切朝廷公文尚未遞到，彼已先得消息，辦事倍形掣肘。"雖然如此，清廷已用電報與俄國外使進行通訊。事實上，朗奴（E.A. Reynold）曾在上海浦東小山甲擅自架電報至黃埔金塘燈塔，後居民在官府默許下拔毀。朗奴支付的器材被美商旗昌洋行用於上海該行至法租界金利源碼頭（今16 舖）的電報線，可見情況混亂。[45] 與此同時，英駐華大使威妥瑪（Sir Thomas Francis Wade, 1818-1895）申請上岸。朝廷想出線端可停在碼頭外的躉船上的妙計，一來符合不准上岸原則，二來英人可用其電報，但未被採用，那時已是 1870 年 4 月了。[46] 蘇信深知此困局，與各國大使商討後，決定自行上岸。他看中了吳淞為上岸點，選外大戢山島（Gutzlaff Island）落腳，

---

45 《上海新報》，1868 年 10 月 6 日；中央研究院：《海防檔，丁編，電線（上）》，頁 17；韓晶：〈晚清中國電報局研究〉（上海：上海師範大學博士論文，2010），頁 25。

46 中央研究院：《海防檔，丁編，電線（上）》，頁 82；《大北檔》2 類232 號，引自韓晶：〈晚清中國電報局研究〉（上海：上海師範大學博士論文，2010），頁 26。

圖 1.34　大北在深水灣上岸的小屋和軍艦

圖 1.35　電報線和電報杆

圖 1.36　外大戢山島

島上築有燈塔（見圖 1.36），屬中國海關管轄的地方，由赫德（Sir Robert Hart, 1835-1911）協助，黑夜可偷偷運載電線物料和器具上島，因島的位置又方便軍事防禦，該地點便成為上海臨時電報站。計劃中的海底電報纜沿長江入吳淞，再接駁至上海。1870 年 12 月 8 日夜，蘇信摸黑神不知鬼不覺地將電報纜接駁至上海的外國區域。[47] 圖 1.37（見下頁）顯示大戢山島兩條電報線，一條去往長崎，另一條去往香港。大北亦向租界申請上岸權，清朝工部批出合作條件，瓜分了上海旱線的電報權。

　　大北駐上海代理於 1871 年 4 月 16 日晚上 9 點半從上海發電報給港督，鳴謝港府促成港滬線。署督於 4 月 17 日早上 11 時回覆，恭賀港滬線成功接通。上海代理於同日 1 時 52 分覆謝，香港在 2 分鐘後收悉。[48] 正式公開營業是 4 月 18 日。[49] 這是香港的首次電報通訊，創造了歷史。北線搶先開幕，港府有了經驗，南線的工作因此比北線容易，批准條文無須加入緊急徵用條款，只規定東延不可將電報借給別國使用，其他

47　"Det Store Nordiske 25 Aar," quoted in Jorma Ahvenainen, *The Far Eastern Telegraphs: The History of Telegraphic Communications between the Far East, Europe and America before the First World War*, p. 44.

48　*The China Mail*, 17 April 1871.

49　*FO17/574*, p. 95-96; "Det Store Nordiske 25 Aa," quoted in Jorma Ahvenainen, *The Far Eastern Telegraphs: The History of Telegraphic Communications between the Far East, Europe and America before the First World War*, p. 45.

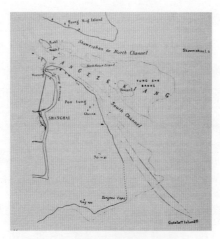

圖 1.37　外大戟山的電報站位置

圖 1.38　鋼線灣的電報屋

圖 1.39　鋼線灣的電報屋

規限條款與大北相同。東延選取大口灣（今鋼線灣）上岸，亦需要一間 30 英尺乘 16 英尺乘 10 英尺的小屋，電報線則沿地下走，省卻電杆費，坑深兩英尺，寬 14 英尺。[50] 合約於 1871 年 6 月 12 日簽訂。[51] 圖 1.38 和圖 1.39 是電報屋，圖 1.40（見下頁）和圖 1.41（見下頁）是戰後和今天的遺址。兩條海底電纜上岸的地點則顯示在圖 1.42（見下頁）。南線由三艘海底電纜船以接力形式鋪於南中國海底，電纜長 1,567 海里（2,899 公里），星加坡和香港距離為 1,483 海里（2,744 公里）。首段由常駐星加坡的雅利斯號（Agnes，見下頁圖 1.43）開始，由胡士利船長（Captain Worsley）駕駛，第二段交禮頓船長（Captain Leighton）的比芝安號（Belgian，見 49 頁圖 1.44），最後一段由馬田船長（Captain Martin）的美麗雅號（Minia，見 49 頁圖 1.45）鋪纜。6 月 2 日晚抵港，電纜並於當晚 11 時上岸，馬田就留守港外監察在海裡的電纜。[52] 6 月 3 日早上 9 時，香港收到從倫敦發來的電報新聞，關於巴黎

---

50 Hong Kong Public Record Office, *Cable Correspondence Hong Kong 1917,* Document No. C58, Letter from China Submarine Telegraph Co. to Colonial Secretary dated 18 March 1871.

51 Hong Kong Public Record Office, *Cable Correspondence Hong Kong 1917,* Document No. C7, Agreement between China Submarine Telegraph Company and Hong Kong Government dated 12 June 1871.

52 *The China Mail*, 5 June 1871; *Hong Kong Daily Press*, 5 June 1871; Haigh, K.R., *Cables and Submarine Cables* (London: Elenezer Baylis & Son Ltd., 1968), p. 47, 62, 115.

圖 1.40 戰後鋼線灣的電報屋　　圖 1.41 鋼線灣電報屋遺蹟

圖 1.42 深水灣和鋼線灣上岸地點

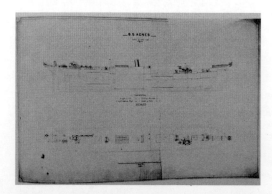

圖 1.43 雅利斯號（Agnes）

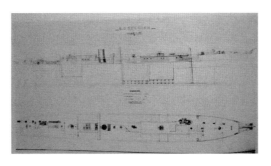

圖 1.44　比芝安號（Belgian）

圖 1.45　美麗雅號（Minia）

敬頌英皇書

西國君民呼吸相通故㦗宸有喜商
民等皆得而慶賀之蓋以貿易為富
國之本故綦重商人也觀著本港傳
遠英京電報功成本港以電報
傳書慶賀英皇此實華商之創舉也
誌之以紀其盛兹錄華商香港華商
英國直達中國電報功成香港華商
恭賀　英皇陛下伏望鳳化日進
聖壽無疆隆盛太平溁拵罔極

圖 1.46　華商祝賀香港電報接通倫敦的賀詞

49

動亂，教宗被槍擊的事件。[53]《德臣西報》還附上了中文版，報導中文電報解碼是中文字與數目字對照，方便華人發中文電報。6月4日下午4點半所有電報工程完成。同日，東延主席彭達在倫敦以電報向署督道賀，署督亦給予禮貌的回應。[54] 6月5日倫敦時間下午1時零7分，東延主席彭達在倫敦再以電報向香港總商會主席問好，香港薄扶林的電報站於倫敦時間下午2時收到電報。韋利（Phineas Ryrie, 1829-1892）主席隨即給予禮貌回覆。《孖剌西報》驚嘆於倫敦與香港通訊需時不足1小時（53分鐘），從前郵件從30天減至14天已令人嘆為觀止，兩年內整條南線完工，可以說是人類文明的一大奇蹟。[55] 6月8日，殖民地部恭賀港督。6月10日，東延開放公眾服務，香港至倫敦收費每20字33元，至亞丁31元，星加坡12元，10字減半。[56] 當時苦力的工資每月不足10元，可見拍電報是奢侈的行為。6月11日，香港總商會主席向紐約總商會主席恭賀美國電報網成功將三分之二的地球覆蓋，翌日，香港華商亦向英女皇問好（見上頁圖1.46）。[57]

---

53 *The China Mail, Hong Kong Daily Press*, 3 June 1871.

54 *The China Mail*, 5 June 1871.

55 *Hong Kong Daily Press*, 6 June 1871.

56 *The China Mail*, 10 June 1871; Hong Kong Public Record Office, *Cable Correspondence Hong Kong 1917*, Document C6, Letter from China Submarine Telegraph Company to Colonial Office dated 10 June 1871, Enclosure No.6.

57 *Hong Kong Daily Press*, 15 June 1871.

一時間，全城興起電報熱。

有了電報機，海底電線和解碼方法，各地皆紛紛興建電報網，並走出本土。英國的南線和丹麥的北線比美國的霸靈海峽線更容易興建電報網，因此是最早與亞洲電報世界相連接的兩國。香港具獨特的地理位置，加上是英國殖民地，興建西方科技所受地方人民和政府的反對相對較少，因此成為各國電報公司爭取的上岸之地。

（十一）伸延至亞洲各地

香港開埠 30 年，電報可於短時間內接通倫敦和上海，在航運業、生意買賣和快速接收世界經濟資訊等方面的確受益不少。港府和殖民地部的溝通時間縮短，令施政更為順暢。單單是倫敦和上海是不夠的，中國各大城市和東南亞城市是下一步要接通的目標，由於電報纜上岸要獲當地國家的批准，接駁條件便涉及英國外交部、殖民地部、電報公司和港府四方的參與。下面按照順序逐一簡述。

1. 香港至馬尼拉

早於 1870 年初，西班牙政府代希尼格含公司（下稱希格，Graham Heane & Company）向英國政府申請馬尼拉、香港和星加坡電報線在香港上岸。英國財政部認為不能接受希格提出的擁有 40 年獨市專利的要求。西班牙政府因此同意不發專利，但殖民地部不反對批准電報線在香港上岸，條件是港府享有收發電報的優先權，在局勢緊急時可取電報站並向希格公司作合理賠償。1871 年，西班牙大使致函港府，查詢港府可否補貼電報公司，讓馬尼拉、香港和星加坡電報線可以如期落成。署督柯士甸回覆拒絕。到 1874 年 4 月，希格沒有在指定日期內動工，事件告吹。1878 年 11 月，西班牙政府重提 1871 年的要求，希格公司明顯缺乏資金，因此西班牙政府為促成電報線，除公開招標外，更為中標者提供 10 年的補貼，每月 1,000 元，並可享有 40 年專利。這項安排恰好給了殖民地部台階，他認同公開招標是公平競爭，龐大的建造費需要 40 年專營權才可有合理回報，加上西班牙政府補貼，誠意十足，有利於香港經濟，英國和港府遂支持該建議。所列出條件與 1870 年無異。說穿了，公開招標其實對當時富於遠東電報經驗的東延公司有利，最終該項目沒有興建。[58]

1880 年 2 月，興建和維修電報公司的加利比亞號（Calabria，見圖 1.47），載著馬尼拉香港電報纜，已從倫敦出發至遠東。[59] 4 月，加利比亞號已抵星加

58　Hong Kong Public Record Office, *Cable Correspondence Hong Kong 1917*, Document No. L1-L7.

59　*The China Mail*, 16 February 1880.

圖 1.47　加利比亞號（Calabria）

坡，即將出發鋪馬尼拉香港電報纜。[60] 4 月 25 日，馬尼拉香港電報纜將從香港鋼線灣出發鋪至呂宋的布連路（Bolinao），[61] 距馬尼拉西北方向約 120 英里的一個海邊小鎮。5 月 1 日下午 2 時 35 分，馬尼拉總督發送第一封電報給港督軒尼詩（Sir John Pope Hennessy, 1834-1891）："致督憲閣下，今天很高興能履行恭賀之責，感謝重大合作。" 港督軒尼詩回馬尼拉總督說："衷心祝賀督憲閣下，通訊開幕將增加馬尼拉和香港的貿易，並加強和鞏固西班牙和英國的友誼。" 有關開放電報供公眾使用的事宜將另行通知。[62] 香港至馬尼拉電報線於 1880 年 5 月 8 日星期六正式開放供公眾使用，每字

60　*The China Mail*, 8 April 1880.

61　*The China Mail*, 24 April 1880.

62　*The China Mail, Hong Kong Daily Press*, 3 May 1880.

45 先令加 10%。[63]

　自電報駁通，東延將馬尼拉經電報傳來的天氣報告轉《德臣日報》刊登。[64] 1882 年 3 月 23 日，東延開始免費為船政廳（今海事署）傳送馬尼拉和香港的每日天氣報告，[65] 這些報告，特別是颱風消息，都對香港預防風暴和船隻在南中國海的航行有極大作用。

2. 香港至廣州

　南北兩線雖然塵埃落定，但它們仍未能真正走入中國市場。大北因給中國建造技術和物料、中文解碼法和電報學堂老師等技術支援，[66] 獲李鴻章（1823-1901）於 1881 年批出的 20 年專利，[67] 所有國內電報線必須經大北線，因此惹來英、美、法大使不滿。[68] 田贊獲獨市生意；彭達力求打破壟斷，計劃再築一條海底港滬線，另一方面，他亦有意築一條海底港穗線直達廣州，為此他尋求英國外交部支持。剛巧中國發起自強運動，要造船、築鐵路和電報網。李鴻章策劃成立

63　*The China Mail*, 8 May 1880, 10 November 1880.

64　*The China Mail*, 17 July 1880.

65　*Hong Kong Government Gazette*, No. 154 of 1882.

66　《申報》，1881 年 12 月 8 日，引自韓晶：〈晚清中國電報局研究〉（上海：上海師範大學博士論文，2010），頁 60。

67　《大北檔》2 類 380 號，引自韓晶：〈晚清中國電報局研究〉（上海：上海師範大學博士論文，2010），頁 74。

68　中央研究院：《海防檔，丁編，電線（上）》，頁 269、278-279。

中國電報局，盛宣懷等主持的官辦電報局（1882 年改官督商辦），繼滬津電報線後亦計劃興建廣滬線，中國掌握興建陸上電報線的權力，東延企圖以海路平分秋色，大北極力保有其專利，形成三國的公司爭建中國電報網的局面，香港至廣州電報網就此開始孕育。

1882 年 1 月 22 日，英駐華大使威妥瑪向華申請興建港穗海底電報纜，經由總理衙門批准，條件是不准經澳門和電報末端入陸，只能停在黃埔港的船內。[69] 事有湊巧，前兩廣總督瑞麟已與粵商協定，私人承辦港穗旱線，當時的兩廣總督張樹聲（1824-1884）接到批准英國興建港穗海底電報纜一文，連忙彙報電報局，稱粵商已組織私人公司。事情由廣東藩司姚覲元和臬司龔易國回覆，粵商以何慎之、陳春田、曹虞廷和彭岐舟為倡議董事夥拍港商花翎道銜李玉衡（即李陞或李璿，見下頁圖 1.48）、都司銜備用守備李德昌（李萬清）和同知銜何崑山（即何亞美或何獻墀，見下頁圖 1.49）為倡議董事，暫改名為廣東香港電報公司，集資 30 萬元，分 3,000 股，每股百元，省城代理為森寶閣機器書局陳春畝，港代理為安泰公司何崑山，時間為 2 月 28 日。何亞美於 3 月 4 日通知港府兩廣總督已批准興建港穗旱線，並申請從九龍鋪一海底電線至中環。他再於 3 月 13 日通知港府在港成立了廣東香港華

69 中央研究院：《海防檔，丁編，電線（上）》，頁 299-304。

圖 1.48　李陞　　　　　　圖 1.49　何亞美

合電報公司（下簡稱華合）專為興建港穗線運作。3 月
29 日，他彙報港府華合已與大北於 3 月 25 日簽約興
建港穗旱線。[70] 華合由安泰公司李德昌和何亞美代表，
大北由駐港代理亞拔蘇信代表。建築物料費為 16,500
元，先交三分之一。全長約 120 英里。大北收物料水
腳（佣金）10%。海底電線採雙管保護電線，每英里
1,800 元，有需要時用。租船費每日 500 元。聘勘察工
程師每月 300 兩（約 216 元）。[71]

70　*CO129/199*, pp. 311-316.

71　中央研究院：《海防檔‧丁編‧電線（上）》，頁 323-328; Hong Kong
　　Public Record Office, *Cable Correspondence Hong Kong 1917*, Document
　　No. E5, Agreement between Great Northern Telegraph Co. and Canton
　　Hong Kong Wa Hop Telegraph Company, 23 March 1882.

與此同時，大北剛剛在港開發電話業務，與英國東方電話公司（Oriental Telephone Company）合組一電話公司，[72] 向香港政府申請興建機樓和過九龍的海底電線，由於合營電話公司有英資背景，港督軒尼詩批准申請。當時英駐華大使威妥瑪得悉大北在中國取得專利和中國自辦電報，連忙通知外交部彙報殖民地部，通知港府不論任何人在香港申請承辦電報，都必須獲殖民地部批准。[73] 港府於 1882 年 2 月 20 日收到電報，[74] 軒尼詩可能不知道電話線可用於電報，遂於 2 月 21 日批准，[75] 事件後來弄至港府要反口，引用暫時批准條款，收回承諾。[76]

東延也不甘人後，於 3 月 23 日申請從九龍鋪一海底電線至中環，[77] 並於 5 月 31 日獲批。[78]《士蔑西報》（*Hong Kong Telegraph*）認為無論是興建或維修費用，旱線總比海底電線便宜和方便。華合是本地註冊公司，受港英政府控制，加上大北所用物料全是英

72　*CO129/197*, p. 511.

73　*CO129/205*, pp. 126-127.

74　*CO129/199*, pp. 298-299.

75　*CO129/197*, p. 538.

76　*CO129/199*, p. 327; *CO129/201*, pp. 145-146.

77　*CO129/199*, pp. 305-306.

78　Hong Kong Public Record Office, *Cable Correspondence Hong Kong 1917,* Document No. E13, Letter by Colonial Secretary to Eastern Extension Australia and China Telegraphy Company Limited dated 31 May 1882.

國製造，政府沒有理由不批准。[79] 6 月，第一批港穗電報線物料抵港。[80] 8 月 10 日《德臣西報》指責丹麥和俄國（北線）壟斷中國市場，何亞美的做法走錯了路，因兩廣總督曾國荃（1824-1890）亦不同意他的做法，企圖為港府否決華合申請鋪下台階。[81] 何亞美立刻澄清兩廣總督曾國荃並沒有反對華合的做法，何先生終於在 8 月 12 日收到否決信。[82] 殖民地部在否決華合前亦曾詢問英國郵政部意見，郵政部覆大北在英國表現優良，在同意批准外資時，亦反對壟斷。財政部亦反對批准壟斷。[83] 彭達運用其影響力，分別去函外交部和殖民地部，阻止大北和華合承辦過海電纜。[84] 很明顯東延要獨享專利。何先生因此於兩日後去信港府查詢否決原因。翌日，港府回覆殖民地部沒有列出原因。《士蔑西報》再次為大北和華合抱不平，指責《德臣西報》造謠，首先是誤傳兩廣總督曾國荃反對華合，繼而是將華合等同大北，指責東延在本地製造壟斷，支持華合要求合理解釋。[85]《士蔑西報》於 1881 年開業，編輯士蔑（Fraser Smith）視《德臣西報》為對手，評論往

---

79 *Hong Kong Telegraph*, 19 April 1882.

80 *The China Mail*, 2 June 1882.

81 *The China Mail*, 10 August 1882.

82 *CO129/203*, p. 60.

83 *CO129/205*, pp. 109-110, 111.

84 *CO129/206*, pp. 53, 84, 110, 132-149, 188-189.

85 *Hong Kong Telegraph*, 16 August 1882.

往針對主筆。何亞美並非一般的華人，他與港府的來往書信，不但文筆順暢，更具西方思維邏輯，拳拳到肉。他亦留意到士蔑先生的辦報路線，日後，華合的消息全部來自此報。在 19 世紀的香港，懂得利用傳媒的外籍人士不多，何況何先生是華人。

8 月 17 日，《士蔑西報》又為華合被拒抱不平，指責港府採取高壓手段，企圖阻止中國現代化和鼓勵壟斷。英國千方百計地想將其工業革命產品如汽船、電線和鐵路推銷至中國，但仍徒勞無功，現在港府阻止華人在英屬地方進行現代化，強迫華合與東延合作，是違背英國國策，難以贏得港商的心。士蔑為華合開路，何亞美豈會放過機會，馬上尋求總商會協助，5 日後致函總商會。香港總商會是英商在華的權力俱樂部，只服務會員。華商李德昌的麗興行和陳大金的新義行由 W.H. Forbes 介紹於 1879 年春申請入會，[86] 但延至 1880 年 2 月，李德昌的麗興行、鄭星揚的德安銀行和陳大金的新義行才獲准加入成為會員。[87] 華合董事李德昌是總商會會員，但何亞美以自己名字入信，相信他的公司安泰保險也是會員。總商會初步回覆要求華

86　*The China Mail*, 10 March 1879.

87　*Hong Kong Daily Press*, 24 February 1880.

合承諾不會壟斷電報市場。[88] 何亞美亦小心回應，申述華合從未要求任何形式的專利，港府亦未有要求華合承諾不壟斷，因此希望總商會詳細解釋壟斷電報市場的意思。他指出中國政府已批准華合在中國境內築電報網，但港府則否決華合在港島上岸，整條港穗線會立刻化為泡影，不利於廣州和香港的商業運作，他懇請總商會協助。總商會澄清後，何亞美承諾華合開放電報網給公眾，並樂意接受港府的任何合理條件。[89] 最後總商會去信港府支持華合的申請。[90]

東延在英國駐廣東大使喜力（Archer Rotch Hewlett, 1838-1902）協助下，遊說華合合作，但何亞美稱與大北有約在先，以不能毀約為由婉拒。另一方面東延威脅兩廣總督（瓊州鎮總兵彭玉代）將行使海底電線在黃埔的專利，但兩廣總督回應東延，若港府不准華合在港上岸，廣東政府亦可照辦煮碗，拒絕東延在黃埔

88　Hong Kong Public Record Office, *Cable Correspondence Hong Kong 1917*, Document E33, Letter by Secretary of General Chamber of Commerce to Wa Hop Company dated 26 September 1882.

89　Hong Kong Public Record Office, *Cable Correspondence Hong Kong 1917*, Document No. E41, Letter by General Chamber of Commerce to Wa Hop Company dated 24 November 1882 and Document No. E42, Letters by Wa Hop Company to General Chamber of Commerce dated 4 December 1882.

90　Hong Kong Public Record Office, *Cable Correspondence Hong Kong 1917*, Document No. E43, Letter by General Chamber of Commerce to Colonial Secretary dated 28 December 1882.

上岸。喜力不相信何亞美夠膽要求港府交待否決華合的理由，華合仍然等待殖民地部的回覆，喜力言詞藐慢，他認為這是何先生捏造事實，因此向港府澄清是否屬實。[91] 港府最後還何亞美清白。其實殖民地部一直收到各方寄來文件，感覺不正常，雖定下原則反壟斷，結果最終都走向了官僚主義，一切依從外交部指示，[92] 形成駐華大使權力上漲的局面。在何亞美要求港府解釋否決華合的原因上面，喜力竟然大做文章，令人感到遺憾。在這期間港督軒尼詩已離港，署督不敢超越官僚系統半步，各方仍僵持不下，要待新港督寶雲（Sir George Ferguson Bowen,1821-1899）上台後，情況才有新發展。圖1.50（見下頁）是極具爭議的港九海底電纜地點。

但時間不等人，1882年底，華合的港穗線已從廣州動工，1883年1月已築至東江，但遭到當地群眾反對，曾一度停工，報章相信以兩廣總督的決心，可以渡過難關。[93] 華合不願與東延合作，港英政府又不批准華合電纜過海上港島，這一困局如何解決？在現實

91　Hong Kong Public Record Office, *Cable Correspondence Hong Kong 1917,* Document No. E39, Letter from A.R. Hewlett to Colonial Secretary dated 24 October 1882；中央研究院：《海防檔，丁編，電線（上）》，頁411-414。

92　*CO129/206*, pp. 233-234；中央研究院：《海防檔，丁編，電線（上）》，頁542-543。

93　*Hong Kong Telegraph*, 9 January 1883.

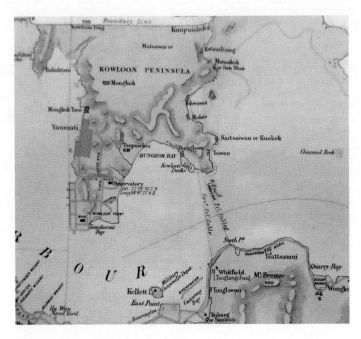

圖 1.50　港九過海電纜地點

上，華合的港穗線可停於界限街以北的海旁，再用汽
船將電報送至中環，港府是沒法阻止的，但此做法成
本高效率低。東延的港九海底電報纜從紅磡至北角已
築好，只待接駁，萬一華合獨斷獨行，建築費用必定
血本無歸。在港穗線上，何亞美手握的籌碼是佔上風
的。東延的海底港滬線除打破大北壟斷外，最重要的
是與中國電報局競爭和再向北延伸。英國大使用盡渾
身解數，爭取在上海上岸。威妥瑪要求殖民地部拒絕
華合申請，而殖民地部雖然否決華合的申請，但也沒
有交代任何解釋，故此被認為是授與威妥瑪與中國電

報局談判的籌碼。中國不讓東延在上海上岸，英國又拒絕華合在港上岸，雙方拉成平手。談判桌上商討就顯得容易。結果，中國電報局和東延於 1883 年 3 月 31 日簽訂協議，東延在上海上岸，與中國電報局合組聯營辦事處，情況類似於東延和大北的香港聯營辦事處。[94] 中國電報局和東延亦在中環設立聯營辦事處處理港穗電報，東延負責將界限街以北的港穗線接駁至中環的聯營辦事處。那時華合的港穗線已築了一半。[95] 故事並未就此完結，且看華合的回應。

從 1882 年底至華合開幕，何亞美都提供一手資料給《士蔑西報》報導，1883 年 5 月 11 日，港穗線已抵淺灣（今荃灣），長 112 英里，有 2,562 電報杆，並透露會以蒸氣船載電報至華合中環辦事處，《士蔑西報》祝賀華商有此成就，辦事處居中環海旁 89 號，是李玉衡和和興名下物業。7 月 4 日，何亞美去信撫華道（華民政務司）稱港穗線已抵九華村，7 月 9 日將開幕，邀請港督主持開幕禮。7 月 6 日，何崑山（即何亞美）在

94　Hong Kong Public Record Office, *Cable Correspondence Hong Kong 1917,* Document No. E47, Agreement between the Imperial Chinese Telegraph Administration and the Eastern Extension Australia & China Telegraph Co. Ltd. dated 31 March 1883；中央研究院：《海防檔，丁編，電線（上）》，頁 572-575。

95　Hong Kong Public Record Office, *Cable Correspondence Hong Kong 1917*, Document No. E47, Agreement between the Imperial Chinese Telegraph Administration and the Eastern Extension Australia & China Telegraph Co. Ltd. dated 2 March 1883, 18 April 1883.

《士蔑西報》刊登華合開幕廣告，電報收費每字 5 先，
另加額外收費 1 先（船費），待港府批准過海電纜後
取消，開幕頭兩日收費全免，大北的中文電報新書亦
有出售，每本 3 毫。[96] 圖 1.51 是華合開幕廣告。何先生
果然不是一般華人，以免費為條件收買人心，又將額
外收費的責任推到港府身上，盡顯他的生意奇才和政
治智慧。與此同時，又邀請《士蔑西報》參觀九華村
的電報辦事處，《士蔑西報》對其進行詳盡的報導，變
相收到廣告的效果。記者從中環乘船抵九華村需半小
時。九華村在昂船洲對面，一行五人在東面的沙灘上
岸，然後沿小徑步行入村。辦事處是中式茅廬，電報
房設在屋內左面，有兩部電報機，電線以木杆支撐沿
北面往廣州。幾分鐘後，便可與廣州通電報。離開時
遇到幾位村民，在西面沙灘上船，回程經昂船洲，島
上只看到有幾匹小馬，多年前興建的昂船洲監獄已被
颱風吹毀，不知所終。《士蔑西報》不忘為華合宣傳 9
日開幕，免費為公眾服務兩天。[97]

　　港督寶雲是一名經驗豐富的殖民地官員，他早就
收到東延與中國電報局的合約，並立刻向殖民地部請
示指令，但只收到拒絕華合過海的指示。[98] 他決定為華

96　*Hong Kong Telegraph*, 6 July 1883.

97　*Hong Kong Telegraph*, 7 July 1883.

98　Hong Kong Public Record Office, *Cable Correspondence Hong Kong 1917*, Document No. E44, 48; *CO129/208*, pp. 117-122.

敬者本局電綫現已造到新安縣屬九華村地方茲定於　月　日開辦接收傳遞來往省城香港電報信音每字收信資銀伍仙另加收小輪船由香港運至九華村駁費壹仙但所加收之欵一俟香港皇家批准本局水綫接連到港時卽便裁免　諸君凡欲傳電信由港往省城者請將信送到海傍中門牌第八十九號本局辦公所如由省城寄港則將信送至新荳欄東街本局辦公所接收代爲傳遞便妥或該信到港後仍須傳往省者本局亦照代交別埠該價銀叄毫正多少亦照加收至於接領電信若干字數多少算規一切章程本局皆仿香港各電報局按照各國電報局章程辦理該華字電信卽照大比電報公司電報新書收取辦理新編如要購用請到本局取部爲憑所有電信來往省港由　日各家欲要開部以便傳遞亦可到本局起至　日止均不收取信資順此佈聞

謹將本局小輪船來往香港九華村時刻列左凡要傳遞電信請依時交送本局代收傳遞無誤爲禱

由香港往九華村

上午　八點　十點　十二點　　下午　二點　四點　六點

由九華村返香港

上午　九點　十一點　　下午　一點　三點　五點　七點

圖 1.51　華合開幕廣告

65

合主持開幕禮，是基於有效管治和不違反英國對華政策的原則。行政局、總商會和傳媒都站在華合那方，簡單原因是港穗線會為香港帶來整體經濟利益，眼前的臨時額外船費更凸顯華合是弱者。寶雲於 7 月 9 日與英國駐廣州大使喜力互通電報，寶雲託喜力恭賀兩廣總督港穗線成功駁通，願中英兩國友誼更進一步。兩廣總督亦禮貌回覆，希望兩國友誼進步。開幕禮後，寶雲馬上召開行政局會議，華合興建過海電纜的申請得到了全體議員的支持。他連同華合廣告、總商會的支持信、7 月 6 日《士蔑西報》的評論和何亞美投訴殖民地部沒有解釋否決原因的信一起，寫了一封支持華合第二次翻案的信給殖民地部。同日，寶雲在反壟斷和鼓勵中國現代化兩個原則上，亦另致函殖民地部，殖民地官員無可奈何，在檔案上寫下寶雲這番話是 "普通常識"（Common Sense）。[99] 定例局於 7 月 20 日開會，寶雲亦將定例局支持華合的會議記錄寄給殖民地部，定例局議員寶其利（Francis Bulkeley Johnson, 1828-1887）毫不客氣地批評殖民地部無理否決華合，是英國和香港的恥辱。[100] 7 月 20 日，何亞美在寶雲訪問東華醫院時，追問華合翻案進展。[101] 何先生非常懂

---

99 *CO129/210*, pp. 301-327.

100 *CO129/210*, pp. 411-413; *Hong Kong Daily Press*, 21 July 1883; *Hong Kong Telegraph*, 24 July 1883；《循環日報》，1883 年 7 月 23 日。

101 *Hong Kong Telegraph*, 2 August 1883；《循環日報》，1883 年 7 月 23 日。

得傳媒遊戲，不停發放港穗線的繁忙訊息，[102] 又借定例局辯論和港督訪問東華醫院曝光傳媒，何先生算是當年的商業奇才。但世事的結果往往不是站在道理那方，8月20日，寶雲收到東延消息稱中國電報局將收購華合，於是立刻通知殖民地部。[103] 殖民地部在檔案上寫下：＂爭論終於得到美麗的結局。＂[104] 9月18日，華合收到第三封拒絕信，仍然沒有列出原因。但華合照樣運作，絲毫沒有半點放棄的跡象，東延心急如焚，又運用其影響力查詢殖民地部，殖民地部趁機下令寶雲彙報。寶雲乖巧地回應道，他認為國營公司總比私人好，他更提到港穗線可接駁廣滬線、滬津線和津京線。他亦提及與李鴻章的一席話，中國現代化正走著英國昔日現代化之路。但港府現階段不可能停止華合運作。[105] 相信殖民地部心裡又覺得港督寶雲在講＂普通常識＂了！

11月下巡，中國電報局總辦盛宣懷（1844-1916）訪港，與華合和東延商討合作細節。筆者未能找到中國電報局收購華合的細節，只能找到中國電報局如何與東延在香港成立聯合公司的相關資料。根據合約，

102 *Hong Kong Telegraph,* 13, 14, 19, 24 July 1883, 2,6, 20 August 1883, 18 September 1883.

103 *CO129/211,* pp. 364-366.

104 *CO129/212,* p. 205.

105 *CO129/212,* pp. 206-211.

香港聯營公司的模式是港滬線的翻版，12月22日，盛宣懷與東延達成共識，在九龍邊境成立一橫跨兩地的臨時辦事處，即中國電報局在界限街以北，東延在界限街以南的聯合辦事處，預計12月30日開幕。但到1884年1月14日，中國電報局仍未動工，稱雙方還未確認員工宿舍的安排和租金價格，華合仍然照常運作。[106] 嚴格來說，臨時辦事處是沒有必要的，亦不符合在上海的模式，相信延遲是出於三個爭論點，一是華人宿舍一般緊連辦事處，即前舖後居，與上海外籍員工不同，導致中國內地駐香港員工宿舍的租金過高。其二是當時的中國官員如何在英國屬土上辦公，有別於東延員工在上海以商人身份運作。最重要的是中英開戰時的處理方法。1月23日，中國電報局的九穗線於九龍邊境接駁東延的港九線，1月24日正式開張。香港聯營公司設於海事樓（Marine House，香港大酒店旁），東延入口在皇后大道，中國電報局入口在庇利羅士里（後街）。橫跨兩地的臨時辦事處就成為永久接駁中心，名義上是雙方共用的檢查站，估計在實質上是供開戰時截斷所用。這一共用站的原意是橫跨兩地，但結果是坐落於界限街以北85英尺的地方，[107]不知是有心或無意（見圖1.52）。

---

106 *CO129/215*, pp. 86-87, 202-204.

107 Hong Kong Public Record Office, *Cable Correspondence Hong Kong 1917*, Document No. E82, pp. 84-86, 90-91.

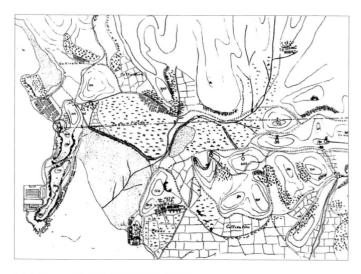

圖 1.52　中國電報局和東延的接駁站

　　港穗電報線在中、英、丹麥和港人競爭下，最後還是以中英合作告終，事件反映出，經濟是離不開政治的。香港商人何亞美帶領的廣州香港華合電報公司，是首間在香港的華資公共設施公司，華合是廣州和香港華人聯合的意思，有特別的意義。華合在港註冊，受本地法律和政府控制，竟然被拒絕在港島上岸，因而引發本地外商罕有地與華商合作，發起本土運動，行政定例兩局、總商會和傳媒都一面倒地指責英國殖民地部的高壓手段無理地否決華合的電報線在港島上岸，令東延獨享專利。剛上任的港督寶雲在此形勢下，亦站到本土一方，向殖民地部如實反映，以求有效管治。何亞美不但會使用流利的英語，亦熟悉

英國人的思維，又懂得利用傳媒，給公眾的第一感覺
是華合努力地造福香港，但多次被掌權者刁難，是被
欺凌者。他以蒸氣船代替海底電線而徵收額外費用，
給人的印象是迫於無奈，他亦懂得利用西方的公共利
益觀念，輕輕地將責任卸給政府。華合壽命雖短，但
開幕時的大事鋪張，邀得寶雲發第一封香港至廣州的
電報，創下了歷史，亦寫下了華商光輝的一頁。

3. 香港至澳門

香港距離澳門雖只約 66 公里，但駁通電報纜卻
比倫敦和上海遲了十多年。東延於 1882 年 4 月才通知
港府接駁香港澳門電報，初步計劃書已提交里斯本的
葡萄牙政府，若葡萄牙政府批准，他會申請在香港上
岸。這份申請書要到 1884 年 6 月底才遞交港府。香港
上岸點仍在鋼線灣，與星加坡、西貢、海防、馬尼拉
和上海線相同。但由於東延陸上線已飽和，他要求暫
借政府從青州至中環的海陸線，即從鋼線灣駁一臨時
海底纜至青州，借政府至中環的旱線。東延利用管道
鋪至中環的旱線將於不久後完成。[108] 1884 年 7 月 4 日
港督寶雲致電報澳督盧沙（Tomas de Sousa Rosa, 1867-
1929）祝賀駁通香港至澳門的電報線。寶雲說道："港

---

108 Hong Kong Public Record Office, *Cable Correspondence Hong Kong 1917*, Document No.G1-G6.

督祝賀澳督成功鋪妥兩地電報線。兩地因此而實際得益，再者，此亦可視之為英國和葡萄牙自古以來的團結和聯盟的新聯繫。"澳督於翌日回覆："澳督感謝港督的祝賀並欣喜見證兩地誠懇友誼大大增進的成果，這同時加強和鞏固了大英帝國和葡萄牙自古以來的友誼聯盟。"[109] 香港至澳門電報線於 1884 年 7 月 9 日開放給公眾。[110]

4. 香港經納閩島（Labuan）至星加坡

東延的香港星加坡線經法屬交趾支那（Cochinchine française）的西貢（Saigon）。1884 年至 1885 年的中法戰爭，曾引至香港大同和黃埔船塢工人罷工和暴動，[111] 這場戰爭不但勾起了居港華人的愛國心，也觸動了外籍商人和駐港軍人的神經。他們認為電報線在北面經俄國，南面經法國，在軍事上是不理想的，要求港督興建一香港經婆羅洲至星加坡，全屬英國的電報線。港督寶雲為此於 1885 年 3 月 24 日致函殖民地部陳述此事。東延作為商業機構，關心資金和效益，去信港

---

109 *Hong Kong Daily Press*, 8 July 1884.

110 *Hong Kong Daily Press*, 17 July 1884.

111 詳情可參看 Elizabeth Sinn, "The Strike and Riot of 1884-a Hong Kong Perspective," *Journal of the Royal Asiatic Society Hong Kong Branch*, Volume 22, 1982, pp. 66-98; David Wilmshurst, "Hong Kong during the Sino-French War (1884-1885): Impressions of 1961-2010, 2010," *Journal of the Royal Asiatic Society Hong Kong Branch*, pp. 141-163.

府詢問可否有重大補貼。港督寶雲將事件交行政局討論，得出結論是香港—星加坡線建築所需費用不少於40萬英鎊，港府財政狀況根本無法補貼。[112] 東延雖然提出承諾承擔三分之一支出，印度和海峽殖民地承擔三分之一，但港府仍然以財政狀況為由拒絕承擔餘下的三分之一，並強調成本效益實在太低（實質上是重複線）。1886年東延建議調低補貼至每年7,500英鎊，亦未能打動港府。[113] 港府曾提出舉債，但遭殖民地部反對。到港督德輔（Sir George William Des Voeux, 1834-1909）上任，才支持該計劃。原來德輔娶了彭達的女兒Marion Denison Pender（1856-1955）為妻，雖無實證有這方面原因，但德輔的投入，與他對遮打（Sir Catchiok Paul Chater, 1846-1926）填海計劃的態度相比，容易令人產生錯覺。1888年，東延提出香港經納閩島至星加坡線，以經北婆羅洲為誘因，再次詢問港府。港府這次進行諮詢，向總商會問請。總商會認為重複香港星加坡線經北婆羅洲帶來的商業利益仍未能高於其成本，所以不支持補貼方案。港督德輔在回覆殖民地部時雖推卻補貼方案，但以個人名義不同意總商會的看法，希望當局可重新考慮海峽殖民地和港

---

112 Hong Kong Public Record Office, *Cable Correspondence Hong Kong 1917*, Document No. J3.

113 Hong Kong Public Record Office, *Cable Correspondence Hong Kong 1917*, Document No. J20-22.

府的平分費用是否可再調控，並附上《德臣西報》的建議。[114] 到 1890 年，英國財政部仍然拒絕任何補貼。1892 年東延再提新方案，加入馬尼拉，讓星加坡和納閩島可連至菲律賓，對英國在遠東納閩島的唯一煤田可有所幫助。可惜港府仍然維持原來的看法。翌年，東延知悉"講錢失感情"，只要求港府東延電報纜船在香港工作免港口和燈塔稅，以及 25 年的電報專營權。殖民地部亦要求所有殖民地部的電報半價支付。合約終於在 1893 年 10 月 28 日簽訂。[115] 商討重複香港—星加坡線花時近 10 年，主因是重複線的成本利益只有軍事得益。港府立場堅定，全賴總商會純以商業角度出發，保障會員利益，政府若支持方案，必須徵稅，而納稅人正是總商會成員，就算是彭達的女婿，也不敢輕舉妄動！東延的辛尼號（Siene，見下頁圖 1.53）負責鋪設此線，於 1894 年 3 月 17 日自倫敦開出，5 月 4 日完工，5 月 5 日正式運作，香港至倫敦電報全歸東延，彭達正式壟斷南線。

19 世紀末，香港電報網已覆蓋歐亞，圖 1.25（見 31 頁）和圖 1.26（見 31 頁）分別是東延和大北的電報網，若與今天的"一帶一路"路線圖進行比較，是否

---

114 Hong Kong Public Record Office, *Cable Correspondence Hong Kong 1917*, Document No. J34-35.

115 Hong Kong Public Record Office, *Cable Correspondence Hong Kong 1917*, Document No. J56.

圖 1.53　辛尼號（Siene）

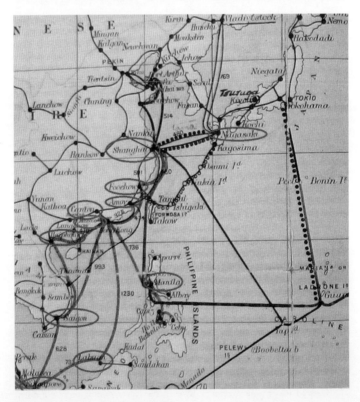

圖 1.54　香港電報在亞州的網絡

有相似的地方？圖 1.54 是香港電報在亞洲的網絡，若與濱下武志的亞洲經濟描述圖相比，香港在東亞經濟中心的地位更清楚不過了。[116]

（十二）香港電報網

1. 電報新聞

電報將香港帶入世界，最先得益是新聞業。先看此風如何從西方吹向香港的。英國《早報》（*Morning Post*）和《泰晤士報》（又稱《倫敦時報》，*The Times*）皆創立於 18 世紀，報導當地新聞。18 世紀初，開始報導法國新聞，夏維斯（Charles Havas, 1783-1858）在法國利用白鴿飛越英倫海峽傳遞新聞至倫敦。[117] 德國出生的路透（Paul Julius Reuter, 1816-1899，見下頁圖 1.55）於 1850 年在德國阿臣（Aachen）成立新聞社，亦以白鴿傳遞新聞至布魯塞爾（Brussels）。西門寺（Ernst Werner Siemens, 1816-1892）於同年開始從韋爾維拿（Verviers）鋪電報至科隆（Cologne），

---

116 Takeshi Hamashita, "Tribute and Treaties: Maritime Asia and Treaty Port Networks in the Era of Negotiation," *The Resurgence of East Asia: 500, 150 and 50 Year Perspectives* (London: Routledge, 2003), pp. 34-50；濱下武志：《香港大視野：亞洲網絡中心》（香港：商務印書館，1997 年），頁 37。

117 Donald Read, *The Power of News: The History of Reuters* (Oxford: Oxford University Press, 1999), p. 6.

圖 1.55　路透（Paul Julius Reuter）

路透的太太馬尼士（Ida Maria Elizabeth Clementine Magnus）向西門寺投訴電報影響其夫的新聞社業務，西門寺說白鴿可變喜鵲（pigeon can convert to pie, pie 可解為餡餅）。[118] 路透於 1851 年往倫敦成立公司，倫敦正舉辦世界博覽會，而英倫海峽電報亦於同年開通。1853 年路透以一對兄弟（Israel Beer Josaphat, Susskind Josaphat）的名字成立的祖沙發電報公司（S. Josaphat & Co's Continental Telegraph），兩年後以失敗告終。1858 年路透終於找到《廣告早報》（*Morning Advertiser*）和《泰晤士報》接受他的電報新聞，[119] 開

---

118 Donald Read, *The Power of News: The History of Reuters*, p.13; *Hong Kong Telegraph*, 6 August 1907.

119 Donald Read, *The Power of News: The History of Reuters*, p.23; *South China Morning Post*, 27 January 1930.

始電報新聞王國之路。路透社最著名的電報新聞是1865 年美國總統林肯被刺時在英國的報導。[120] 路透電報有限公司亦於同年成立。香港自 1870 年起已見轉載路透電報（Reuter Telegram）新聞，亦有轉載本地機構收到的電報消息，例如東華醫院與美國會館的通訊。[121] 香港政府於 1886 年向路透電報訂購電報新聞，花費 1,662 元。[122] 1910 年，路透電報提供歐洲、帝國和太平洋三大電報公司的新聞，香港受惠於帝國電報新聞，每年收 15 萬字。[123] 那時它在香港的辦事處設於維多利亞大廈（Victoria Building），與遮打爵士辦事處位於同一幢大樓。1914 年，路透電報提供香港電報新聞每月 12,500 字。[124] 到 1930 年代，路透電報在遠東的生意變得並不理想。

　　1842 年以前，香港新聞報導主要是來自英文的《廣東記錄》（*Canton Register*）和《廣東報》（*Canton Press*）。1842 年才有《中國之友和香港憲報》（*The Friend of China and Hongkong Gazette*）。《廣東記錄》於 1844 年改名為《香港記錄》（*Hong Kong Register*）。《德臣西報》和《孖剌西報》（*Hong Kong Daily*

120　詳細故事可參看 Donald Read, *The Power of News: The History of Reuters*, p. 43.

121　*Hong Kong Daily Press*, 21 April 1882.

122　*Minutes of the Legislative Council Meeting*, 1 October 1886.

123　Donald Read, *The Power of News: The History of Reuters*, p. 89.

124　Donald Read, *The Power of News: The History of Reuters*, p. 76.

Press）分別於 1845 和 1857 年成立，而《士蔑西報》要到 1881 年。《德臣西報》中文譯名來自 1856 年的編輯 Andrew Dixon。《孖剌西報》中文譯名來自其編輯 Yorick Jones Murrow（1817-1884）。同樣《士蔑西報》中文譯名來自其編輯 Robert Fraser Smith，但有學者譯為《香港電聞報》。[125]《香港電聞報》是唯一在頭版引述路透電報新聞的本地報館，讓港人得知世界大事，此譯法亦有可取之處。早期報紙主要是周報，直至《孖剌西報》的日報出現。香港最早的中文報紙是1853 年的《遐邇貫珍》月刊。《孖剌西報》逢星期二、四、六出版單張兩面中文的《香港船頭貨價紙》，但新聞內容不及《孖剌西報》的十分之一。1861 年至 1862年間《香港船頭貨價紙》改名為《中外新報》，單日出新聞，雙日出船期貨價紙，1874 年才成為日報。《德臣西報》回應《孖剌西報》，周報改日報，亦在周六加一中文附刊《中外新聞七日報》，由陳言主編。1872 年《華字日報》面世，每周三期，由陳言進行管理。1874年，與剛出版的《循環日報》看齊，改為每天出版。[126]20 世紀初，《南華早報》（*South China Morning Post*）出版，譯名有在華南的英國早報之意。1925 年創立的

---

125 Frank H.H. King & Prescott Clarke, *A Research Guide to China-Coast Newspapers, 1822-1911* (Cambridge: Harvard University Press, 1965), p. 71.

126 楊文信、黃毓棟：《香港舊聞：十九世紀香港人的生活點滴》（香港：中華書局，2014 年），頁 v-xi。

《華僑日報》和《工商日報》更是陪同筆者成長的報紙。

《孖剌西報》雖有轉載路透社新聞，但初期《德臣西報》指其評論質素差，一般認為是批評《孖剌西報》搬字過紙。[127]《孖剌西報》自 1873 年有一專欄 "近期電報"（Late Telegram），經常轉載路透社新聞，內容涉及世界各地。由於《士蔑西報》另一譯名是《香港電聞報》，所以每日最少有四則電報新聞。《華字日報》到 1910 年代末才見有轉載路透社新聞。《華僑日報》和《工商日報》創刊後不久已轉載路透社新聞。新聞報導的速度單位從周進步至日，再進至時分，顯示出人類突飛猛進的通訊速度。但《德臣西報》一百多年前清楚指出了新聞質素的重要。文明必須具備質與速兩個要素，今天新聞速度以秒算，但質素卻一落千丈，真不知是進步還是退步！路透社以經濟新聞著稱，上海的棉花市場就曾因電報延誤而停市。[128] 今天我們在電視上看到的股票和外滙價格，均印上轉自湯森路透社，除名稱改了以外，還加上了不負責條文。當年的電纜，除天災外，也有不少人為破壞，固此，上海報紙亦因電報延誤而多次向路透社投訴。市場可以停市，但惡劣天氣的消息若因此而延誤，後果就嚴重得多了。

127 *The China Mail*, 6 May 1879.

128 *South China Morning Post*, 16 March 1928.

2. 氣象電報

　　航運業亦嚐到了電報帶來的甜頭，航運與航道的氣候條件有莫大關係，電報就得以扮演重要角色。著名英國藝術家羅斯金（John Ruskin, 1819-1900）於 1839 年撰文英國氣象學會（Meteorological Society）指出研究氣候不是為了地方和國家，而是全世界。[129] 當時除航運業以外，保險業、報業、電報業和政府都對氣候資料甚感興趣。《德臣西報》率先於 1873 年 1 月介紹了氣象學和其好處。《德臣西報》以毛里求斯氣象學會為例，列出了學會在印度洋的工作，特別是颱風的資料以及建議船隻應走的航道。《德臣西報》提問在中國沿海是否需要有類似的學會。他希望航運業可以捐款，在本地成立氣象學會。會員方面，《德臣西報》相信本港有四至五人有氣象學識，加上海軍、軍部和航運界，約有 15 至 20 人。各船長可協助提供資料。建議港督為會長，政府官員為會員，聘一全職秘書，重點研究颱風。《德臣西報》歡迎來函討論。[130] 當時的颱風資料多來自船隻或中國沿海大城市的電報，由報章刊登。本地政府還未有天文台，天氣資料由船政廳長統籌。其實，清朝海關總稅務司赫德於 1869 年亦有相同

---

129 John Ruskin, "Remarks on the Present State of Meteorological Science," *Transaction of the Meteorological Society*, Volume 1, 1839 (London: Smith Elder and Co. Cornell), pp. 58-59.

130 *The China Mail*, 18 January 1873.

建議，在他管轄的燈塔和海口設置量度氣象儀器，並由專人收集和分析數據。[131] 可惜赫德的大計和《德臣西報》的建議都未能實現。但《德臣西報》於半年後就有了初步成績。1873 年 8 月 5 日，香港首次將廈門、上海和香港的天氣資訊通過電報刊登於《德臣西報》，名為中國沿海氣象記錄（China Coast Meteorological Register），圖 1.56（見下頁）是當天報章，圖 1.57（見下頁）是手寫稿。[132]《德臣西報》感謝船政廳長採納他們意見，亦感謝電報公司的合作。這歷史性的時刻令船隻北上或南下前可決定如期開行或延遲。當時只有三個埠的資料，期望日後可增加馬尼拉、西貢、星加坡和長崎等城市，將記錄優化至國際範圍。《德臣西報》重提颱風訊號一事，希望船政廳可設一張旗或一架鼓，示意船隻延遲出海。亦希望船政廳可設立一間氣象室供公眾搜集資料。[133] 1 年後，甲戌風災，證明

---

131 P. Kevin MacKeown, *Early China Coast Meteorology: The Role of Hong Kong* (Hong Kong: Hong Kong University Press, 2010), pp. 12-15; Marlon Zhu, Typhoons, *Meteorological Intelligence, and the Inter-port Mercantile Community in Nineteenth Century China*, Thesis for the Degree of Doctor of Philosophy in History, Binghamton University State University of New York, 2012, pp.24-28.

132 CORRAL:Historical Meteorological Recordings from the UK Colonial Registers and Royal Navy logbook image-*http://data.ceda.ac.uk/badc/corral/images/metobs/asia/China/China_Coast/China_Coast_Met_Register_Aug_1873-Jan_1878/*.

133 *The China Mail*, 7 August 1873.

CHINA COAST METEOROLOGICAL REGISTER.

[The following returns which have courteously been placed at our disposal will in future appear regularly.]

TELEGRAMS OF THE 5TH AUGUST 1873, AT NOON.

STATIONS.	HONGKONG.		AMOY.		SHANGHAI.	
Observations.	Previous day at 4 P.M.	On date at 10 A.M.	Previous day at 4 P.M.	On date at 10 A.M.	Previous day at 4 P.M.	On date at 10 A.M.
Barometer, ...	29.90	29.90	29.98	30.01	29.84	29.86
Thermometer attached, ...	81	78	—	—	84	82
Direction of Wind, ...	S.E.	S.E.	S.S.E.	N.	S.S.E.	S.E.
Force, ...	6	6	2	1	4	4
Dry Thermometer, ...	—	—	86	85	85	86.5
Wet ,, ...	—	—	80	78	81	78.5
Weather, ,, ...	O.C.	O.P.	B.B.	B.B.	B.B.	O.C.
Hours of Rain, ...	—	12				
Quantity fallen, ...	—	2.00				

ALFRED LISTER, *Act. Harbour Master.*

圖 1.56　1873 年 8 月 5 日中國沿海氣象記錄

圖 1.57　1873 年 8 月 5 日中國沿海氣象記錄

CHINA COAST METEOROLOGICAL REGISTER.
MARCH 22, 1876.

STATIONS.	HONGKONG.		AMOY.		SHANGHAI.		NAGASAKI.	
Observations.	Previous day at 4 P.M.	On date at 10 A.M.	Previous day at 4 P.M.	On date at 10 A.M.	Previous day at 4 P.M.	On date at 10 A.M.	Previous day at 4 P.M.	On date at 10 A.M.
Barometer, ...	30.06	30.10	30.12	30.18	30.19	30.22	30.05	30.12
Thermometer attached, ...	67.0	63.0			59.0	57.0	55.2	54.5
Direction of Wind, ...	N.E.	E.	N.E.	S.W.	N.W.	S.S.E.	S.	N.N.W.
Force, ...	2	6	3	1	3	3	2	3
Dry Thermometer, ...	67.0	63.0	67.0	62.0	68.0	58.5	57.2	44.6
Wet ,, ...	64.0	59.0	64.0	59.0	61.0	51.5	51.1	39.6
Weather, ,, ...	c.	c.	b.	b.	bb.	m.b.	bb.	b.
Hours of Rain, ...	—							
Quantity fallen, ...	—							

圖 1.58　1876 年 3 月 22 日中國沿海氣象記錄加入長崎資料

《德臣西報》走在時代的前沿。由於《德臣西報》實質上是黃昏報紙（晚報），其資訊無助於預防風災，可見香港在利用電報協助預防風災方面仍處在萌芽階段。刊登在報章上的中國沿海氣象記錄直到 1876 年 3 月 22 日才加入長崎氣象資料（見圖 1.58）。《孖剌西報》亦於 1876 年 5 月 3 日開始刊登中國沿海氣象記錄。

《德臣西報》於 1873 年提議的颱風警告訊號，船政廳終於在 1877 年 8 月 4 日刊憲，是為香港政府的首個颱風警告訊號。10 日後，有船長致函《德臣西報》，指出單是懸掛訊號是不夠的，而且當氣壓計下降，吹西南風是否預示著有颱風迫近，這些都要深入研究氣象才可準確預測颱風的走勢和強度，而收集各地資料和電報接通馬尼拉和台灣是先決條件。[134] 1880 年 5 月，馬尼拉和香港電報接通，馬尼拉報章提議兩地交換氣象報告，並在雙方報章刊登。[135] 同年 7 月，《孖剌西報》刊登馬尼拉氣象報告預言有一颱風在呂宋以北經過，或會影響香港。兩日後，有一颱風在香港以東掠過。[136] 電報能否協助預測颱風的考驗發生於 1880 年 8 月 28 日，馬尼拉天文台於 8 月 27 日已發氣象電報給布連路電報站，並獲回條確認收妥。不知為何氣象電報於 28 日下午才發出，東延於下午 5 時 29 分接收，

---

134 *The China Mail*, 14 August 1877.

135 *Hong Kong Daily Press*, 18 May 1880.

136 *Hong Kong Daily Press*, 15, 17 July 1880.

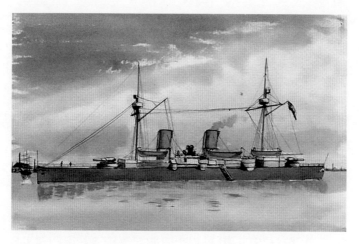

圖 1.59　以士美奴打號（Esmeralda）

立刻通知船政廳和報章。很不幸，船長泰博（Captain
Talbot）駕駛的以士美奴打號（Esmeralda，見圖 1.59）
於 5 時離港，29 日途中遇上颱風。他抵達馬尼拉後從
當地天文台得悉氣象電報已於 8 月 27 日發出，於是他
致函《孖剌西報》，批評政府在此事當中所擔當的角
色不到位。雖然東延於他離港後才收到電報，但事件
已暴露出香港船政廳和馬尼拉天文台沒有直接溝通，
要通過東延才獲氣象報告。更有讀者致函《孖剌西
報》，矛頭直指港督軒尼詩延誤興建香港天文台，諷刺
軒督只關心華人領袖的安危，完全忽略一般華人在颱
風中所面對的高風險。[137] 禮失而求諸野，馬尼拉組織

---

137 *Hong Kong Daily Press*, 8, 9 September 1880; *The China Mail*, 8 September
　　1880；有關軒尼詩延誤興建天文台一事，可參看 P. Kevin MacKeown,
　　Early China Coast Meteorology: The Role of Hong Kong, pp. 27-54.

氣象學會，與香港互交氣象電報消息。學會主席為馬尼拉海軍主管，成員有地區裁判官、工務局長和電報局長。[138] 1 年後，馬尼拉天文台缺乏資金發展，要求募捐。《德臣西報》批評港府對待囚犯比平民還要好，呼籲英國社會特別是船運業捐款。[139] 聯合保險公司亦去信港府投訴延遲發放氣象電報消息。[140] 香港最終由保險業界捐款 350 元，當中包括安泰和民安兩間華資燕梳公司。[141]

　　善用電報預防颱風也有成功的例子。1882 年 10 月 12 日，署理香港總督杜老誌（Malcolm Struan Tonnochy, 1841-1882）連收兩封馬尼拉氣象電報，預言颱風訪港，杜督立刻通知船政廳和報章。船政廳亦發出警告通知船運界。他彙報殖民地部時指出若華人艇戶相信船政廳的話，華人傷亡數字可減低。他讚揚軒督每年風季撥款 200 元（每月約 60 元）支付香港與馬尼拉互交氣象電報的費用，成功將颱風破壞減至最少。[142] 這次颱風發生於日間，氣壓計從早上 8 時一直下降至下

---

138 *The China Mail*, 18, 20 September 1881.

139 *The China Mail*, 5 September 1881; 有關軒尼詩的監獄政策，可參看 Frank Dikiotter, "'A Paradise for Rascals': Colonialism, Punishment and the Prison in Hong Kong (1841-1898)," *Crime, History & Societies*, Volume 8 No. 1 (2004).

140 *The China Mail*, 6 September 1881.

141 *Hong Kong Telegraph*, 26 September 1881.

142 *CO129/195*, pp. 97-100.

午 1 時最低點，[143] 當年的日間預防工作比起 1874 年夜間容易得多，這亦是破壞少的原因之一。從杜老誌的彙報得知馬尼拉氣象電報是直接給港督的，奇怪的是香港報章刊登的中國沿海氣象記錄中仍然沒有馬尼拉的數字，很明顯軒尼詩沒有發放給報章，這可能是軒尼詩的一貫管治作風。軒尼詩於 1882 年 3 月 7 日離港，[144] 3 月 23 日，港府刊憲，東延免費為政府傳收香港和馬尼拉氣象電報。[145]《孖剌西報》刊登於 3 月 23 日的中國沿海氣象記錄，已可見到馬尼拉氣象數據（見圖 1.60）。《德臣西報》亦可於 3 月 24 日的中國沿海氣象記錄中見到馬尼拉氣象數據。馬尼拉氣象資料於軒尼詩離港後才刊登在中國沿海氣象記錄上，是為 1882 年 3 月 23 日，電報氣象網終於艱辛地踏出了一步。

與此同時，量地官裴樂士（John MacNeile Price, 1841-1922）為逃避軒尼詩而獲殖民地部特准在英國放長假，在英國成為殖民地部的遠東工程顧問，香港多項工程都經他審閱，如有軌電車和天文台。在現存法定古蹟中，以這位高官所設計和建造的建築物為最多（大潭水塘、鶴咀和青州燈塔、前水警總部和天文台），他更為中國沿海氣象圈提供了不少意見。萊思保

143 *Hong Kong Telegraph*, 14 October 1881.

144 *The China Mail, Hong Kong Daily Press, Hong Kong Telegraph*, 7 March 1882；《循環日報》，1882 年 3 月 6 日。

145 *Hong Kong Government Gazette*, No. 154 of 1882.

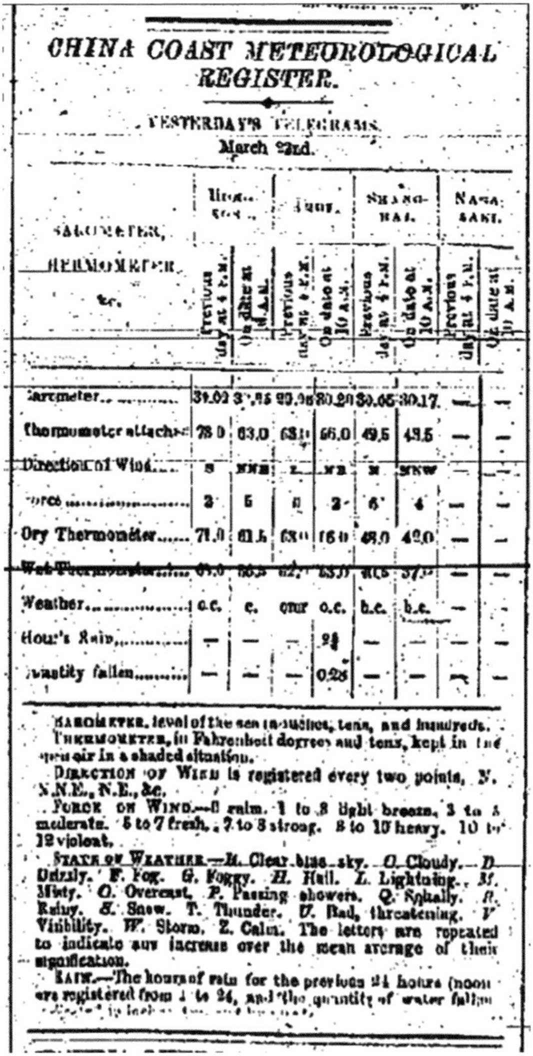

CHINA COAST METEOROLOGICAL REGISTER.

YESTERDAY'S TELEGRAMS.

March 23rd.

BAROMETER, THERMOMETER, &c.	Hong-kong. Previous day at 4 P.M.	Hong-kong. On date at 10 A.M.	Amoy. Previous day at 4 P.M.	Amoy. On date at 10 A.M.	Shanghai. Previous day at 4 P.M.	Shanghai. On date at 10 A.M.	Nagasaki. Previous day at 4 P.M.	Nagasaki. On date at 10 A.M.
Barometer	30.02	3[illegible].95	30.06	30.20	30.05	30.17	—	—
Thermometer attached	78.0	63.0	68.0	66.0	49.5	49.5	—	—
Direction of Wind	S	NNE	E	NE	N	NNW	—	—
Force	3	5	0	2	6	4	—	—
Dry Thermometer	71.0	61.5	68.0	66.0	48.0	42.0	—	—
Wet Thermometer	[illegible]	[illegible]	[illegible]	[illegible]	[illegible]	[illegible]	—	—
Weather	o.c.	c.	oqr	o.c.	b.c.	b.c.	—	—
Hour's Rain	—	—	—	24	—	—	—	—
Quantity fallen	—	—	—	0.28	—	—	—	—

BAROMETER, level of the sea in inches, tens, and hundreds.

THERMOMETER, in Fahrenheit degrees and tens, kept in the open air in a shaded situation.

DIRECTION OF WIND is registered every two points, N. N.N.E., N.E., &c.

FORCE OF WIND.—0 calm. 1 to 3 light breeze. 3 to 5 moderate. 5 to 7 fresh. 7 to 8 strong. 8 to 10 heavy. 10 to 12 violent.

STATE OF WEATHER.—B. Clear blue sky. C. Cloudy. D. Drizzly. F. Fog. G. Foggy. H. Hail. L. Lightning. M. Misty. O. Overcast. P. Passing showers. Q. Squally. R. Rainy. S. Snow. T. Thunder. U. Bad, threatening. V. Visibility. W. Storm. Z. Calm. The letters are repeated to indicate any increase over the mean average of their signification.

RAIN.—The hours of rain for the previous 24 hours (noon) are registered from 1 to 24, and the quantity of water fallen [illegible]

圖 1.60　1882 年 3 月 23 日的中國沿海氣象記錄

險公司在上海提議成立中國沿海氣象圈，獲上海總商會、中國海關和徐家滙天文台支持。英國外交部諮詢殖民地部香港是否參與。裴樂士經歷了 1874 年的超級颱風，認為上海提出的中國沿海氣象圈對香港的作用不及台灣和馬尼拉，所以只承諾每年 116 英鎊訂閱資料。英國皇家氣象局認為香港應成為遠東氣象中心，將南面的星加坡、西貢和馬尼拉及北面的汕頭、廈門和上海聯通。裴樂士認同香港有其獨特的颱風環境，支持香港成立天文台，但其氣象圈必須伸延至台灣和馬尼拉。1883 年天文台成立，裴樂士致函港督寶雲，提議新任台長必須拜訪私營的徐家滙天文台、馬尼拉天文台，以及中國海關的燈塔和關口，商討氣象量度準則和互相交換資料，進而在香港設計出一套防風政策。寶雲同意，並囑杜伯克（William Doberck, 1852-1941）出訪。從杜伯克的訪問報告來看，他並沒有到訪馬尼拉，是否有訪徐家滙也成疑問，主要是走訪中國海關。杜伯克擁有高學歷，初到遠東，對量度氣象的要求高，在港否定殖民地醫官和船政廳長的過往量度資料。他也對徐家滙使用公制的資料表示輕視，認為上海海關與徐家滙很近，一套資料已足夠了。不知為何，他不訪問馬尼拉，這一點，今天的一般港人都不會認同。[146] 當時中國海關主管是英人赫德，但杜伯克

---

146 P. Kevin MacKeown, *Early China Coast Meteorology: The Role of Hong Kong*, pp. 73-77.

不理解中國海關是清朝政府的機構，赫德只是僱員身份。氣象圈的構思"落筆打三更"，加上杜伯克的性格，這個氣象電報圈未能達至當初的目標。最重要的還是影響香港的颱風全都來自馬尼拉，馬尼拉天文台的電報要發至布連路電報站，再傳至香港。1884 年，天文台開始刊登中國沿海氣象記錄，若與 1880 年相比，雖多了福州和海防兩地，但對預防來自馬尼拉的颱風作用不大。

（十三）電報纜的煩惱

1. 設置禁區

電纜是進口貨，價錢高昂，因此經常被盜，1872 年和 1873 年政府在憲報刊登懸紅 250 元通緝偷電纜的賊寇。[147] 到 1874 年懸紅增至 300 元。[148] 船隻又經常因錯誤下錨破壞電報纜，加上漁民捕魚，導致電報纜經常要維修甚至停用，東延在 1884 年向政府投訴，並建議設立一片 50 碼的電報纜禁區，禁止船隻在區內拋碇（落錨）。1886 年，東延再投訴，再建議築柱杆來定下電報纜禁區，以警告船隻。政府於 3 月以中英文刊憲，規定在北角和紅磡兩岸以紅色鑽石型板的柱杆

147 *Hong Kong Government Gazette*, No. 98 of 1872, No. 164 of 1873.

148 *Hong Kong Government Gazette*, No. 78 of 1874.

為禁區界，開啟維港電纜禁區。[149] 1 年後，過海電報纜已有四條，分別是軍部、政府、東延和港穗線，禁區要擴大至 150 碼。電報纜上岸處設大鑽石型板的柱杆以警示。[150] 1888 年從昂船洲東至大角咀的海底電報纜亦開設了一片 50 碼的電報纜禁區。[151] 1897 年，電話公司申請過海電纜，亞細亞火油公司亦申請購買在海旁的 M.L. 277 號土地，政府趁機澄清兩塊維港禁區的界限，以兩條紅色鑽石型板的白柱分別放在北角和紅磡，共四柱以定下禁區東西界線，海岸線就成為南北界限，晚上以紅燈識別。亞細亞火油公司僱用船隻或公司船隻則可在亞細亞火油公司碼頭以西 300 英尺和 M.L. 277 房屋東角指定範圍內停泊。告示同時引入闖進禁區罰款不多於 50 元的條款，並需負責電纜維修費用。[152] 闖進禁區罰款不多於 50 元條款亦適用於昂船洲東至大角咀的禁區。

1900 年，黃埔船塢發展，欲買下電纜在紅磡的上岸地，政府與軍部、東延和黃埔商討，將九龍上岸點東移。1905 年電話公司成功在新禁區鋪設至九龍的電話線。新禁區告示於 1906 年刊憲，以取代 1897 年的告示。1907 年，禁區再東移 400 碼，並禁止在區內釣

149 *Hong Kong Government Gazette*, No. 81 of 1886.

150 *Hong Kong Government Gazette*, No. 350 of 1887.

151 *Hong Kong Government Gazette*, No. 191 of 1888.

152 *Hong Kong Government Gazette*, No. 248 of 1897.

魚。[153] 1924 年新的港穗電報線已沿九廣鐵路築至尖沙咀，禁區這次向西移，西邊以九龍香港小輪碼頭綠燈至香港域多利皇后街碼頭綠燈為限，東邊以九龍時間球至中環和平紀念碑為界，南北仍是海岸線。[154] 同年 10 月，西邊界改以九龍尖沙咀貨倉的紅燈（九龍香港小輪碼頭綠燈以北）至香港域多利皇后街碼頭綠燈。[155] 1933 年，域多利皇后街碼頭改建成汽車渡海小輪碼頭，港島西邊界改以中區消防局政府合署的東北角取代域多利皇后街碼頭綠燈。[156] 圖 1.61（見下頁）和圖 1.62（見下頁）分別是 19 世紀和 20 世紀電纜禁區位置。

2. 上岸屋

上文提及從北來的海底電報纜於深水灣上岸，大北要築電報屋和看更亭，以防盜竊。1906 年，由於大北員工在深水灣的電報屋感染瘧疾，遂向政府申請將電報屋遷至深水灣的西北平台高位，電報屋加長 5 英尺和加高 3 英尺。問題是蚊尾州電報線伸延至新屋的費用如何分擔。電報線約 0.6 英里，費用 100 英鎊，未計交通和安裝費。工務司估計費用為 1,300 元。政府同意簽訂新約，發新牌照 30 年，免地租，但要保留舊電

153 *Hong Kong Government Gazette*, No. 386, 771 and 808 of 1907.

154 *Hong Kong Government Gazette*, No. 484 of 1924.

155 *Hong Kong Government Gazette*, No. 572 of 1924.

156 *Hong Kong Government Gazette*, No. S120 of 1933.

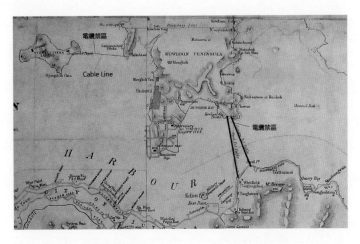

圖 1.61　19 世紀電纜禁區

圖 1.62　20 世紀新電纜禁區

報屋供蚊尾州電報線用。大北徵求哥本哈根總部意見後，將計劃擱置。[157]

從南來的海底電報纜於鋼線灣上岸，東延築的電報屋是今天僅存的電報殘餘古蹟，在鋼線灣道弘立書院外（見 48 頁圖 1.42）。1871 年的電報屋到 1884 年已不夠用，東延申請築一存纜倉，政府發寮屋牌（Squatter License），佔地 400 平方尺，每年租金 5 元，有效期 1 年。[158] 到 1888 年，佔地已達近 800 平方尺。[159] 1898 年有泳商看中鋼線灣，遂申請建泳棚，但為政府拒絕。[160] 1904 年因海水帶走大量海沙，東延又要申請築一護土牆保護地基。[161] 1908 年，東延申請花園用地，自耕自足。用地每年租金 2 元，有效期半年。[162] 1909 年鋼線灣寮屋區發生瘟疫，政府重發寮屋牌，加以衛生條件規定。直至 1910 年，東延已租用四塊土地。電報屋見圖 1.39 至圖 1.41（見 46-48 頁）。

九龍至港島過海電報纜於 1882 年築成，上岸點選取了當時海底距離最短的兩點，即從黃埔船塢以東 20 碼的軍部地段至北角威菲路兵房以東 200 碼。20 世紀

157 Hong Kong Public Record Office, *Cable Correspondence Hong Kong 1917,* Document No. B 92-99.

158 Hong Kong Public Record Office, *Record Series HKRS 58-1-48-47.*

159 Hong Kong Public Record Office, *Record Series HKRS 58-1-53-7.*

160 Hong Kong Public Record Office, *Record Series HKRS 58-1-13-35.*

161 Hong Kong Public Record Office, *Record Series HKRS 58-1-24-58.*

162 Hong Kong Public Record Office, *Record Series HKRS 58-1-53-7.*

前有 6 條電報纜，分民用和軍用，在九龍的電報屋於 1889 年重建。黃埔船塢於 1900 年申請擴建船塢，土地涉及鄰旁的軍事用地和電報屋。結果電報屋東移。1908 年颱風吹毀電報纜和電報屋的接口，[163] 1903 年政府和東延合約屆滿，決定興建新電報屋，然後以租賃方式供電報、電話公司和軍部使用，[164] 由於記錄不全，事件延至 1910 年才簽訂租賃電報屋合約。租金為每屋每年 50 元，共 100 元，圖 1.63 是合約。1924 年填海，過海電報和電話纜西移，廣州來的電報纜沿著九廣鐵路走，而九龍電話機樓設在尖沙咀彌敦道，兩線在尖沙咀總站過海，紅磡的電報屋亦遷至九廣鐵路尖沙咀總站。九廣鐵路尖沙咀總站電報屋有四房，每間房每年租金 50 元。香港方面，政府電報集中於中環郵政總局，而大北和東延電報總部則在海旁和平紀念碑鄰近的電報大樓，無需經過電報屋。

除了深水灣、鋼線灣、尖沙咀、北角和紅磡的電報屋外，軍部在昂船洲使用的電報，在大角咀亦有上岸點，是九龍海岸地段 K.M.L. 32 號。1898 年，摩地（Sir Hormusjee Naorojee Mody, 1838-1911）買下地段，並與政府簽下合同承諾搬遷電報屋。其後亞細亞火油公司買下地段，到 1931 年欲發展擴建，那時要處理

---

163 "Report by Director of Public Works," *Report on the Typhoon of 27th-28th July 1908, No. 28 of 1908*.

164 Hong Kong Public Record Office, *Record Series HKRS 58-1-39-6*.

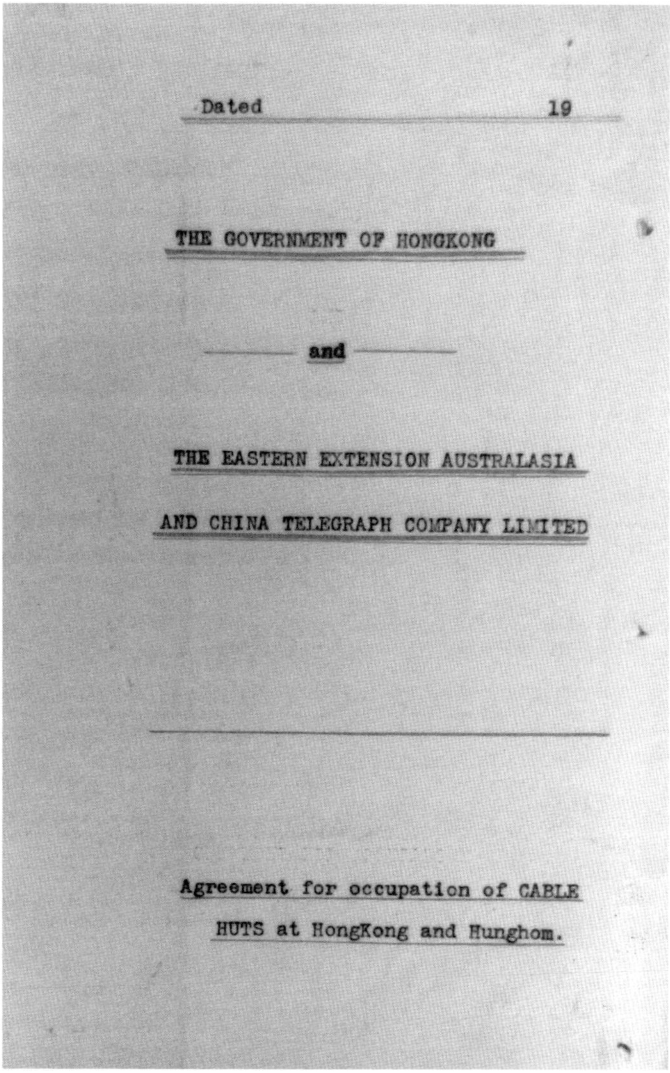

Dated _____ 19

THE GOVERNMENT OF HONGKONG

_____ and _____

THE EASTERN EXTENSION AUSTRALASIA

AND CHINA TELEGRAPH COMPANY LIMITED

Agreement for occupation of CABLE

HUTS at HongKong and Hunghom.

圖 1.63　政府與東延 1910 年簽定的租賃合約

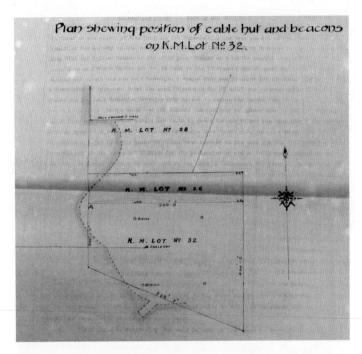

圖 1.64　九龍海岸地段 K.M.L. 32 號

政府和軍部的海底電報纜，但電話和九龍電燈公司的分配站亦在該地段附近，電報、電話和電力纜要同一時間遷移，因此擴建，擴建條件之一是業主要負責移位或重建電線或電報屋。計劃後因世界經濟衰退而告吹。[165] 圖 1.64 是地段位置。

3. 邊界合作屋

　　港穗電報聯合屋原本設在幅全鄉和深水埗交界的

165　Hong Kong Public Record Office, *Record Series HKRS 58-1-8-48*.

界限街，一半在香港領域，一半在中國內地境內，有象徵意義。誰知完工後，才發現全屋坐落在界限街以北 80 英尺，不知是疏忽還是有意為之。1897 年，由於幅全鄉的石礦不斷被開採，引至鄰近的電報聯合屋變成危樓，東延因此要求遷移。英國租借新界快要成事，工務局認為 1898 年後才商討事件，會找到更合適地點，臨時屋屆時可以向海遷移。[166]

1899 年東延與政府商討如何處理新界電報事宜。東延得到清朝政府消息認為港穗線由私人營運，而朝廷亦無任何有關去向的指令。港府得悉後出面向清朝政府求證，但未獲正面確切回應。1903 年，中英邊境已從界限街遷去了羅湖，東延申請幅全鄉聯合屋續約，港府趁機要求電報聯合屋遷至羅湖邊境，但東延回覆此屋因有人經常竊用，電報已停止使用。東延和港府商議後，雙方同意擱置事件，事實上，中國電報局已找了地段 SD IV 2546（約今南昌街與大南街交界）作為電報聯合屋，由溫灝（Wan Ho）出名，地租 7.5 元（見下頁圖 1.65）。[167] 港府轉而向英國駐廣州大使查詢，並根據租借新界條約要求中國電報局六個月內搬遷合作屋。英駐廣州大使將事件轉駐上海大使跟進，與此同時，東延承諾買下中國電報局在新界的電報線網。

166　Hong Kong Public Record Office, *Record Series HKRS 58-1-12-22*.

167　Hong Kong Public Record Office, *Record Series HKRS 58-1-21-31*.

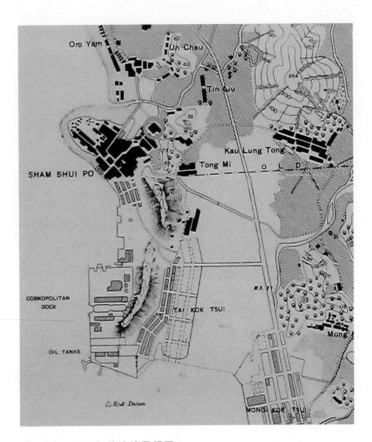

圖 1.65　20 世紀的邊境電報屋

1904 年中國電報局通知英駐上海大使換了主管，並堅持電報局是一私人企業，無必要改變，有關港府要求六個月內搬遷合作屋一事，電報局亦無記錄，租借新界條約與其他租借合約相同，都容許中國電報局在港經營業務。港府與中國電報局對新界電報擁有權存嚴重分歧。義和團事件後，清朝政府買下中國電報局，港府查詢中國電報局是否收歸國有，得到的回覆是新電報局名稱並沒有國家經營字句。港督彌敦（Sir Matthew Nathan, 1862-1939）試圖草擬法例以發牌制度規管電報，但不獲殖民地部支持，事情一直拖至九廣鐵路動工，英段駐地盤總工程師建議九廣鐵路經營電報，以配合華段。[168] 港督盧吉（Frederick John Dealtry Lugard, 1858-1945）舊事重提，但中國電報局顧問謝星（Dressing）反對改變現狀，並稱要尊重當初合約基礎的對換條件，即上海電報局和香港電報局管理模式相互適用，但同意新界線由東延接管和搬遷合作屋至深圳。[169] 盧吉同意暫時擱置事件，留待在九廣鐵路聯營合作商討會議討論。1909 年新界電報線網嚴重腐蝕，新界電報線網重建事在必行。但九廣鐵路聯營合作商討會議又不包括電報，只談火車貸款，盧

---

168 Hong Kong Public Record Office, *Cable Correspondence Hong Kong 1917*, Document No. E 110-138

169 Hong Kong Public Record Office, *Cable Correspondence Hong Kong 1917*, Document No. E 141.

吉眼見九廣鐵路華段電報線沿鐵路南下，英段只有配合接駁，1911 年向殖民地部重提立法，主要是收回可觀的電報經營收入。[170] 殖民地部重複英駐華大使尊重合作精神的原則，並促請盧吉要顧全大局，不應只看香港利益，否決立法。盧吉接令時回覆殖民地部，慨嘆香港在整件事上沒有被諮詢，對 1904 年續簽電報合約至 1930 年一事也毫不知情。[171] 甚至九廣鐵路經營電報和混合保養也被否決，1912 年港府經英國顧問工程公司確定電報與電話線在同一杆上不會互相干擾之後，才與東延簽訂新協議，港穗電報沿九廣鐵路南下，東延獲九廣鐵路英段獨立保養權，聯合屋始遷至深圳。[172]

4. 聯合大樓

1870 年大北上岸的電報纜經木杆引至中環的電報聯合辦事處，地點在皇后大道中 15 號，即海洋大樓（Marine House，見圖 1.66）。1871 年東延的電報纜經地底鋪引至中環的電報聯合辦事處，亦在此收發電報。到港穗電報開業，中國電報局亦與東延成立聯

170 Hong Kong Public Record Office, *Cable Correspondence Hong Kong 1917,* Document No. E 165, 169.

171 Hong Kong Public Record Office, *Cable Correspondence Hong Kong 1917,* Document No. E 173-179.

172 Hong Kong Public Record Office, *Cable Correspondence Hong Kong 1917,* Document No. E 194-201.

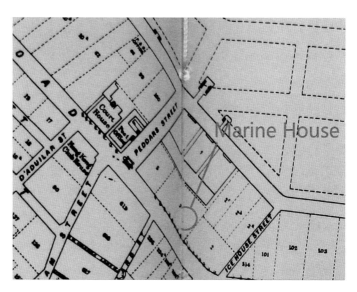

圖 1.66　大北、東延和中國電報局的聯合辦事處皆設在皇后大道中
15 號海洋大樓（Marine House）

合辦事處，地點同樣設在海洋大樓，但由於中國電報
局是官方機構，其入口則設在大樓的後巷，即庇利羅
氏里。19 世紀末中環大型填海，各大英資看中海旁地
段。東延垂涎高等法院和和平紀念碑這兩塊地，在香
港會所以每英尺 3 元投得新會址後，便去信工務局要
求私下投地。工務局長谷柏（Francis Alfred Cooper,
1860-1933）收信後馬上召見東延在中國的總經理朱和
嘉（Walker Judd）解釋政府已留用東延心儀的兩塊地
自用。[173] 朱和嘉先生轉而要求私下買入海旁地段 M.L.

---

173 *CO129/266*, p. 173.

276 號，即香港會所東面，出價每英尺 4 元，並承諾差餉每年每畝 800 元。很明顯東延希望避開拍賣，工務局長分析市場後，認為拍賣可有每英尺 5 至 6 元的收入，將事件呈上港督羅便臣（Sir William Robinson, 1838-1935）批准私下買地。羅督引用東延的理由（天文台享受免費電報、政府電報半價和答應興建納閩島〔Labuan〕電報站接通星馬電報等），即友好關係向殖民地部申請免拍賣。[174] 殖民地部職員不太清楚東延與外交部的關係，在檔案上反對港府津貼東延，但經上司翻查檔案後，認為不可不批，[175] 並將審批消息寄至東延倫敦總部。交易價為 29,120 元，7,140 平方尺，每英尺 4.08 元，差餉每年 131.5 元。[176] 興建聯合辦事大樓順利於 1898 年入夥，與香港會所為鄰。圖 1.67 是地契合約地圖。大樓頂刻有大北和東延的 "寶號"，名為電訊大樓（Electra House，見圖 1.68）。戰後改建成大東電報局大樓（Cable & Wireless），後又在灣仔興建水晶大廈（Mercury House）。

5. 颱風的破壞

1874 年 9 月 23 日，超級颱風襲港，香港至西貢電報中斷。在薄扶林的電報屋嚴重受損，幾乎所有物品

---

174 *CO129/266*, p. 165.

175 *CO129/266*, p. 140.

176 *CO129/266*, pp. 163-164, p. 175.

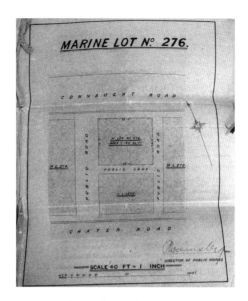

圖 1.67　大北和東延及東延和中國電報局的
聯合新辦事處 (ELectra House) 地圖

圖 1.68　大北、東延和中國電報局的聯合新
辦事處 (ELectra House)

均被海水帶走。[177] 1881 年 10 月 14 日颱風襲港，香港至廈門電報終斷，在維修期間，電報要郵遞至廈門再轉終站。[178] 1906 年 9 月 18 日的侏儒颱風令天文台的電報與港島中斷，[179] 香港至廣州的電報停了 8 天。[180] 兩廣總督岑春煊（1861-1933）要派溫宗堯（1876-1946）南下賑災，並令林統領訪港拜會港督問候災情。[181] 市區的電報和電話鐵杆被吹彎，新界的木杆全部被吹斷。電線有如亂草一般，與被吹毀的樹木一同阻塞交通。[182] 政府估計維修費達 7,500 元。圖 1.69（見 106 頁）是港島陸上電杆被吹毀的狀況。1908 年的颱風吹毀了紅磡的電報屋，並拉斷了海底和駕空電纜的駁口。北角上岸的海底電纜亦有鬆脫現像。[183] 政府借此機會將紅磡的電報屋改用鋼筋混凝土天面，又在門上加上鐵柵和鎖，以防盜賊，共花了公帑千元。[184] 1923 年 8 月初，颱風吹毀電報和電話鐵杆，令香港和九龍的電話

177 *Hong Kong Daily Press*, 25 September 1874; *The China Mail*, 24 September 1874.

178 *Hong Kong Telegraph*, 15 October 1881.

179 *Hong Kong Telegraph*, 18 September 1906.

180 《華字日報》，1906 年 9 月 27 日。

181 *South China Morning Post*, 24 September 1906；《華字日報》，1906 年 9 月 26 日。

182 *South China Morning Post*, 19 September 1906；《華字日報》，1906 年 9 月 19 日。

183 *South China Morning Post*, 30 July 1908.

184 *Report of Director of Public Works for the Year 1909*, paragraph 49.

失靈。[185] 工人還未來得及修理，另一超級颱風便於 27
日登訪。政府電話在紅磡的八芯海底電纜和上岸屋被
毀，海底電纜被拖在沙堆之中。[186] 天文台與港島通訊要
借用電話公司的海底電纜作臨時通訊。當局估計有船
隻在電纜處下錨才可引至電纜連根拔起，電話服務因
此也要中斷一段時間。[187] 陸上電杆被吹毀的情況就與
以往颱風襲港相同，圖 1.70（見下頁）是彌敦道的電
杆被吹毀。圖 1.71（見下頁）是九龍的電杆被吹毀。
不但電線杆被吹毀，連鶴咀的無線電塔也被吹翻。[188]
1937 年的超級颱風中，破壞最嚴重的是九廣鐵路太埔
附近，無數電杆被吹毀。

（十四）新興行業

當年發電報的流程如下：客人發電報須填一張
表，寫上訊息，交分派員（Check Boy），再安排給電
報操作員（Telegraph Operator）在電報機打訊息，傳
送至目的地。收電報時，操作員解碼後，將訊息寫在

---

185 *South China Morning Post*, 7 August 1923.

186 *Report of Director Public Works on the Typhoon of 27-28 July 1923* laid
before Legislative Council on 17 September 1923; *South China Morning
Post*, 20 August 1923.

187 *Hong Kong Telegraph*, 20 August 1923; *Hong Kong Daily Press*, 22
August 1923.

188 *South China Morning Post*, 20, 21 August 1923.

圖 1.69　1906 年港島陸上電杆被吹毀

圖 1.70　彌敦道的電杆被吹毀

圖 1.71　九龍的電杆被吹毀

表格上，填上字數，核對後簽名作實，交分派員，再由信差（Messenger）送到指定地點。[189] 英文信差一字源自送電報員，並非送信員。廣東"馬臣蓆"則來自拼音。發電報俗稱"打電報"，將操作員的工作形容得非常貼切。無論是中文或英文電報都需要轉譯成可讀的文字，圖 1.72（見下頁）是 1898 年的電報，圖 1.73（見下頁）是有打字機後的電報。中文電報的輸入是純數字，四個數字為一中文字，因中文多無標點符號，解碼較為容易。大北、東延和中國電報局當然有其電報職員，報館的外地新聞如何編譯就不得而知。天氣報告方面就由大北和東延轉船政廳和報館。1884 年 1 月，天文台根據電報局的資訊，加上香港量度的資料，每日編製〈中國沿海氣候報告〉，那時已添加了馬尼拉和福州的資料。5 月加了海參崴，量度的時間在上午 10 時和下午 4 時。後再加海防資訊，天文台仍未裝有電報機，要靠兩名轎伕送報告至軍部、船政廳、大北、《德臣西報》、《士蔑西報》和《孖剌西報》。但當有颱風襲港而港九船隻停航時，天文台會通過九龍警署的電報機打電報至中環警署，再發至港督府、政府總部和船政廳，副本送大北、東延、

---

189 Thomas C. Jepsen, *My Sisters Telegraphic: Women in the Telegraph Office 1846-1950* (Athens: Ohio University Press, 2000), pp. 22-24.

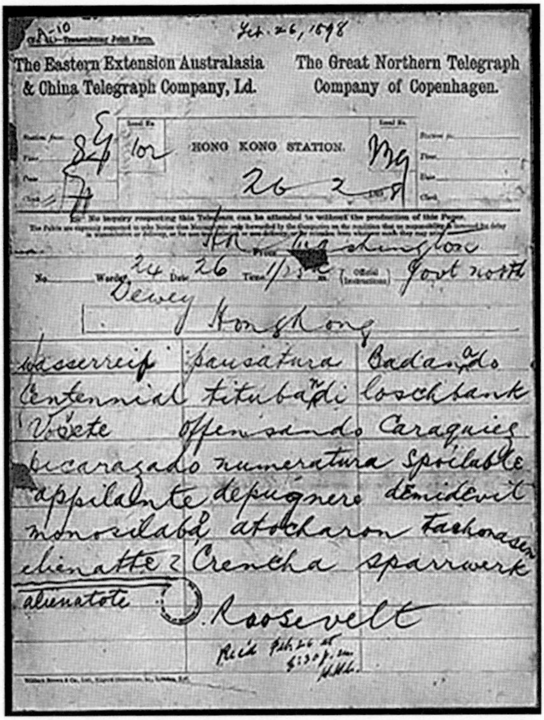

The Eastern Extension Australasia & China Telegraph Company, Ld.

The Great Northern Telegraph Company of Copenhagen.

HONG KONG STATION.

Feb. 26, 1898

Washington

24 26 1/35 Govt noth

Dewey Hongkong

wasserreif pausatura badando
centennial titubadi loschbank
voete offensando caraquies
bicarazado numeratura spoilable
appilante depugnere demideviat
monosilaba atocharon tachonasen
elienatte crencha sparrwerk
alienatote

Roosevelt

圖 1.72　1898 年的電報

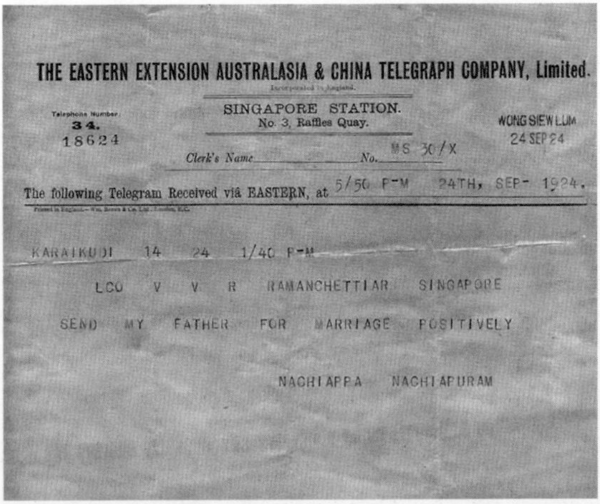

THE EASTERN EXTENSION AUSTRALASIA & CHINA TELEGRAPH COMPANY, Limited.

Incorporated in England.

SINGAPORE STATION.
No. 3, Raffles Quay.

Telephone Number 34.

18624

WONG SIEW LUM
24 SEP 24

Clerk's Name ______ No. MS 30/X

The following Telegram Received via EASTERN, at 5/50 P-M 24TH, SEP- 1924.

KARAIKUDI 14 24 1/40 P-M

LCO V V R RAMANCHETTIAR SINGAPORE

SEND MY FATHER FOR MARRIAGE POSITIVELY

NACHIAPPA NACHIAPURAM

圖 1.73　打字機的電報

《德臣西報》、《士蔑西報》、《孖剌西報》、香港會所、總商會、海軍總部和量地處。這樣的安排比較曲折，天文台因此要求裝有電報機，另外天文台會聘請一名臨時電報文員（Telegraph Clerk）處理這堆氣候資料。第一位臨時電報文員是華人，名宋文海（音譯，Sung Man Hoi）。但很快便離職了，由劉秀代任（音譯，Lau Shau）。[190] 劉先生的工作是整理電報資訊，撰寫每天天氣報告和發放風暴消息，[191] 與電報操作員的工作有很大分別。1889 年，政府同意購入一電報機供天文台使用。[192] 1890 年初，有了電報機，增聘兩名電報員（Telegraphist），分別為一名外籍人員和一名華人，年薪 240 元。1891 年的人口統計報稱電報操作員只有一位。據 1901 年人口統計，報稱電報作業外籍人士達 11 人，華人參與訊息行業為 69 人。到 1906 年，政府電報員改名五級計算員（5th Grade Computer），首位電報員升四級計算員，年薪 900 元。據 1921 年人口統計，報稱電報作業外籍人士達 42 名男士，華人參與電報和訊息行業分別有 105 人和 97 人，其中只有一位從事電報行業的女士。

---

190 *Hong Kong Government Gazette*, No. 231 of 1885.

191 *Hong Kong Government Gazette*, No. 111 of 1885: Report from Government Astronomer for the Year 1885, paragraph 22.

192 *Report of the Director of the Observatory for the Year 1889*, paragraph 4.

（十五）結語

電報和鐵路這對工業革命的孖生兄弟，開始改變人類生活的速度，令各行各業有了翻天覆地的轉變。香港位處海洋和內陸的交滙點，擁有得天獨厚的條件，成為西方各國爭取在亞洲電報上岸的城市。

英國和丹麥電報公司角力，爭取越洋在香港上岸，結果南線與北線攜手合作，平分利潤，並在香港成立聯合辦事處。可惜太平洋戰爭將建築物破壞，大好古蹟未能保存。在旱線方面，英國政府因要扶助東延打入中國市場，屢次阻礙有丹麥和清朝政府背後支持的香港首間本地西方科技公司華合從九龍伸延至港島。而港督寶雲、傳媒和英商罕有地支持香港華合公司，支持其向英國政府尋求拒絕伸延至港島的解釋，確實令殖民地部因沒有合理解釋而尷尬。東延成功照辦煮碗，與清朝政府在香港成立聯合辦事處平分利潤，造成清朝政府在香港擁有電報局和邊境電報屋的特別情況。當英國政府於 19 世紀末租借新界，便產生了邊境電報屋北移的故事。現今僅存的電報屋遺蹟在鋼線灣，但深水灣的上岸屋雖已成飛灰，卻是香港最早海底電報上岸的地方，理應在 150 周年豎立紀念牌，讓後人得悉合作才是最理想的商業解難法。軍事戰略上，香港經納閩島至星加坡的重複線，就是要避開法屬的越南，令香港至倫敦的電報線能夠全部在英國的控制下暢通無阻。

19 世紀港人對電報的經驗甚少，除新聞、氣象、商業和政府採用外，本地溝通仍是以書信為主，原因很簡單，電報的費用和效益不及本地信差，香港地小，電報解碼程序繁複，一名私人信差安全可靠兼便宜。政府亦只將電報用於維持治安，形成電報用於對外多於內用的局面。英國的路透社獨攬香港電報新聞，主要是商品、股票和貨幣行情。氣象電報圈就未如計劃中那麼理想，要到無線電時代才發揮了正面作用。政府不單利用電報與殖民地部溝通，更與中國的各駐華大使聯絡，以求施政暢順。民間不同公司或組織亦有其電報圈，形成一個香港與世界的資訊網。20 世紀港人"打電報"一般都指與遠方聯絡。憑藉這張聯絡網，香港的船運和商業貿易就此奠下根基，成為日本學者所描述的亞洲"腹地"，外向型經濟的誕生便有賴於這張網絡。

今天的 Wi-Fi 採用光纖，但外表仍與電線無異，若不加註明，一般人難以分別。"微信"內的訊息符號，多不是文字，對筆者來說，摩士電報碼還有一套世界公認的標準註釋，而"微信"內的圖像，就沒有標準化。電報將訊息需時單位縮短，從日至分，"微信"又從分至秒。改善速度之餘，筆者引用百多年前

《德臣西報》提出的一問題：“電報新聞訊息的質素是否有同時改善？”並且以 2001 年諾貝爾經濟學得獎者的“資訊不對稱的交易”作結。[193]

---

193 許多市場的特點是訊息不對稱：市場一方的參與者比另一方擁有更多訊息。例如借款人比貸款人更了解他們的還款前景；經理和董事會比股東更了解公司的盈利能力；潛在客戶比保險公司更了解他們的事故風險；賣二手樓的業主比買家更了解他們物業的維修情況。可見在任何交易中，掌握資訊的重要性都在於資訊的準確與質素。

第二章
電話篇：
荊棘滿途

（一）電話誕生

在 1950 至 1960 年代，港童當中流行著一種自製遊戲，利用兩個食畢的雪糕杯以繩串連起來作電話，互傳秘密（見圖 2.1），相信不少戰後出生的孩子都懂這種小遊戲。這原來是未有電話前傳送聲音的方法（見圖 2.2）。電報以電波傳送符號，其發展到下一步是以電波傳送聲音，即將聲波轉變為電波，經電線傳至遠方，再將電波轉變為聲音。在過程中有發放器、電線和接收器，三者缺一不可，當然還有米高峰（mircrophone）和響鈴（ring bell）等輔助器材。當時電話的理論和實驗在歐美都有專家研究，自丹麥科學家奧斯特（Hans Christian Ørsted, 1777-1851）發現電磁現象後，史特金（William Sturgeon, 1783-1850）造出電磁鐵，法拉弟發現電磁感應、反磁性和電解，德國人衛斯（Johann Philipp Reis, 1834-1874）首次發表和示範以電波傳送聲音，1961 年德國為紀念衛斯的發明 100 周年，發行了一款郵票（見圖 2.3）。到了 1876年 2 月 14 日，貝爾（Alexander Graham Bell, 1847-1922，見圖 2.4）和基爾（Elisha Gray, 1835-1901）在美國先後兩小時內申請電話專利。貝爾繼續將研究應用到商業，並於 1878 年到英國發展。在一開始，美國電話便很快走入市場，但英國電話的發展就有些緩慢。由於香港電話發展受英國影響，在這裡簡單介紹其發

圖 2.1　紙杯電話

圖 2.2　古代傳音法

圖 2.3　德國衛斯發明電
話百周年的紀念郵票

圖 2.4　貝爾（Alexander
Graham Bell）

展，亦可填補一些本地資料的不足。

　　貝爾雖在蘇格蘭出生，但從美國返回英國發展時困難重重。他找到朗奴士（Colonel Reynolds）為代理人，並於 1877 年 9 月 29 日向郵政局示範，但當時掌管郵政局的工程師侯利（Richard Spelman Culley, 1818-1901）認為電話的應用範圍有限，但另一師從法拉弟的扁斯（Sir William Henry Preece, 1834-1913）卻持不同意見，他認為應該自我研發和製造電話。扁斯後來成為英國電機工程專家，他與兒子們創立的扁嘉衛工程顧問公司（Preece Cardew & Rider Consulting Engineers），其後是港府的電機工程顧問公司，包括電報、電話和無線電，亦是中華電力公司興建紅磡鶴園街發電廠的顧問工程公司。年底，朗奴士向郵政局提出六折優惠，希望打入英國市場。與此同時，他於 1878 年 1 月 14 日在威特島（Isle of Wight）的奧士本別墅（Osborne Cottage）向維多利亞女皇示範電話，電話從一開始就將奧士本別墅與倫敦相連起來，圖 2.5 是奧士本別墅。不知郵政局是否為了貪圖優惠，向庫房申請租用貝爾電話，但庫房半年後才審批，那時已是 1878 年 8 月了。[1] 另一方面，朗奴士亦籌組以貝爾專利成立的電話公司（The Telephone Company

---

1　J.H. Robertson, *The Story of the Telephone: A History of the Telecommunications Industry of Britain* (London: Sir Isaac Pitman & Sons Ltd., 1947), p. 11.

圖 2.5　英國奧士本別墅（Osborne Cottage）

Limited），1878 年 6 月 14 日註冊，資本為 10 萬英鎊，主席為白占士（James Brand）。

　　不久，愛迪生（Thomas Alva Edison, 1847-1931）的碳轉換器（carbon transmitter）經阿旦士（J. Adams）帶入英國，於 11 月 11 日測試，1879 年 4 月 29 日示範。8 月，以與對手同等的資本創立愛迪生電話公司（Edison Telephone Company Limited）。同一時間，電話公司在英國落成首個機樓，只有七、八個客戶。但威廉士交換台（Williams Switchboard）仍有瑕疵，發出的雜音對用戶影響很大。英國由銀城公司（Silvertown India Rubber, Gutta Percha and Telegraph Works Company Limited）自製交換台，在第二個機樓使用，效果理想。貝爾電話的弱點是聲波在電線傳送中流失，愛迪生電話的強項是聲波在收聽器發出，源

圖 2.6　卜公（Francis Blake）
的碳轉換器

圖 2.7　高亞貝爾電話 (Gower-
Bell Telephone)

頭聲音並沒有失真。貝爾電話有一流的接收器，但轉
換器並不理想，相反愛迪生的電話有實用轉換器，但
接收器不穩定。電話公司搶先一步，購入卜公（Francis
Blake, 1850-1913）的碳轉換器，但在長距離運作方面
仍未理想（見圖 2.6）。

　　"瘦田無人耕，耕開有人爭"，美國人高亞
（Frederic Alan Gower）擁有貝爾專利，在英改良貝爾
電話，改名為高亞貝爾電話（Gower-Bell Telephone，
見圖 2.7），並成立高亞貝爾電話公司，加入競爭，
那時電話公司的客戶已增至 52 至 55 人。電話公司和
愛迪生公司深明互相競爭帶來的不利，而合作又可互
補技術不足，於是在 1880 年 5 月 13 日合併，組織新
公司名為聯合電話公司（United Telephone Company

Limited），資本達 50 萬英鎊，顧名思義是聯合對衡高亞貝爾公司。那時貝爾已返回華盛頓定居，而在愛迪生電話公司工作的諾貝爾文學獎得主蕭伯納亦沒有過檔新公司。[2] 因電話是新科技，舊電報法例未有列明電話在內，因此英國政府要保證電報仍是由政府控制，並入稟法院澄清《電報法例》（*Telegraph Act*）內的電報定義是否包括電話，法庭於 1880 年底判電話是包含在電報的定義內。這樣一來，政府便要考慮電話是否需要走上國營的道路、全盤私有化又或在兩者之間取一中間點。郵政局一方面開始發牌照給私人公司，另一方面又要興建機樓，發展政府電話服務。牌照持有人要上交佔總收入 10% 的專利費，服務限於倫敦 5 英里內，其他地方則在兩英里內。牌照持有人亦不能發展電話幹線和公眾電話，專營權 30 年，至 1912 年結束。郵政局要避開貝爾和愛迪生的專利，一律採用高亞貝爾電話。[3] 這個奇特的政府竟與私人競爭，其最大問題是郵政局花的是納稅人的錢，要受制於庫房，科研一向被視為投機，風險極大，在電話技術仍在初階的時候做此決定，英國的電話發展注定落後於美國，

2　J.H. Robertson, *The Story of the Telephone: A History of the Telecommunications Industry of Britain*, pp. 18-20; F.G.C. Baldwin, *The History of the Telephone in the United Kingdom* (London: Chapman & Hall Ltd., 1925), p. 32, 40.

3　J.H. Robertson, *The Story of the Telephone: A History of the Telecommunications Industry of Britain*, pp. 24-26.

而香港亦受其影響。從 1882 年英政府開始興建機樓，到 1892 年郵政局只設有 35 個轉換站，機樓內的機器大多來自美國。1884 年政府亦看到了電話技術的落後，放寬發展電話幹線和公眾電話的條款，私營企業因而解決了地下電線互相干擾的問題，地底電線管開始取代架空電線。[4]

私營公司競爭劇烈，聯合電話公司於 1899 年 5 月 1 日收購蘭開夏和車士打公司（Lancashire and Cheshire Company Limited），成立國民電話公司（National Telephone Company Limited），資本為 200 萬英鎊，[5] 來勢洶洶。郵政局單看其公司名稱就可以明白其商業目標，為了維護政府電報的利益，郵政局申請收購全國所有幹線，於 1892 年 6 日 28 日成為法例，動用公帑 100 萬英鎊。雙方商討細節歷時 3 至 4 年，到 1895 年 6 月 12 日郵政局機樓開幕，是為一座新的里程碑。政府壓制私營公司，導致國民電話公司無心滿足新用戶申請，而郵政局又未能擴大供應，提供額外服務，市民怨聲載道。政府因此於 1898 年成立委員會調查事件。委員會認為地區電話發展緩慢，而

---

4   J.H. Robertson, *The Story of the Telephone: A History of the Telecommu-
     nications Industry of Britain*, p. 34.

5   J.H. Robertson, *The Story of the Telephone: A History of the Telecom-
     munications Industry of Britain*, p. 43; F.G.C. Baldwin, *The History of the
     Telephone in the United Kingdom*, pp.191-192.

郵政局亦沒有真正加入競爭。1899 年中政府推行新政策，撥款 200 萬英鎊，供地區政府（local authorities）發展電話。1,334 個地區政府中，只有 13 個申請，[6] 很明顯這是失敗的。但在技術改良上，由美國引入中央電池系統，把接線生以前控制的 100 線增至 140 線。自動燈可於用戶對話時亮起和停止對話時熄滅，無需接線生查詢用戶對話是否完畢，由此可見，改善技術才可改善服務。[7] 1904 年，國民電話公司表明不會再投入資金改善機樓，因專營權只剩下 8 年。[8] 1905 年政府終於決定買下國民電話公司，雙方並且簽訂合約，於國民電話公司專營權屆滿生效，即 1912 年。

郵政局於 1912 年 1 月 1 日接收國民電話公司，交易價為 12,515,264 英鎊。政府不但接收其資產，包括 150 萬英里的電線和 1,565 轉換站，其中 231 個有超過 300 個客戶，70 個裝中央電池系統，其餘多為磁系統，總客戶為 561,738 個，並且接收了 9,000 名員工。[9] 除了樸次茅夫（Portsmouth）、賀奴（Hull）和根西（Guernsey）

6　J.H. Robertson, *The Story of the Telephone: A History of the Telecommunications Industry of Britain*, p. 70.

7　J.H. Robertson, *The Story of the Telephone: A History of the Telecommunications Industry of Britain*, p. 67.

8　J.H. Robertson, *The Story of the Telephone: A History of the Telecommunications Industry of Britain*, p. 57.

9　F.G.C. Baldwin, *The History of the Telephone in the United Kingdom*, pp. 228-229.

地區外，其他地區皆納入郵政局管轄範圍，到 1913
年，樸次茅夫亦被納入管轄範圍。當時郵政局分三部
分：國內電報、海外電報和無線電與電話。地區電話
管理在地區量地官的職責範圍內。在官僚架構中，郵
政局開支受庫房牽制、興建電話工務受工務局管理，
效率可想而知，這是國營後的先天缺陷。1912 年，英
國電話科技也有了突破，雖然比美國遲了 12 年，卻也
在葉森（Epsom）安裝了英國首個自動電話系統。[10] 郵
政局亦面對利用科技解決服務質素而動用額外公帑的
難題，例如若用 200 線交換台，會有 16 線在同一時間
使用，如改用兩個 100 線交換台，則只有 10 線於同
一時間使用。前者要 3,200 個插頭，後者要 2,000 個插
頭，可減少安裝成本，但保養成本卻隨之增加。[11]

以官僚體制去管理龐大的新科技公司，其科技研
發、牢固的程序和合理的利潤都不利於電話發展。羅
拔臣指出 1912 年的國營弊端中，有郵政局非獨立部
門這一點，他要依賴庫房、印務局和工務局協助和配
合，才可運作暢順；郵政局亦無中央管理電話政策；
他亦無將郵件、電報和電話定清各服務的分別。[12] 事實

10 J.H. Robertson, *The Story of the Telephone: A History of the Telecommunications Industry of Britain*, p. 108.

11 J.H. Robertson, *The Story of the Telephone: A History of the Telecommunications Industry of Britain*, p. 110.

12 J.H. Robertson, *The Story of the Telephone: A History of the Telecommunications Industry of Britain*, p. 93.

上，庫房一向視科研為賭博，不應動用納稅人分文。印務局、工務局和郵政局與其他政府服務部門無異，大家同等地一起被定為優先次序。在這掣肘之下，電話服務又如何可以滿足用戶呢？市民忍耐了 20 年，才嚴厲批評郵政局，認為他在提供一項龐大的商業服務時，應以商業原則為先，而不是政府運作模式為先，由 320 位國會議員聯署要求郵政局檢討，期望更改其架構。政府委任必治文（William Clive Bridgeman, 1864-1935）調查事件。調查報告於 1932 年提交，認為現行制度無需更改，但指出郵政局有多項不足，必須改善。嘉甸拿爵士（Sir Thomas Gardiner）帶領委員會於 1936 年提交報告，建議郵政局改組，成立八區管理運作，另在倫敦加設兩區，一為郵件，二是通訊。至於電話服務，將電話區再分小區，由電話經理管理日常運作，向每區主管負責和彙報。蘇格蘭和東北區最先成立，於 1940 年完成改組。

由於英國電話是國營，香港電話傳入時亦分了政府、私人和軍部系統，其發展嚴重受官辦和商辦取捨的影響，而本文只討論香港私營電話的發展。

（二）民間智慧

電報的繁複解碼令其效率低，港人甚少在本地利用此先進科技，那麼電話又如何？我們先看看電話如何在香港誕生。香港最早的電話是由一位任職政府文員名莎菲亞（Jose Maria de Silva）所製造和公開示範。當 1878 年《德臣西報》評論為何香港還沒有電話[13]後 9 日，莎菲亞在奧卑利街的住所示範電話通話，最遠在 50 碼外伊利近街的朋友也可清楚對話，[14]比英國向維多利亞女皇的示範只遲了一個月。葡籍的莎菲亞於 1859 年 5 月 25 日入職政府，為一級文員，[15]任職輔政司處。莎菲亞於加爾各答接受教育，化學成績特別好。他是英國皇家電機工程學會的會員。[16] 1881 年 12 月，當警署購買電話時，莎菲亞作為政府顧問給予技術意見。[17]其後政府購入 24 部電話，他便成為政府首位維修電話的技術員，獲每月特別津貼 20 元。[18]到 1884 年 12 月 1 日，政府特別安排他同時任職量地處的電機技術員（Electrician）職位，獲每月特別津貼 480 元，[19]是當時罕見的安排。1890 年，津貼增至 720 元，[20] 1893 年其兼職的電機技術員職位被取消，1894 年他離開政

13　*The China Mail*, 6 February 1878.

14　*The China Mail, Hong Kong Daily Press*, 16 February 1878.

15　*Hong Kong Blue Book for the Year 1873.*

16　Austin Coates, *Quick Tidings of Hong Kong* (Hong Kong: Oxford University Press, 1990), p. 48.

17　*CO129/197*, p. 529.

18　*CO129/197*, pp. 532-533.

19　*Hong Kong Blue Book for the Year 1884.*

20　*Hong Kong Blue Book for the Year 1890.*

府。莎菲亞雖然身兼兩職不足 10 年，但他仍然是服務香港政府的人中，有電機工程專業資格的第一人，其電機技術員的職位亦是政府首個電機工程職位。1878 年副警務處長賈亞夫（Charles Vandeleur Creagh, 1842-1917）建議購入電話，[21] 雖遭擱置，但到 1882 年成事，莎菲亞寫的報告和負責維修亦應記一功。

大北不但最早在香港鋪設海底電報纜，更於 1881 年 3 月 28 日向港府申請私營電話專利權，並於 4 月再追查發展。[22] 定例局議員寶其利於 6 月在定例局詢問安裝電話一事，政府回應有三間公司表示有興趣，行政局正討論事宜。[23] 三個星期後，大北公司經理孫信去信港督通知大北電報公司和英國東方電話公司（Oriental Telephone Company Limited）合併，並將在港興建電話轉換站和發展電話服務。[24] 10 月，前屋宇督察阿福（Robert Gervaise Alford）稱他與麥亞雲飛高公司（Messrs. MacEwen Frickel & Co.）成功在港互通電話。其後，阿福與麥亞雲飛高公司搶先刊報提供電話服務，市內每月 10 元，郊區每月 15 元，偏遠地

21　*Hong Kong Government Gazette*, No. 68 of 1978, paragraph 7; *The China Mail*, 9 April 1878.

22　*CO129/199*, pp. 321-322.

23　*Minutes of the Legislative Council Meeting*, 24 June 1881; *The China Mail*, 24 June 1881.

24　*CO129/197*, pp. 535-536.

方可面議。[25] 合併後的電話公司立刻向阿福發信指出東方電話公司擁有貝爾專利（Bell's patent）。與此同時，除向政府介紹和示範其電話操作外，並趁機催促申請興建私營電話機樓一事。[26] 結果港督會同行政局於 11 月 3 日決定批准孫信興建私營電話轉換站，但聲明沒有專利。[27] 孫信馬上刊報聲明東方電話公司擁有貝爾專利。[28] 但阿福熟悉本地法律，指孫信並沒有在香港註冊，[29] 即沒有本地專利。孫信再刊報合併公司已進行有關將英國專利延至香港的手續，[30] 同時宣佈政府已批准興建私營電話轉換站，開始招收電話客戶，每年 150元，涵蓋範圍西起煤氣公司（今屈地街），東至二號差館（今莊士敦道與灣仔道交界），南至堅道和堅尼地道。

政府亦於 1882 年 2 月批准各警署安裝電話，以中央警署為轉換站，電話由合併公司提供，每年 25 元，共 20 個。[31] 孫信在都爹利街的私營電話轉換站，要到 1883 年 2 月 1 日才揭幕。《士蔑西報》是唯一報導揭幕的報章，還代公司解釋延誤的原因是量地處（後稱工

---

25 *The China Mail*, 22 October 1881; *Hong Kong Telegraph*, 28 October 1881.

26 *CO129/197*, pp. 512-520; *CO129/199*, pp. 323-324.

27 *CO 129/199*, pp. 326-327; *CO129/197*, p. 512.

28 *The China Mail*, 7 November 1881.

29 *The China Mail, Hong Kong Telegraph*, 8 November 1881.

30 *Hong Kong Telegraph*, 9 November 1881.

31 *CO129/197*, pp. 538-542.

務局）遲遲未能批出電話線杆的位置，電話公司本身並沒有延誤，可能因此而獲得電話號碼 "一號"。事實上在 1882 年期間，社會熱烈討論興建有軌車的可行性，其中一點是馬路的寬闊度是否足夠雙軌行車，[32] 所以政府在審批使用路面時顯得十分謹慎，以免日後電線杆要移位重建。另外電話線若靠屋宇的牆支撐，公司與業主亦要花時間協商解決。當時只有 15 名用戶，比起上海的 100 戶，還有一段距離。電話用的是聖路易的羅氏系統，即卜公變送器（Blake's transmitter）、貝爾手筒（Bell's hand phone）和羅氏鐘（Law's bell）。用戶只需拿起聽筒，轉換站的駁線生便會問找幾號用戶。[33] 到年底，拜拿（Iwan Berner）接任孫信的職位。[34]

（三）生不逢時

為何只有 15 名客戶？總商會說明不安裝電話的原因是見不到實質益處。[35] 當時電話的代理是仁記洋行（Gibb Livingston & Co.），而電話的外貌不錯，通話

32　馬冠堯：《車水馬龍：香港戰前陸上交通》（香港：三聯書店，2016年），頁 92-99。

33　*Hong Kong Telegraph*, 5 February 1883.

34　*Hong Kong Daily Press*, 22 December 1883.

35　*Hong Kong Daily Press*, 23 March 1882, 4 April 1882.

清楚，只是在接駁時有些雜音。[36] 香港大部分是華人，若電話市場不能打入華人社會，其商業前途便會有些渺茫。1881 年香港的經濟蓬勃，樓價處於高峰，特別是華人社會，他們跟上了炒賣物業的風氣，1 天可賺上萬元，這場令人醉生夢死的泡沫經濟，到 9 月開始爆破，嚴重影響華人社會，故有必要在此簡略交待。

港督軒尼詩於 1877 年 4 月抵港，打破了香港過往數項習慣，他是首位在碼頭被歡迎的港督，他是第二次接替堅尼地（Sir Arthur Edward Kennedy, 1809-1883）上任英國殖民地的港督，又以署任港督的身份宣誓，軒督首次發言時承諾保障商界利益。[37] 他上任的第一份預算案已對賣地收入感興趣，準備大展拳腳。1 年後，報章報導大量華人買入外國人土地，將西式房宇改建中式，最受影響的是中產的葡籍人士，由於發展九龍受限於尖沙咀的公共措施不足和家庭總交通開支抵銷不了低租金，他們建議政府開闢堅尼地道以南土地供興建中產樓宇。[38] 建築業雖一片好景，但香港地少人多，華人居往的地方早已過度擠迫，艾利士醫生（Dr. Philip Bernard Chenery Ayres）於 1874 年的擠迫報告已敲響警號，竟有人豬共眠的情況。量地官裴樂士有鑑於此，在審批兩份華人房宇圖則時要求

---

36 *The China Mail*, 27 October 1881.

37 *The China Mail*, 23, 24 April 1877; *Hong Kong Daily Press*, 24 April 1877.

38 *The China Mail*, 21, 25 March 1878, 5, 25 June 1878.

加設後巷和窗口。商人李德昌委託阿福為工程師，認為該要求太過奢華，不符合華人習俗，預期加設必然得不到如期效果，亦影響物業價格下跌，而且建築物條例無明文規定此加設，於是發起 73 人（名單有 74 人，有一名重複）請願至港督軒尼詩推翻裴樂士的建議。73 人中全是擁有大量物業的華商，包括在 1876 和 1881 年上榜 20 大交差餉富商的郭松、吳洼、李陞、蔡贊、鄭星揚、高滿華和葉晴川等，他們被軒督視為有影響力和智慧的華人領袖。軒督最不願意看到物業價格下跌，因他認為物業價格上升代表著香港的繁榮，他亦同情華人衛生和居往標準比西方人低，加上更改得不到如期效果，錢花了卻沒有預期效果，於是否決了裴樂士的提議，定下原則，華人房屋以煙洞代窗，無需後巷，因華人習俗有窗都不開，後巷只會用作垃圾區。奇怪的是曾經接受西方醫學訓練的軒尼詩，竟同意西方的光線充足和空氣流通不適合華人。[39]《德臣西報》嚴厲批評軒督做法違反西方衛生標準，《孖剌西報》批評裴樂士有些過分，但政府亦不應漠視社會公共衛生。[40] 其實當時的建築物條例立於 1856 年，在執行時遇上困難，曾數次提出修改，無奈未能都修正。[41]

39　*Hong Kong Government Gazette*, 27 July 1878.

40　*The China Mail*, 30 July 1878; *Hong Kong Daily Press,* 31 July 1878.

41　馬冠堯：《香港工程考：十一個建築工程故事 1841-1953》（香港：三聯書店，2011 年），頁 80-84、113-114、131-132。

要明白當時的華商根本不懂甚麼西方科學，他們只知以最平的造價賣出房屋，賺最高利潤，只要政府批准，哪管甚麼公共衛生。裴樂士企圖走法律空隙撥亂反正，但時機不合適。軒尼詩的做法表面上是同情華人，但長遠來說是危害香港的整體衛生利益，要知道1851 年至 1881 年，香港人口從 3 萬人升至 16 萬人，香港建造房屋的規範是需要檢討的。

一錘定音後，軒督又著手減房屋稅，從 12% 減至10%，[42] 鼓勵興建房屋。1878 年底，建築業旺盛，地盤拆細興建，一地一屋變成一地多屋，發展商利潤達一倍。[43] 這種情況在今天看來一點也不陌生。1880 年 9 月的財政預算案，軒督兩度指出樓市興旺，是正常商業交易，沒有炒賣，情況象徵香港繁榮穩定，惹來定例局議員祈士域（William Keswick, 1834-1912）的反駁。祈士域指出商人屯積土地，不但浪費經濟資源，政府庫房收入也因而減少。若商人善用土地，多興建些商業店舖，帶動整體經濟，商人獲利之餘，政府也可有其他商業稅收。空置土地若多建些住宅，可舒緩高企的租金，窮人亦可受惠。軒督竟然回應政府無權強迫土地持有人興建物業，因空置土地者合法買地，交地

---

42 *Hong Kong Government Gazette*, 26 November 1879.

43 *Hong Kong Daily Press*, 25 November 1878, 5 December 1878; *The China Mail*, 20 March 1879.

稅，政府與之完成交易後就無權干涉。[44] 祈士域先生雖然沒有在定例局指出這番說話的謬誤之處，但傳媒指正政府在賣地條款中有地主必須於 1 年內興建物業的條文。[45]

有政府輔助，樓市就無後顧之憂，繼續非理性地走向高峰。1881 年春，中西報章皆有報導 "炒舖" 消息。炒家 1 天內轉手可賺 1 萬元，當時華人平均收入約每月 20 元。他們以 3 至 20 人組成一群，以樓價 3 萬元計，按金 4,000 元，以 60 日為限，每人幾百元，以小博大，其瘋狂程度由此可知。[46] 工程師阿福在報章分析樓市交易，指出瘋狂之處是交易以日計，並且無按揭，在田土廳沒有記錄，是未完成買賣過程，他以 "不乾淨交易"（no clean sales）形容這些樓宇的買賣。[47] 當時這確實是賭博新意，今天港人就非常熟悉這遊戲，叫 "摩貨"，原來 100 多年前已經開始。阿福警告買物業人士只花 1 元便可知田土廳記錄，不要瘋狂入貨，今天我們叫 "查契"。不單外國人作出警告，連東華醫院總理們也上書軒督，請願遏止炒風，並提出 "五招" 禁止 "不乾淨交易"。聯署的總理包括梁鶴巢、曹雨亭、許蔚臣、韋寶珊、招雨田、馮明珊、

44　*The China Mail*, 11 September 1880.

45　*The China Mail*, 24 September 1880; *Hong Kong Government Gazette*, No. 56 of 1879.

46　*The China Mail*, 28 May 1881.

47　*The China Mail*, 27 May 1881.

葉竹溪、蔡炳垣和馮弼卿等人。[48] 軒督叫中文秘書歐德理口譯全文後，表示他會考慮建議，並命歐德理通知有影響力的華人領袖。[49] 中西報章繼續揭"炒舖"交易，[50] 軒督借統計報告數字在定例局表示，他不認為社會有"炒舖"之風，明顯地將東華醫院總理們的請願信放諸腦後，當時的華人定例局議員伍敍亦在座中沒有發言，不知他心裡有何想法。[51]《德臣西報》再在 9 月提醒市民幾年前炒賣水銀和大煙的慘痛教訓，政府的不干預政策無形中是在火上加油，每月賺五倍，炒樓者過著醉生夢死的生活，哪會將忠言逆耳的說話聽入腦，"炒舖"情況已從中環伸延至太平山的平民樓，這種表面浮華的不道德商業行為只有一條出路——就是泡沫爆破！從 10 月開始，市場銀根開始緊絀，到 1882 年初，樓市已下滑 30% 至 45%。[52] 與此同時，英國已委派衛生工程專家翟維克（Obsert Chadwick）到港，調查香港的衛生環境，而軒尼詩的委任期亦將告滿。兩則消息都不利於高企的樓價，外資銀行首先要

48　*CO129/202*, pp. 611-613.

49　*CO129/202*, p. 610.

50　《循環日報》，1881 年 5 月 12 日；*The China Mail*, 30 May 1881, 2, 14 June 1881。

51　*Hong Kong Government Gazette dated 6 June 1881*, "Meeting of the Legislative Council on 3 June 1881: Speech of His Excellency the Governor on the Census Returns and Progress of the Colony".

52　*The China Mail*, 16, 17 December 1881; *Hong Kong Daily Press*, 3 January 1882.

求客戶提早還款，或者加按金，或者提高息口。廣東和佛山銀號得聞消息，立刻追隨外資銀行的做法，最致命的是他們連存在香港的存款也提走了，寧願失去息口。[53] 1882 年 2 月的定例局會議中，新丁議員庇利羅氏的發言理性地分析了樓市泡沫爆破，他說：全世界都知物業回報是最低回報率，即 3% 至 4%，但香港竟然有 10% 至 16%！政府的應繳樓市差餉最高 20 名的列表很容易誤導市民，因為當中大部分樓宇都是按揭的。如今資金短缺，賣了樓的外國人不會感謝政府，買了樓的華人更是對政府不滿。[54] 議員寶其利補充說持有 700 萬資金的匯豐銀行每年只交幾百元差餉，1881 年的應繳樓市差餉 20 大表更有錯漏，將第三位的德忌利士公司誤放在十七位，結果政府要刊憲更正。[55] 兩位議員的發言將當年樓市資料澄清，研究香港這段歷史的朋友真要感謝他們的發言。樓市泡沫爆破，連累正常商業運作，外資和廣資銀行都不信任華商的借貸能力。苦無良策之下，華商唯有召開公眾大會，希望可以與外商合作，要求政府插手協助。軒尼詩的傾斜人道政策，早已令社會分裂，加上銀根短缺純是華商問題，重量級外商如遮打、沙宣和寶其利雖有到場，但他們對做大會主席表示婉拒後便離場。何亞美充當大

53　*Hong Kong Daily Press*, 12 June 1882.

54　*Hong Kong Daily Press*, 14 February 1882.

55　*Hong Kong Daily Press*, 6, 25 March 1882.

會主席，提議雖獲華人支持，但兩名外籍人士反對。結果不用再說——徒勞無功。一群殖民地官員包括署任港督的馬師（Sir William Henry Marsh, 1827-1906）皆不同意軒尼詩的傾斜人道政策，軒尼詩走後，他們恨不得馬上把政策推倒重來。馬師將"炒舖"事件致函殖民地部時，引用滙豐大班、總商會、東華醫院和《中外新報》的評論，表面上是平衡了華商和外商的看法。但對於樓市泡沫爆破，軒尼詩的助長"炒舖"政策實在是難辭其咎，特別是引自由伍敘兄長營辦的《中外新報》的評論，矛頭直指軒尼詩，其言論更具說服力。曾有報導指軒尼詩在英國批評香港殖民地政府讓廣東資金撤離香港，馬師以評論對其回應，花了不少心思。[56]

電話於 1881 年由仁記洋行代理引入香港，仁記洋行買辦是梁鶴巢，他除了要為華商請願外，本身在買賣樓宇時亦惹上官非，後更要申請"報窮"，即破產。他如何有時間和心情向華人社會推銷電話的好處？在英國，以貝爾專利的電話公司和愛迪生專利的愛迪生電話公司在劇烈競爭後於 1880 年中合併成為聯合電話公司，英國郵政局雖然認為電話不會為社會帶來太多好處，但他卻於 1881 年初加入競爭，向擁有高拿貝爾專利的電話公司（Gower-Bell Telephone Company

---

56　*CO129/201*, pp. 121-127; *CO129/202*, pp. 571, 621-625.

Limited）購入電話，並宣佈提供公眾服務，[57] 抗衡聯合電話公司的獨市生意。在這種英國政府政策和本地經濟環境下，電話注定生不逢時。

（四）初上軌道

15 名客戶又怎麼能養起香港電話公司？新客戶除商業用戶外，就是大班，他們喜居山頂，偏偏山頂離中環機樓太遠，建造費當然不少，而電話線的安全（被偷盜）往往是公司最擔心的地方，這一顧慮在往後的幾十年仍然是電話公司決定其路線和行走地面或地底的考慮主因。故此，有了山頂纜車後，電話線才可依纜車軌而行，減低成本（見下頁圖 2.8），用戶才漸漸開始增加。原來英國東方電話公司總裁彭達的女兒嫁港督德輔為妻。德輔於 1886 年被委任為港督，高仕（Austin Coates）認為彭達看準機會，以中日電話公司的名義與香港政府簽約，訂明公司可在港島興建機樓和電線杆及鋪電話線，時間為 1886 年 11 月 1 日（見下頁圖 2.9）。[58] 要知道中日電話公司（The China and Japan Telephone and Electric Company Limited，下稱電話公司）從未在中國和日本經營過電話。相信合約

57 J.H. Robertson, *The Story of the Telephone: A History of the Telecommunications Industry of Britain*, pp. 11-20, 27-28.

58 *Hong Kong Public Record Office File Series:* HKRS149-2-1298A.

圖 2.8　圖左方可見電話線和杆沿山頂纜車興建

圖 2.9　1886 年中日電話公司與港府簽訂的電話合約

與孫信的相同，因為重點只訂明興建機樓和電線杆等不可干擾馬路的技術條件，代表港府簽約的是量地官裴樂士。[59] 1887 年 10 月德輔上任港督。1888 年 3 月，公司與港府船政廳的進出口處（Import and Export Office）簽了一份用戶合約，年費為每年 80 元，按季交（見下頁圖 2.10）。[60] 5 月 25 日，一名電話用戶致函《德臣西報》，指責中日電話公司服務質素惡劣，遲早要關門。這件事源於他於早上 9 時 15 分掛電話，等了很久沒有人回應，便跑到公司一探究竟，他竟然見到員工在睡覺。接線生又經常駁錯電話，19 號竟駁至 9 號。他警告若服務再不改善，會召集用戶開一群眾大會聲討公司。但後來事件沒了下文，有可能是服務有所改善，又或是他已明白到港督夫人正是公司大老闆的女兒。

1890 年 1 月，電話公司首次刊登用戶號碼，共52 戶。主要用戶是醫生和醫院、傳媒、警署、酒店、銀行、公營企業和大公司等。較為人熟悉的有孫中山（1866-1925）的老師康德黎（Sir James Cantlie, 1851-1926）以及白文信（Sir Patrick Manson, 1844-1922）醫生，號碼為 2 和 3 號，滙豐銀行是 9 號，中央警署是14 號，港督府是 44 號。《士蔑西報》持 1 號。現今仍然營運的公司有屈臣氏、鐵行、太古和煤氣公司。庇利羅氏是最捧場的，獨佔 3 號，從 46 到 48 號，46 是

59　*Hong Kong Public Record Office File Series:* HKRS149-2-1298A.

60　*Hong Kong Public Record Office File Series:* HKRS149-2-1333.

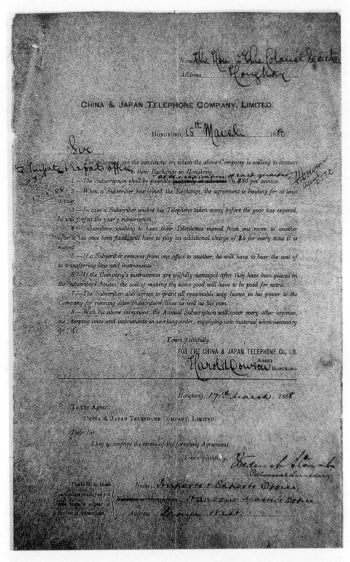

圖 2.10　1888 年中日電話公司與港府船政廳的進出口處簽訂合約

公司，47 是灣仔著名豪宅 Kingsclere，48 號是他的山頂別墅艾連（Eyrie）。華人公司只有 Ah Yon（Leung Yan Shan）和 Soy Shing 兩間。[61] 圖 2.11（見下頁）是 1890 年香港電話用戶名單。1891 年用戶增至 80 戶，國家醫院、置地、港九貨倉、渣甸和何東加入行列。[62] 1893 年，電話已發展至九龍倉。[63] 1895 年，蚊尾州燈塔亦安裝了電話。[64] 1900 年，電話公司刊登廣告，年費仍然是 80 元，私家線則收 100 元。[65]

香港電話市場發展奇慢，每年增長只有八戶，大部分是外籍人士。要明白香港華人居多，未能誘得他們使用電話，用戶增長自然是微不足道。究其原因，高仕認為是高層管理不善。[66] 公司的獨家代理忽視華人市場的潛力，未有安排合適的買辦遊說華人社會，讓他們了解到電報的繁複和費時，凸顯出通話比起中文電碼的好處。還有是要花時間消除他們對工人入屋駁線的疑慮。最重要的是那個年代的電話必須由接線生駁線，接線生大多是外國人，語言溝通困難亦令不少華人卻步。華人不懂西方玩意，要通過搭線，豈能不讓接線生聽懂通話內容，如此費力，倒不如以慣常方

61　*The China Mail*, 30 January 1890.

62　*The China Mail*, 30 January 1891.

63　*Hong Kong Telegraph*, 2 June 1893.

64　*Hong Kong Weekly Press*, 23 January 1895.

65　*Hong Kong Daily Press*, 18 September 1900.

66　Austin Coates, *Quick Tidings of Hong Kong*, p. 89.

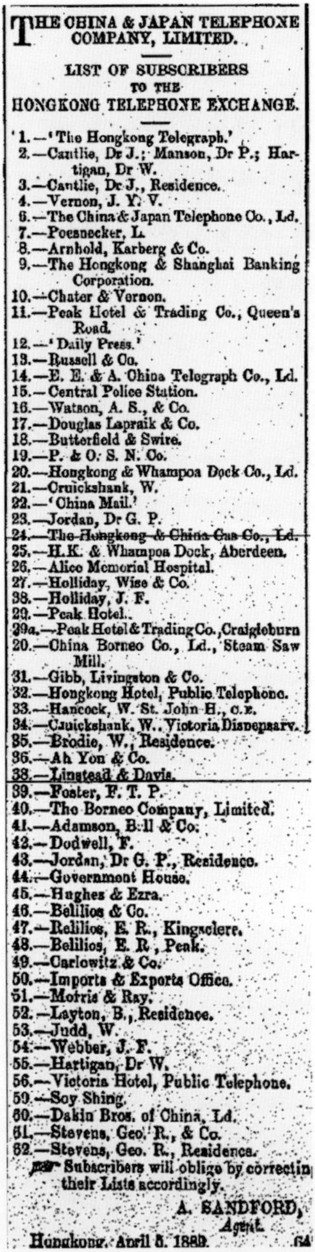

THE CHINA & JAPAN TELEPHONE COMPANY, LIMITED.

LIST OF SUBSCRIBERS TO THE HONGKONG TELEPHONE EXCHANGE.

1.—'The Hongkong Telegraph.'
2.—Cantlie, Dr J.; Manson, Dr P.; Hartigan, Dr W.
3.—Cantlie, Dr J., Residence.
4.—Vernon, J. Y. V.
6.—The China & Japan Telephone Co., Ld.
7.—Pocsnecker, L.
8.—Arnhold, Karberg & Co.
9.—The Hongkong & Shanghai Banking Corporation.
10.—Chater & Vernon.
11.—Peak Hotel & Trading Co., Queen's Road.
12.—'Daily Press.'
13.—Russell & Co.
14.—E. E. & A. China Telegraph Co., Ld.
15.—Central Police Station.
16.—Watson, A. S., & Co.
17.—Douglas Lapraik & Co.
18.—Butterfield & Swire.
19.—P. & O. S. N. Co.
20.—Hongkong & Whampoa Dock Co., Ld.
21.—Cruickshank, W.
22.—'China Mail.'
23.—Jordan, Dr G. P.
~~24.—The Hongkong & China Gas Co., Ld.~~
25.—H.K. & Whampoa Dock, Aberdeen.
26.—Alice Memorial Hospital.
27.—Holliday, Wise & Co.
38.—Holliday, J. F.
29.—Peak Hotel.
39a.—Peak Hotel & Trading Co., Craigieburn
20.—China Borneo Co., Ld., Steam Saw Mill.
31.—Gibb, Livingston & Co.
32.—Hongkong Hotel, Public Telephone.
33.—Hancock, W. St. John H., C.E.
34.—Cruickshank, W., Victoria Dispensary.
35.—Brodie, W., Residence.
36.—Ah Yon & Co.
~~38.—Linstead & Davis.~~
39.—Foster, F. T. P.
40.—The Borneo Company, Limited.
41.—Adamson, Bell & Co.
42.—Dodwell, F.
43.—Jordan, Dr G. P., Residence.
44.—Government House.
45.—Hughes & Ezra.
46.—Belilios & Co.
47.—Belilios, E. R., Kingsclere.
48.—Belilios, E. R., Peak.
49.—Carlowitz & Co.
50.—Imports & Exports Office.
51.—Morris & Ray.
52.—Layton, B., Residence.
53.—Judd, W.
54.—Webber, J. F.
55.—Hartigan, Dr W.
56.—Victoria Hotel, Public Telephone.
59.—Soy Shing.
60.—Dakin Bros. of China, Ld.
61.—Stevens, Geo. R., & Co.
62.—Stevens, Geo. R., Residence.

☞ Subscribers will oblige by correcting their Lists accordingly.

A. SANDFORD,
Agent.

Hongkong, April 5, 1889. 64

圖 2.11　1890 年電話簿

法，派 "心腹" 送親筆書信，一來不怕商業秘密在通話過程中外洩，二來親筆書信可確定送信人的身份，更表示華人的禮貌和誠意。香港始終是個小地方，慣常做法在成本上又比電話低。這讓電話如何有吸引力？1890 年代，第二代港人接收西方教育，第一批外留華人回港找商機而爬上上層社會，他們仍未普遍使用電話，新事物往往需要時間適應，筆者身旁仍有不少朋友因種種原因拒用智能手機，人的習慣是很難改變的，100 年前也不例外。要到新一代接受了西方科技，情況才有所好轉。華人公司寶昌廣告於 1904 年開始刊有電話號碼。[67] 19 世紀香港擁有電話的人非富則貴。

（五）伸延九龍

黃埔船塢、大同船塢和九龍倉養活了不少九龍的居民。電話公司亦看準時機發展九龍，但 1886 年的合約圖則只規劃了港島（見下頁圖 2.12）。但 "維多利亞城" 則沒有明確定義。當時的經理夏理信（Stuart Harrison）因為在發展山頂時，聲稱山頂為 "維多利亞城" 的郊區，因此去信殖民地部，查詢九龍是否屬於 "維多利亞城" 的郊區，引至殖民地部區分了九龍和港島。除了電話外，其他日後的公共措施如電力、人力

67　*Hong Kong Telegraph*, 13 July 1904.

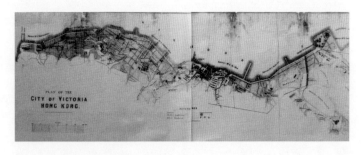

圖 2.12　港島電話線圖

車、巴士和石礦牌照等都區分了港九。其實開石礦牌照時早就分九龍和港島，這符合英國一向的反壟斷政策。彭達的資訊生意實在太大，英國亦有意減低其壟斷性，剛巧他於 1896 年去世，連通港九電話的計劃亦要延後十年左右才可實現。

開拓九龍電話的時機要到港府 1898 年租借新界後，開始逐步發展九龍，將軍事用地北移，以舒緩港島人口的擠迫。1901 年有報章報導美國三藩市已有華人接線生，用戶只須講出姓名就可接通電話，香港華人用戶亦日漸增加。[68] 1902 年，山頂酒店的廣告開始刊有電話號碼 26 號。[69]

電話公司眼見九龍發展潛力和華人用戶都在增加，遂向政府申辦九龍電話。港府趁機與公司商討電話專營權。1903 年 2 月，電話公司已將香港至九龍的

68　*The China Mail*, 2 August 1901.

69　*The China Mail*, 13 January 1902.

海底電話纜鋪設完成，從北角海景酒店後下水，紅磡黃埔船塢旁上岸，在海底電纜禁區內，長約 1 英里。建造工程委託電報公司代造。[70] 9 月，有消息傳出談判遇到困難。[71] 電話專營權不單包括九龍，新界亦要寫入合約，以免日後重複。由於港島興建電車，架空電話線佔去路面空間，不利交通，政府有意將電話線藏入地底，騰出珍貴的地面。在落實電車計劃時，電話公司按法例規定向港督提出申請賠償。[72] 電話公司所用的地線因而要轉為金屬電路，公司索償更改電路費用。雙方的工程師在英國貿易部的協調下進行商討。[73] 最初估價 5,000 英鎊，電車公司開價賠償三分之一，即 1,500 英鎊。[74] 但電話公司後來發現錯估造價，應是 9,000 英鎊。通知殖民地部不接受三分之一的 1,500 英鎊的賠償，三方發生誤會，結果澄清後仍然是賠三分之一造價，即 3,000 英鎊。[75] 由此可見電話公司的烏龍處事方法，這導致日後續牌時所發生的風波。除技術問題外，還有政府發專營權的得益。港府可在港島享有 30 條免費電話線，電話費用就視乎客戶距離機樓的遠近而定，規定電話收費在 1 英里內每年 10 英鎊，每

70　*Hong Kong Daily Press*, 28 February 1903, 4 March 1903.

71　*The China Mail*, 20 November 1903.

72　*CO129/306*, p. 570.

73　馬冠堯：《車水馬龍：香港戰前陸上交通》，頁 106。

74　*CO129/315*, p. 6.

75　*CO129/315*, pp. 31-32.

半英里加收 2 英鎊 10 先令，加價需獲批准。設立三分之一客戶聯署投訴可成立調查委員會和電話公司有上訴至港督的權力等機制。雙方於 1905 年 2 月 1 日簽定合約，專營權時限 25 年。[76] 圖 2.13 是專營權合約。以上的地底電話線區域包括新界，收費、投訴和上訴機制皆寫入合約。專營權只適用於私人用戶，而政府和軍部有其獨立系統，不受合約影響，直至 1940 年政府才採用與私人用戶看齊的自撥電話系統。[77] 中日電話公司於 3 月底宣佈 7 月 1 日起九龍電話將接通香港。[78] 九龍機樓設在金馬倫道，屈臣氏對面，即彌敦道與金馬倫道交界（今尖沙咀滙豐大廈，見圖 2.14）。9 月底，中日電話公司刊報，稱九龍電話啟用，並列明用戶號碼，共有 27 戶。九龍 1 號（K1）擁有人是位於依利近街（今海防道）設有電風扇的西方酒店（Occidental Hotel，今海防道）。九龍倉有三個號碼，6 至 8 號。華人有六位，以九龍倉買辦黃金福（1870-1931）的九龍六號（K6）最為有名；三間華人船廠為廣合隆、陳生昌和廣德興；另有民隆薑廠和阿黃公司。最遠是荔枝角的標準氣油公司。今天仍然存在的公司有中華電力、青州英坭、九龍倉、煤氣公司、屈臣氏和標準氣油。

76　*Minutes of Legislative Council Meeting*, 12 October 1922; *Public Record Office Series:* HKRS149-2-2358.

77　*South China Morning Post*, 19 April 1940.

78　*South China Morning Post*, 4 April 1905.

AGREEMENT made this first day of February One Thousand Nine Hundred and ~~Four~~ five

BETWEEN THE HONOURABLE THE DIRECTOR OF PUBLIC WORKS of the Colony of Hong Kong (hereinafter called the Director of Public Works) acting for and on behalf of the Government of Hong Kong (herein called the Government) of the one part and THE CHINA AND JAPAN TELEPHONE AND ELECTRIC COMPANY LIMITED whose registered offices are at Alderman's House, Bishopsgate, London E. C. (hereinafter called the Company) of the other part WHEREAS the Company has applied to the Government for a grant of a Licence under which they may be permitted to continue to provide and maintain telephone communication within the Colony of Hong Kong and its Dependencies including the New Territories as defined by Ordinance No. 16 of 1898 AND WHEREAS the Government hath agreed to grant the same upon the terms and conditions hereinafter contained IT IS HEREBY AGREED by and between the said parties hereto as follows:-

(1) The Government hereby grants unto the Company for the term of Twenty-Five years from the date hereof the right and privilege of providing working and maintaining telephones within and between the Colony of Hong Kong and its Dependencies and the said New Territories.

(2) The Government agrees not to grant to any other person or persons company or corporation during the said term of Twenty-Five years the right to construct or maintain telephones or telephone wires over Crown Lands or Public Streets or Roads or Foreshores or beneath the Sea within or between the said Colony and its Dependencies and

1.

the said New Territories upon terms more favourable than the terms of this present licence with the following exceptions namely (a) All telephones whatsoever which may be bonâ fide in operation at the date of the execution of this agreement (b) Such telephones as may hereafter be constructed or maintained by the Colonial Government and by the Imperial Government in connection with their Colonial and Imperial services only; and (c) Telephones maintained by the Eastern Extension Telegraph Company and Great Northern Telegraph Company in accordance with the Agreement now existing between them and the Company.

(3) The Company may during the said term erect and maintain telephone lines or cables on and over such streets or roads and Crown Lands or foreshores or such portions thereof respectively or beneath the sea in or between the said Colony and its Dependencies and the said New Territories as may from time to time be approved by the Director of Public Works in writing subject to the stipulations and conditions hereinafter contained that is to say:-

(a) The Company from time to time for the purpose of erecting maintaining altering or removing such lines may open and break up any public road subject to the written permission of the Director of Public Works being first obtained and subject to such conditions and limitations as the Director of Public Works may prescribe, and they shall with all convenient speed complete the work on account of which they opened or broke up the road and fill in the ground and make good the surface to the satisfaction of the Director of

2.

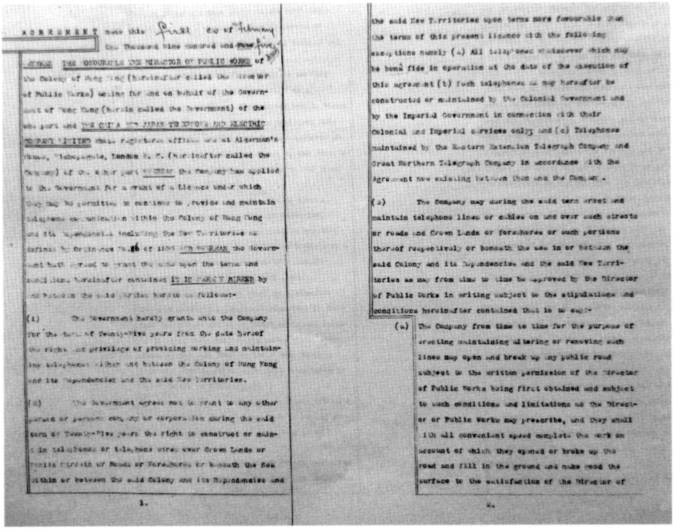

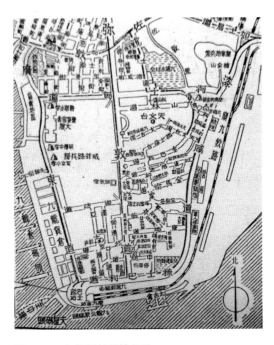

圖 2.13　1905 年電話專營權合約

圖 2.14　九龍電話機樓地點

表一

表一是九龍最早的電話簿。九龍電話線走地底，而港
島亦分階段改地底線。那年的全港用戶增至 500 人。

（六）完善服務

1. 電話簿

　　筆者曾經在 70 年代到電話公司索取免費電話簿，
有兩英寸多厚，與同輩友人稱電話簿為"枕頭"來
形容電話簿的厚度和重量。戰前用戶不多，印發用戶
資料成本不高，但實際益處卻不大。一般使用電話簿
找尋資料的都是商人，特別是外商，他們亦有商業名

冊。電話公司於何時開始印發電話簿，筆者未能找到相關資料。但 1905 年公司獲專營權後，電話公司在報章刊登廣告呼籲客戶提交姓名，以便刊印電話簿，廣告年為 1907 年，估計 1906 年已有電話簿。那時若客戶不提交姓名，其資料就不會刊登在電話簿上。[79] 其後每季都將新用戶資料印在一張紙上，按月發給用戶。

到 1921 年，有用戶投訴印發電話簿服務終止。[80] 與此同時，用戶亦提議電話簿內除姓名外，還須有地址。[81] 一部有地址的電話簿已交報章企業有限公司編製，但次序以過往字母排列轉為數字排列。[82] 港人用戶電話旁多了一個電話簿。派發電話簿的地點設在香港電話公司皇后大道中總部、連卡佛山頂商店和九龍金馬倫道總部，到 1925 年，電話簿已有中英文版本。[83] 1936 年電話公司為了節省成本，用戶只可選取中或英文版電話簿，如欲取兩本者，須額外繳費 1 元。投訴人韋士頓（Walter C. Weston）稱當時的商業環境需要雙語的電話簿。[84] 1937 年電話公司刊登在電話簿招登廣告：全頁為港幣 100 元；半頁港幣 50 元；頂框 5 元；底框 10 元；二號體字 5 元；三號體字 10 元。[85] 翌年，

79　*South China Morning Post*, 18 November 1907.

80　*South China Morning Post*, 11 June 1921.

81　*Hong Kong Telegraph*, 1 July 1921.

82　*The China Mail*, 2 July 1921.

83　*South China Morning Post*, 15 August 1925.

84　*South China Morning Post*, 17 February 1936.

85　*South China Morning Post*, 19 November 1937.

半頁廣告加至港幣 55 元；取消二號體字；其他收費無變化。[86] 若用戶想在電話簿上刊登兩個名字，每次收費為 6 元。相信不少港人仍記得"黃頁分類廣告"。雖然今天的電話簿已全部數碼化，個人常用電話號碼亦有記憶記錄，非常方便，但代價是經常受到死纏爛打的促銷員來電，也常收到疑似電話騙局，收聽電話一點也不輕鬆，必須提高警覺。

2. 其他服務

電話公司自從本地化後，態度積極，向外申辦長途電話，對內則提供方便服務。戰前擁有電話是身份的象徵，用戶非富則貴，家居數千英尺，所以司機或工人房根本無法聽到電話鈴聲，因此電話公司提供分機鈴聲服務，讓工人或司機可聽到鈴聲而收聽電話，費用為每年 12 元。主人房和客廳相距亦遠，分機服務可供用戶在主人房使用電話。服務分固定分機或活動分機，兩者皆每年收費 36 元。用戶在晚上如果不想接聽電話，則可安裝一部接駁器，每年收費 6 元。[87] 電話公司亦參與慈善活動，1921 年初東華醫院和孔子協會合辦饑荒賑災，在荷李活道設賑災站，獲電話公司免費提供電話服務 10 天。[88]

86　*South China Morning Post*, 26 November 1938.

87　*South China Morning Post*, 15 October 1937.

88　*South China Morning Post*, 21 January 1921.

3. 主要投訴

　　早期用戶投訴主要分三類，一是維修颱風破壞的時間太長，導致服務終斷；二是接通線花太多時間；三是申請時間太長。三者皆是效率問題，但各有其原因。颱風破壞電話杆和線與電報情況相同，但將架空電線改行地底，一是提高成本，二是地底秩序，如何與清水、污水、電車和煤氣管道分清界線。由於九龍是新開發的，計劃比較容易，港島就要分階段更換，花的時間特別長。使用自撥電話之前，需要經接線生接駁。接線生不足、說和聽號碼有差別、接線生態度不好、經常偷懶等情況都令用戶枉花時間。最初發現接線生不足是在晚上，電話公司改兩更制，但情況未有好轉。華人接線生在溝通上亦有誤差，如 15 號變成 50 號，加上接收不清，用戶經常要打幾次才能接通。接線生的態度亦多少影響致電者，特別是打了兩次的用戶。接線生偷懶只有加強監管。事實上，機樓的轉換站每位接線生只能接駁 50 條線，要發展至複式轉換站時，每位接線生才能接駁 100 條線，這是技術問題。因此到 1911 年，機樓已達飽和點，要加大 50%，即 1,500 名用戶。[89] 情況到一戰後仍沒有多大改善，用戶申請緩慢、駁錯線、斷線、細聲和無人接聽等問題陸續被投訴。傳媒認

89　*Hong Kong Daily Press*, 4 August 1908; *Hong Kong Weekly Press*, 5, 14 September 1908; *Hong Kong Telegraph*, 10 September 1908, 18 June 1909; *South China Morning Post*, 24 March 1909, 14 April 1909.

為這是世界大趨勢，電話技術系統有必要進行徹底檢討。[90] 1921 年，總商會和香港憲制革新會（Hong Kong Constitution Reform Association）致函政府投訴電話公司服務質素欠佳，提議成立本地公司，打破中日電話公司的壟斷。[91] 從電話公司的回應中不難看到其現有系統未能滿足用戶的需要，是時候要更新系統，政府亦成立小組，研究本地化的同時亦檢討延續電話專營權。

（七）延續專營權

1907 年，英鎊匯率下降，電話公司申請以 100 元代替 10 英鎊收費被拒。[92] 1908 年往後，外籍和華人皆投訴服務不濟，大多是無人接線、駁錯線和輪候時間太長，情況與 20 年前相同。[93] 其主因是機樓容量已飽和，只可容納 1,000 名客戶，公司準備在 1911 年加大容量至 1,500 戶，機樓線路複雜，圖 2.15 和圖 2.16 分別是 19 和 20 世紀的線路。[94] 1917 年，電話公司重提英鎊匯率下降，但政府發現公司於 1916 年從撥備取出 31

---

90 *South China Morning Post*, 14 September 1920, 6 November 1920.

91 *Hong Kong Telegraph, South China Morning Post*, 30 March 1921; Hong Kong General Chamber of Commerce, *Report for the Year 1920*, Appendix D.

92 *Minutes of Legislative Council Meeting*, 12 October 1922.

93 *Hong Kong Telegraph*, 10 September 1908, 18 June 1909; *Hong Kong Weekly Press*, 14 September 1908; *Hong Kong Daily Press*, 16 November 1909.

94 *Hong Kong Telegraph*, 14, 15 July 1911.

圖 2.15　19 世紀
的線路

圖 2.16　20 世紀
的線路

萬英鎊派發紅利，完全漠視匯率風險，因此拒絕，到
1919 年，公司再次申請以 100 元代替 10 英鎊收費，
港府反建議電話公司在港成立公司減低匯率風險。[95] 本
地財團與電話公司商討買價，賣家堅持每股 9 英鎊。
1919 年 3 月，一名九龍用戶致函報章狠批電話服務。
公司回應九龍接駁速度每部電話為 4.6 秒，強調這一
量度是沒有預先通知接線生的。公司每日處理 45,000
個電話，錯駁電話的機率很低，強調零件在香港的惡
劣天氣下運作的已算不錯了。這些玩弄數字的陳舊招
數，今天仍然經常被使用，量化是逃避回應質素的最
佳方法。公司更呼籲投訴人拿證據到公司驗證！那時
共 3,600 個用戶，3,100 個在港島，500 個在九龍。[96]
1921 年，總商會和香港憲制革新會再次投訴服務質
素，公司經理賓尼迪（H.S. Bennett）回應每天平均處
理 63,800 個電話，即處理每個電話花 0.7 秒；平均回
覆時間則是 6.5 秒，即從鈴聲響起至接線生說 "請問幾
號？" 止，紐約是 6 秒；香港處理每條總機電話線平
均是 14.7 秒，紐約是 9 秒。公司聘用 100 名接線生，
每更 50 人，他們有足夠的監察員和文員管理接線生，
以確保服務質素。[97] 數字量化表面上看很客觀，但試問

---

95 *Minutes of Legislative Council Meeting*, 12 October 1922.

96 *South China Morning Post*, 29 March 1919; *Hong Kong Telegraph*, 11
    April 1919.

97 *Report of the General Chamber of Commerce for the Year 1921*, Appendix
    D; *South China Morning Post*, 30 March 1921.

平均回覆時間 6.5 秒是否全是準確駁通？晚間電話一般比日間少，為何每更接線生都有 50 人？數字容易誤導一般人，基本上很難反映出真正的服務質素。

1. 開天殺價

1919 年電話公司申請延續專營權。1920 年 3 月，電話公司副主席籃派克（Mr. Parker Ness）訪港，商討延續專營權和成立本地公司事宜，並帶來合約草本，稱與星加坡相同，因當時系統飽和，新系統要注入大量資金，稱需要 50 年專營權才可翻本。港府成立四人專責小組研究，小組建議將事情交總商會處理，總商會建議聘請會計師評估資產價格。同年 4 月，聘請了本地著名會計師樓羅兵咸（Lowe Bingham & Matthews）估價。6 月布政司范查（Sir Arthur George Murchison Fletcher, 1878-1954，見圖 2.17）赴英約見

圖 2.17　布政司范查（Sir Arthur George Murchison Fletcher）

籃派克，籃派克開價 325,000 英鎊出售，范查稱若此價確認合理，每年 150 元電話收費亦合理，但一切要視乎羅兵咸的報告。羅兵咸於 1921 年 3 月提交報告，提議了估價，收費 110 元，但在一些細節上面，如拆舊率和機樓零件評估就要電話專家再確認。事實上，電話公司技術員工於 1920 年罷工，多少令本地買家有卻步之意。[98] 港府收到報告後，再次成立六人小組[99] 研究收費和估價，小組建議收費 120 元，但仍對公司資產估價有保留，那時的用戶已增至 4,302 戶，3,700 戶在港島，602 戶在九龍。[100] 事實上，港府有意延續電話公司專營權 25 年，布政司施勳（Sir Claud Severn, 1869-1933）致函總商會時已透露，[101] 但在 1921 年社會對電話服務投訴有增無減。[102]

由於羅兵咸的報告留了評估資產價格這一後路，籃派克於 1922 年 3 月重臨香江，帶來兩名專家，以資產估價 325,000 英鎊算出收費 175 元。兩名專家為中日

98　*The China Mail*, 17 April 1920; *Hong Kong Telegraph*, 17 April 1920; *Report of the General Chamber of Commerce for the Year 1921*, Appendix D.

99　六人為總商會的杜偉（G.M. Dodwell）、滙豐銀行巴魯（A.H. Barlow）、電機工程師馬殊（F.R. Marsh）、財政司、工務局長和軍部的丁偉（Colonel C.W. Davy）。

100　*Hong Kong Telegraph*, 30 March 1921.

101　*Report of the General Chamber of Commerce for the Year 1921*, Appendix D.

102　*Report of the General Chamber of Commerce for the Year 1921*, Appendix D; *Hong Kong Telegraph,* 31 March 1921; *South China Morning Post*, 30 March 1921, 7 June 1921.

電話公司顧問郭奇（W.W. Cook）和上海電話公司經理高爾（P.H. Cole），前者由電話公司提名，後者是由政府挑選的。那時的電話收費為 80 元，增加收費至 175 元，政府立刻拒絕，並邀請六人小組與公司和兩名專家會面，察覺兩名專家在估價上有 70,000 英鎊的差別。其實政府早有默許延續專營權之意，加上兩位專家同意將增加後的收費調低至 140 元，在 5 月底，電話公司向用戶發調整收費告示，7 月 1 日生效。理由是電話物料價格上漲，營運開支上升和興建新中央電池系統（Central Battery System）龐大的建造費，住宅每年 140 元，商業 154 元。[103] 翌日，《孖剌西報》認為加 70% 太多。《士蔑西報》認為物價上漲，市民無可奈何，還訪問范查，范查認為根據專家意見，若有新系統，加價無可避免，但沒有說明回報是否合理。在同一日，會計師施富（John Hennessy Seth）撰文指出，電話物料價格上漲只會影響興建新系統的資本，除加重折舊外，不會影響營運開支。反而當用戶增加，營運開支只會下降，今天也是這種情況。龐大的建造費亦只會影響資本，不影響營運開支。所以電話公司調整收費是缺乏理據的，再者興建新中央電池系統是股東的責任，為何落在用戶身上？他呼籲公司將過往 10 年的業績公開，讓公眾了解實況。另一位會計師羅沙

---

103 *Hong Kong Telegraph*, 31 March 1922.

圖 2.18　會計司及定例局議員羅亞旦（Arthur Rylands Lowe）

（C. A. da Roza）持同一觀點，懇請同業兼定例局議員羅亞旦（Arthur Rylands Lowe, 1873-1924，見圖 2.18）在定例局質詢。[104] 電話公司經理回應他們只是收回投資的利息，強調決定來自兩名專家的意見，市民會很快感受到新系統的好處。經理亦根據過往經驗反駁，增加用戶未必可抵消發展新系統的投資，並以英國為例，越多用戶，成本越高。[105] 這番說法，惹來《南華早報》的批評，以電車公司為例，任何享有專營權的公共措施發展或改善服務的成本都來自股東，由用戶支付是十分荒唐的。俗語謂"大話怕計數"，加價從 80 元到 147 元，即每戶每年支付 67 元，今天有 4,500

---

104 *Hong Kong Telegraph*, 3 June 1922.

105 *Hong Kong Telegraph*, 3 June 1922.

名客戶，公司每年進賬 301,500 元，以 5% 利息計（銀行 3.5%），投放資金是 600 萬元，《南華早報》質疑新系統的造價。[106] 同日，有讀者要求公司新置自撥系統。6 月 8 日，定例局議員羅亞旦在定例局要求政府解釋加價原因。范查只重複這是專家意見，一切皆在非正式接觸，由於談判守秘原則，簽約後的合約才可提交定例局。范查不但沒有解釋原因，草約亦不願公開直至簽約。這麼一來有"米已成飯"的趨勢，讀者和傳媒更會窮追不捨地反擊電話公司。

2. 落地還錢

事件不但在總商會發酵，還擴散到華人社會。在華商會的會議討論中，主席李保葵、秘書葉蘭泉、委員唐溢川皆紛紛發表講話，認為 4,000 名用戶中，有 3,000 名華人，商會應該維護他們的利益，華人定例局代表周壽臣（1861-1959）答應依循商會的決定辦事。[107] 周壽臣向政府建議由兩個商會組織聯合小組研究事件，並於 6 月 16 日在定例局上詢問政府會否派人向商會聯合小組解釋細節獲范查答允。中外商會於 6 月 19 日與政府作閉門會議，事件決定交中外商會聯合小組處理（下稱聯合小組）。[108] 電話公司透露合約的新中央

---

106 *South China Morning Post*, 5 June 1922.

107 *South China Morning Post*, 13 June 1922.

108 *South China Morning Post*, 20 June 1922.

電池系統建造費為 250,000 英鎊；需時 3 年半完成；專營權延續 25 年和最低利潤 12%。[109] 這又惹來社會大力回響，例如為何未開工就要交新費用和 12% 回報，這是暴利。[110] 聯合小組於 6 月 28 日與電話公司會面，會後沒有消息，顯然談判沒有進展。[111] 電話公司並沒有通知客戶暫停新收費，但 7 月 1 日客戶如常交舊費。

7 月 4 日籃派克終於開腔，指與政府的商討早已完成，聯合小組再找資料是徒勞無功和費時失事。政府代表的是整個社會，包括商業社會。香港根本沒有人比專家更懂電話生意，是政府邀請他們估出資產價格的。公司與政府商討超過兩年，不應再拖延，否則會耽誤用戶享用新系統。[112] 傳媒披露郭奇是公司御用的顧問，他的意見政府未必要接納，這遭到籃派克的反駁，他指兩位專家是公司與政府共同聘請的，兩位在電話收費上達成共識，而政府亦接納了相關數字。但這番言論遭范查澄清，兩位專家在估算資產價格上確實有差異，而政府並沒有接納任何一方的數字並且從未認為合約可以簽署。既然政府已接納周壽臣議員的提議成立聯合小組研究，公司亦有權公佈其加價計

109 *South China Morning Post*, 22 June 1922.

110 *Hong Kong Daily Press*, 22 June 1922.

111 *South China Morning Post*, 29 June 1922.

112 *South China Morning Post*, 4 July 1922; *Report of the General Chamber of Commerce for the Year 1922*, pp. 325-328.

劃，但這不代表政府已同意和批准加價。[113] 籃派克以專家意見企圖蓋過本地社會的聲音，又指政府代表社會，充分表現出他的權威主義和主權優越感。他連殖民地高官的同胞也不放在眼內，俗稱 "擺布政司上檯"。將原本站在他那邊的范查逼到天秤上。范查怎麼會那麼愚蠢地承認，唯有轉軚，澄清政府並未有決定，還要看聯合小組的建議。

范查改變立場，除籃派克給他台階下之外，亦與其背後的港督司徒拔（Sir Reginald Edward Stubbs, 1876-1947）對本地精英的信任有多少關係。政府轉變，雖受傳媒批評其缺乏眼光，但亦搶回民意。其實港府在背後亦心急於延續專營權，多番去信總商會查詢調查為何進度緩慢和問題所在。羅亞旦亦坦言電話公司在催促下仍不願將估價折舊率和早年賬簿公開，以證明專家運算有確實依據。折舊率奇低引至資產估價奇高令聯合小組最感困惑。公司亦沒解釋為何不能在完工後才加電話費，但承諾儘快提交報告。[114]

8月21日羅亞旦任主席的聯合小組報告終於出爐，內容分三部。由於電話公司不願交出過去的內部賬目，聯合小組在第一部列出從電話公司所提供資料列為事實，有十點：現合約仍然生效至 1930 年 1 月

---

113 *Hong Kong Daily Press*, 7 July 1922.

114 *Report of the General Chamber of Commerce for the Year 1921*, pp. 329-331.

31 日，電話公司仍然要提供優質服務，在機樓 1 英里內收費每年 10 英鎊；現合約沒有自動續約條文；現系統已過時，星加坡和印度已開始更換，是時候更換新系統；續約條件是更換新電話系統，而公司必需投放新資金；成立本地公司每年平均可節省 4,800 英鎊利得稅，政府和用戶有權監察公司，公司需存放賬簿在港，董事局需是本地人士，本地公司以股票和債券承受現有公司資產；兩位專家估價有差異，高爾以即時買賣原則估價，郭奇則用可延續商業原則（going concern），估價缺乏資料來源，未能確實；折舊率比新公司和草擬合約都要低，折舊率亦不合理，例如 25 年壽命的電杆每年只折舊 1.5% 是不合常理的；公司建議新收費每年 175 元，兩位專家同意新收費為住戶每年 140 元，商戶每年 154 元，郭奇認為立刻徵收，高爾則認為完工才徵收；若以現行收費每年 10 英鎊算，公司每年獲利 23,000 英鎊；最後是公司過去 17 年獲利 20 萬英鎊，1905 年資產 14,761 英鎊，1916 年增至 39,761 英鎊，總派息 62,973 英鎊，最低利潤 12% 高於任何公共投資回報，是不合理的，聯合小組以 "貪婪" 來形容電話公司。

第二部是批評資產估值的可信性，由於聯合小組沒法取得公司過去的賬簿，只能列出合乎事實的疑點或建議，亦有六點：唯今之計是根據現有合約建議公司繼續提供合理服務和改善系統；公司建議的新本地公司除非本地大量入股，控制權仍在英國，根據 1921 年資料，以新收費算公司每年收入 120,000 英鎊，更換新系統無需注入太多資金；公司過去確因滙率而少收電話費，但聯合小組沒法取得公司過去營運賬簿而了解實況，能確定的是若以 73.35 元取代 100 元收費，公司收入一定比在 1921 年每年獲利 23,000 英鎊為多，聯合小組以四方法推算資產估值，並以 12% 利潤為例，列出一表，最高的是郭奇的方法，利潤達每年 187,544 英鎊，最低的是以公司資產負債表加郭奇的折舊率算出的 89,881 英鎊，相差近 10 萬英鎊；公司評估過去資產折舊只有 46,000 英鎊，但推算將來的折舊卻為每年 20,000 英鎊，莫非資產只有兩年半壽命；公司物業投資有 65,114 英鎊，以一般電話營運來看是比例偏高的；突然大幅加價不合常理，應循序漸進地增加。

　　第三部是根據電話公司歷史，指出機樓在 1916 年前並沒有改善，在基達先生的改革下才更新和改善，意謂著那批機件是第一次大戰前購入的，價格是現時的一半，別忘記公司在英鎊不穩的情況下，仍用英鎊收費，不改以本地收費，因此導致收入減少，派息要從撥備中發放，還要繳納英國利得稅。聯合小組建議延續公司專營權，條件是更新系統和提供有效服務；收費需按時檢討，由政府或總商會成立委員會決定；若簽訂新合約，建議未來五年三區劃一收費為 84、96、108、114 和 120 元；新公司必需保存所有賬目，格式由檢討收費委員會制定;新公司自由選取新系統,若政府指定某一系統,須尋求獨立意見;若新公司不接受建議,政府將於 1930 年 1 月 31 日自行安排新系統,讓舊約完結;若政府參與公司直接利益經營電話,則取消原政府免費線路,改以特許權收費;新合約必須公開,以防 1906-1907 年索價太高的情況再次出現。[115]

電話公司當然予以反擊,全面否定聯合小組的報告,表現出毫無妥協的空間,俗語說:"唔要就算!"[116] 9 月 1 日,籃派克離港往星加坡。[117] 他走後,傳媒不斷報導加爾各答和星加坡反對電話加價。[118] 事實上,星加坡總商會早已與香港總商會聯繫,還向香港請教反對的理據。[119] 香港方面,范查收到報告後,致函總商會建議調整郭奇和高爾的估價,將電話費調至每年 116 元和 130 元,好讓三方下台,但遭聯合小組否決。[120] 范查唯有將報告建議的逐步增加收費作為日後商討的前提交到定例局。范查還在討論中說明成

---

115 *Hong Kong Telegraph*, 21, 22 August 1922; *Hong Kong Daily Press*, 22 August 1922; *Report of the General Chamber of Commerce for the Year 1921*, pp. 346-352.

116 *South China Morning Post*, 24 August 1922; *Report of the General Chamber of Commerce for the Year 1922*, pp. 356-362.

117 *South China Morning Post*, 1 September 1922.

118 *South China Morning Post*, 5, 28, 29, 30 September 1922.

119 *Report of the General Chamber of Commerce for the Year 1922*, pp. 342-346.

120 *Report of the General Chamber of Commerce for the Year 1922*, pp. 362-362.

立本地公司和興建自撥電話亦是將來商討的重要議題。議案當然在無人反對的條件下通過。

政府將定例局通過的議案寄往倫敦電話公司辦事處，他們於 1923 年 2 月 8 日寄回反建議，由本地公司經理小組轉政府，政府左手交右手寄總商會，希望他們給些意見。電話公司詢查若調低機件估價，可否加入商業間接開支和物業升值；又提議更新自撥系統，可容 9,000 條線；又引用香港電力公司為例，可否有 15% 利潤同等待遇。羅亞旦在回覆電話公司時，不忘強調對方承認機件估價過高，至於公司是否漏了計算商業間接開支，那就要公司拿出真憑實據後才可決定，但他提醒香港電力公司並沒有計算商業間接開支。至於計算物業升值，他不明白在現合約上，物業升值只是紙上富貴，而用戶卻要承擔升值帶來的增加收費。對於興建自撥系統，聯合小組因缺乏公司提議的細節，已建議政府要另覓獨立專業意見，但公司之前的提議建造價偏高。香港電力公司可享有 15% 利潤的待遇，籃派克心知肚明，240 萬元資產，至今有 180 萬元早已折舊，不能相提並論，15% 利潤是不適用於電話公司的。聯合小組支持新公司在本地註冊方案。[121] 電話公司企圖再玩弄估價數字以求立刻加價，以利潤作更換新系統的資金，不但以用戶繳費補貼公

---

121 *Hong Kong Telegraph*, 12 July 1923; *Report of the General Chamber of Commerce for the Year 1923*, pp. 193-200.

司，更加大資產估價，減低折舊，連物業升值亦包括在資本內，好等 12% 利潤基數增大，以求算盡，聯合小組以"貪婪"形容電話公司已是非常客氣，拒交賬簿和明顯玩弄估價數字，其實是"明搶"！聯合小組堅持原則，拒電話公司於門外，定下監管公共設施原則，今天的利潤管制原則就建基於此，特別是不容物業升值包括在營運資本內。政府在事件上應負上大部分責任，因缺乏會計專業知識，被電話公司蒙騙，以為專家可壓倒一切，輕易承諾加價。誰知香港人擅長商業運作，對錢特別敏感，當利益受損，必站在同一陣線。羅亞旦因此變成英雄，改寫歷史，可惜他於 1924 年 5 月 31 日死於腸熱病（傷寒），葬於跑馬地墳場，未能目睹本地公司成立和自撥電話新系統。

3. 本地公司

由於 1930 年 1 月電話專營權即將屆滿，政府對電話服務安排非常焦急。1924 年，傳出本地財團有興趣與倫敦公司商討買賣價。[122] 1924 年中，范查赴英，與公司新主席吉布（Sir George Stegmann Gibb, 1850-1925，見圖 2.19）會面，殖民地部希望范查寫回兩年前商討的記錄，范查只提供了 1922 年 10 月定例局的會

---

122 *China Mail*, 25 March 1924.

圖 2.19　中日電話公司主席吉布　　圖 2.20　香港大酒店經理戴德吉
（Sir George Stegmann Gibb）　　（J. H. Taggart）

議記錄。[123] 總商會透露吉布與港商簽了臨時合約，商討在港成立本地公司以接收電話公司現時業務，並打算在 1925 年 7 月 1 日成立新公司。遮打爵士亦欽點了香港大酒店經理戴德吉（J. H. Taggart，見圖 2.20）代表談判。1925 年 1 月 9 日，范查與吉布夫婦同船抵港，吉布爵士是蘇格蘭鴨巴甸人，律師出身，後進身鐵路公司，曾是東北鐵路總經理、地下電車公司執行董事和大都會鐵路主席。是政府仲裁委員會委員，亦曾當主席。[124] 本地財團以遮打為首，派戴德吉為代表斥資 500 萬元收購電話公司。戴德吉以匯率 1 英鎊對 8 元開價，即 1,431,396 元。吉布認為匯率浮動於 1 英

123　*CO129/487*, pp. 247-248.

124　*South China Morning Post*, 9, 10 January 1925, 21 December 1925.

鎊對 8 至 8.5 元之間，還價 1,535,172 元，並加 1924 年公司利潤。戴德吉反建議以 140 萬元股票加 31,396 元現金還價，巧妙地避開匯率波動問題。吉布書面回覆決定以 140 萬元股票加 83,284 元現金成交。附帶條件是續約 50 年、電話費每年 108 元、最低利潤 9%、現公司可委任兩名成員入新董事局和聘用現公司為獨家代理。戴德吉坦言開價資產估值已用了 1922 年的評估（即並未計算這幾年的折舊）還加多了 4,025 元，況且機樓仍未驗查是否有損，不可能再調高資產估值。他說物業估值每英尺 60 元，但到 1930 年才可運用，理應只值每英尺 55 元，為表示購買誠意，調高物業估值 455,140 至 491,335 元，即 1,467,591 元。以 140 萬元股票、其餘現金交易。結果吉布同意資產價為 1,155,000 加 491,335，即 1,646,335 元，亦答應政府下調最低利潤至 8%。雙方宣佈交易成功。[125]

　　這次交易順利，有賴范查找到富豪遮打爵士出面，情況類似於在 19 世紀中環填海由遮打牽頭，並在英國安排顧問工程師與電話公司解決極具爭議的資產估價。談判桌上換了仲裁高手吉布爵士，打通了經脈後，簽訂臨時合約，才與范查雙雙乘船到港。計劃亦需要通過定例局，由於受過 "狼來了" 的教訓，法例

---

125 *Hong Kong Telegraph*, 19, 24 February 1925, 2 March 1925; *Hong Kong Daily Press,* 20 February 1925; *South China Morning Post*, 20 February 1925, 2, 3 March 1925.

有如"金剛罩"緊緊把私營電話公司箍著，例如賬簿和利潤，甚至發展都受政府約束，動彈不得。

4. 立法規管

1925 年 5 月 21 日，定例局通過了 1925 年第九號法例，名為《成立改善本地電話服務條例》(*An Ordinance for the establishment of an improved telephone service in the Colony*)。重點在於有 50 年專營權、董事有四至八位本地居民、公司舉債要定例局通過、新系統可容納 23,000 個用戶、規定運算利潤方法、開放賬目核數和指定利潤 12%。規定公共電話利潤的條文影響深遠，政府無形中定下了一個合理公共獨市服務利潤。政府好像忘記了專營權的教訓，即公司可玩弄資產值的數字，如戴德吉與吉布談判時對地產市值的評估。此故事再在 60 年後的香港發生。誰也估計不到，當港穗開通了長途電話後，電話公司盈利大增，令到公司無法取得"合理"利潤，又或將豐厚的盈利再投入公共電話獨市服務。政府被迫在 1940 年再修例，容許"合理"利潤升至 18%。

新公司本應於 1925 年 7 月 1 日成立，無奈發生省港大罷工，電話公司機工參與罷工，雖然電話公司經理賓尼迪死撐主要服務沒有影響，但記者發現在街上檢查和維修電話線的全是外籍人士，[126] 因此發行新股的時間要延後，新公司未能如期成立。電話發展一波三折，幸運之神好像從未降在本地電話公司身上。用戶變得不耐煩，亦不知延後發行新股，致函西報投訴服務未見有改善。[127]《南華早報》馬上報導政府和電話公司已聘請專家研究改裝自撥電話。[128] 跟著刊登發行25 萬新股，每股 2 元半，升水 1 元，即 3 元半。[129] 但經濟受省港大罷工拖累，要延至 12 月中才能正式招股，圖 2.21 是招股書。《南華早報》和《德臣西報》大力推薦，單是董事已認購 11 萬股，認為可以超額完成認購，那時要先配合用戶和本地居民。[130] 招股兩天後，吉布在英逝世，相信命運的會覺得這是個不好的意頭，果然只有 99,000 股認購。遮打爵士有鑑於經濟氣候，曾建議不要在訂股價時太進取。[131] 反應不佳是否與省港澳大罷工後仍要升水有關就不得而知。但對看淡香港經濟，或對公共電話獨市生意缺興趣而沒有投資的人來說，就是一大損失！

126 *China Mail*, 4 July 1925; *South China Morning Post*, 5 July 1925.

127 *Hong Kong Telegraph*, 10 September 1925; *South China Morning Post*, 17 September 1925.

128 *South China Morning Post*, 28 September 1925.

129 *Hong Kong Telegraph*, 9 October 1925.

130 *China Mail*, 8, 15 December 1925; *South China Morning Post*, 16 December 1925; *Hong Kong Daily Press*, 17 December 1925.

131 Austin Coates, *Quick Tidings of Hong Kong*, p. 144.

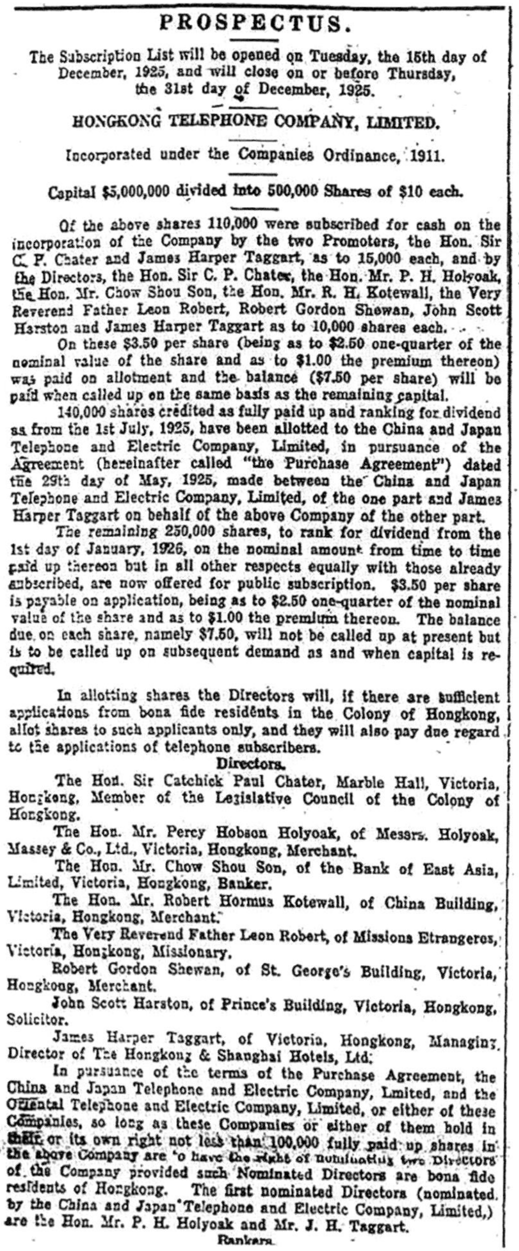

PROSPECTUS.

The Subscription List will be opened on Tuesday, the 15th day of December, 1925, and will close on or before Thursday, the 31st day of December, 1925.

HONGKONG TELEPHONE COMPANY, LIMITED.

Incorporated under the Companies Ordinance, 1911.

Capital $5,000,000 divided into 500,000 Shares of $10 each.

Of the above shares 110,000 were subscribed for cash on the incorporation of the Company by the two Promoters, the Hon. Sir C. P. Chater and James Harper Taggart, as to 15,000 each, and by the Directors, the Hon. Sir C. P. Chater, the Hon. Mr. P. H. Holyoak, the Hon. Mr. Chow Shou Son, the Hon. Mr. R. H. Kotewall, the Very Reverend Father Leon Robert, Robert Gordon Shewan, John Scott Harston and James Harper Taggart as to 10,000 shares each.

On these $3.50 per share (being as to $2.50 one-quarter of the nominal value of the share and as to $1.00 the premium thereon) was paid on allotment and the balance ($7.50 per share) will be paid when called up on the same basis as the remaining capital.

140,000 shares credited as fully paid up and ranking for dividend as from the 1st July, 1925, have been allotted to the China and Japan Telephone and Electric Company, Limited, in pursuance of the Agreement (hereinafter called "the Purchase Agreement") dated the 29th day of May, 1925, made between the China and Japan Telephone and Electric Company, Limited, of the one part and James Harper Taggart on behalf of the above Company of the other part.

The remaining 250,000 shares, to rank for dividend from the 1st day of January, 1926, on the nominal amount from time to time paid up thereon but in all other respects equally with those already subscribed, are now offered for public subscription. $3.50 per share is payable on application, being as to $2.50 one-quarter of the nominal value of the share and as to $1.00 the premium thereon. The balance due on each share, namely $7.50, will not be called up at present but is to be called up on subsequent demand as and when capital is required.

In allotting shares the Directors will, if there are sufficient applications from bona fide residents in the Colony of Hongkong, allot shares to such applicants only, and they will also pay due regard to the applications of telephone subscribers.

Directors.

The Hon. Sir Catchick Paul Chater, Marble Hall, Victoria, Hongkong, Member of the Legislative Council of the Colony of Hongkong.

The Hon. Mr. Percy Hobson Holyoak, of Messrs. Holyoak, Massey & Co., Ltd., Victoria, Hongkong, Merchant.

The Hon. Mr. Chow Shou Son, of the Bank of East Asia, Limited, Victoria, Hongkong, Banker.

The Hon. Mr. Robert Hormus Kotewall, of China Building, Victoria, Hongkong, Merchant.

The Very Reverend Father Leon Robert, of Missions Etrangeres, Victoria, Hongkong, Missionary.

Robert Gordon Shewan, of St. George's Building, Victoria, Hongkong, Merchant.

John Scott Harston, of Prince's Building, Victoria, Hongkong, Solicitor.

James Harper Taggart, of Victoria, Hongkong, Managing Director of The Hongkong & Shanghai Hotels, Ltd.

In pursuance of the terms of the Purchase Agreement, the China and Japan Telephone and Electric Company, Limited, and the Oriental Telephone and Electric Company, Limited, or either of these Companies, so long as these Companies or either of them hold in their or its own right not less than 100,000 fully paid up shares in the above Company are to have the right of nominating two Directors of the Company provided such Nominated Directors are bona fide residents of Hongkong. The first nominated Directors (nominated by the China and Japan Telephone and Electric Company, Limited,) are the Hon. Mr. P. H. Holyoak and Mr. J. H. Taggart.

Bankers.

圖 2.21　香港電話公司招股書

八位本地董事為主席遮打、華人代表周壽臣和羅旭龢、總商會會長何理岳（P.H. Holyoak，代表遠東公司）、羅拔神父（Father Robert）、創立九龍電燈公司的老香港舒雲（Robert Shewan）、律師夏士信（John Scott Harston）和戴德吉（代表遠東公司）。

（八）自撥電話

1902 年的《士蔑西報》已介紹美國自撥電話系統，1905 年則報導上海自撥電話，美國女接線生已經快絕跡了。1914 年，工務局向政府要求更新政府電話系統，考慮採用自撥電話。[132] 1920 年 1 月英國回覆自撥電話標書為 3,726 英鎊 3 先令 6 便士，而人手系統標書為 474 英鎊，遠低於自撥電話，因此放棄採用。[133] 1925 年本地公司成立後，馬上開始研究設置自撥電話。9 月，政府委任英國專家韋士文（R.W. Weightman）研究更新香港電話系統，12 月 12 日韋士文夫婦到港，23 日交研究報告。所謂中央電池系統，其實是中央磁力發電系統，無需在用戶電話另設電池。系統會受潮濕空氣影響。當時解決方法有採用氯化鈣乾燥機、碳絲燈—除濕機或以冷氣機除濕。韋士文認為磁力發電系統的弊處有駁錯線、語言溝通和罷

132 *CO129/455*, p. 294.
133 *CO129/464*, pp. 82-84.

工等問題，而自撥電話可省回員工開支，適合多用戶的地區，不過成本比人手系統高出六成，但有利於長遠發展，因此推薦自撥電話用於維多利亞城（銅鑼灣至西環）、九龍和山頂；而鰂魚涌、大埔、九龍塘、九龍城、新界及離島等地則沿用人手的磁力發電系統。估計費用 2,522,115 元。1926 年 1 月 5 日，港督、布政司、工務局長、電話公司經理和韋士文在港督府開會，有鑑於中國局勢不穩和大罷工後香港經濟仍未完全復甦，會議決定暫時擱置計劃。[134] 事件延到 1927 年公司周年大會才宣佈落實計劃。5 月公司經理赴英安排事宜。1928 年 4 月公司周年大會彙報報標書已返，董事局會與政府商討細節，待政府批核後，兩年內完成工程。由於廣州電話局多次要求興建港穗長途電話，港方以廣州未有自撥電話為由推卻，唯到 1928 年，廣州著手興建自撥電話，採用美國產品，而香港電話公司經理亦傾向採用同一產品，方便接駁，故此英國西門寺兄弟公司（Siemens Brothers & Co.）入了標書後，迫不及待地向殖民地部打小報告，指本港經理有傾向採用美國貨的意途。殖民地部向港府查詢可否引用電話公司條例協助西門寺兄弟公司，[135] 雖然得到模糊婉拒的回覆，但西門寺兄弟公司結果都中標，其做法更使人懷疑而令公司蒙上污點。

134 *CO129/495*, pp. 257-280.
135 *CO129/506/9*, pp. 7-13.

1929 年 3 月，電話公司訂購的兩部空氣調節器已在運送途中，12 萬立方尺那部安放在交易大樓（今置地廣場，見圖 2.22）。96,000 立方尺那部則安放在九龍金馬倫道電話大樓（今滙豐大廈，見圖 2.23）。空氣調節器包括壓縮機、蒸發機和風扇，以亞摩尼亞（ammonia）為冷媒（俗稱雪種），又因香港水源難求，調節器利用空氣冷卻。

自撥電話機樓設在交易大樓 5 樓。電話號碼亦需更改，以五個數目字為單位，港島以 2 字頭，九龍以 5 字頭，山頂以 29 字頭。原港島 C1 將改 20001，C199 改 20199，C1999 改 21999。原九龍 K1 改 50001，K1999 改 51999。原山頂 P1 改 29001，P199 改 29199。[136] 若你們住在舊區，不妨看看自己家居固網電話後面的五個數目字，大概就可以知道自己電話的古老程度。

1929 年底開始，電話公司已大肆宣傳打電話的新方法。要明白當時打電話只須拿起聽筒就有接線生問："請問幾號？" 自撥是全新事物，必須重新學習。電話公司在交易大樓地下的連卡佛餐廳和電話公司門市部擺放了示範單位，有專員指導撥號方法。更新系統需一星期，公司懇請客戶忍耐正式轉換前 1 星期電

---

136 *South China Morning Post*, 9 June 1928; *China Mail*, 12 January 1929.

圖 2.22　交易大樓

圖 2.23　九龍電話機樓

話服務，有可能會有稍差的情況發生。[137] 1930 年 5 月
3 日凌晨，自撥電話上場。啟用後一片零亂，有人打
不通就用回舊電話，公司外排滿人等待解決問題。電
話公司索性將不懂自撥的用戶切線，待他們在公司學
懂後才駁回。5 月 7 日，仍有 300 人排隊學打電話，
5 月 9 日減至 50 人。12 日才一切正常。[138] 圖 2.24 是電
話公司的廣告，圖 2.25 是西門寺兄弟公司的電話，圖
2.26 是電話租單。

（九）長途電話

筆者年輕時曾陪先母到郵局打長途電話，最低消
費 3 分鐘。3 分鐘從何而來，筆者未能找到合理答案，
老一代的港人對 "3 分鐘" 的詮釋是長途電話服務。
電話公司是本地機構，發展跨境通訊，政治上須由英
國以外交途徑處理，但技術層面則由無線電公司壟
斷，甚至發燒友早已跨國界溝通。電話跨境通訊可通
過有線或無線電，又或兩者同用，情況與電報的旱線
和海底電纜相似。本書〈無線電篇〉會交代香港無線

---

137 *South China Morning Post,* 19 December 1929; *Hong Kong Daily Press,*
South China Morning Post, 29 March 1929; *South China Morning Post*,
27 February 1930, 1, 2 May 1930; *Hong Kong Telegraph*, 1 May 1930.
138 《工商日報》，1930 年 5 月 3 日、5-9 日、12 日; *South China Morning
Post*, 5, 6, 8 May 1930。

圖 2.24　自撥電話廣告　　　　　　　圖 2.25　西門寺自撥電話

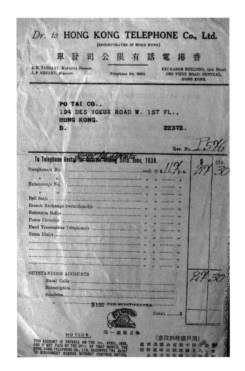

圖 2.26　1938 年的電話租單

電的發展，在這裡只簡單補充長途電話利用無線電通話的發展過程。香港電力工程之父金海博先生（Louis Herbert King, 1880-?）早於 1926 年已建議政府興建強力短波發射站，將鶴咀發射站遷至收發更佳的山頂庇利羅氏電話 48 號的故居 Eyrie，並籌備與廣州和上海互通無線電話。為此郵政局長班尼（M.J. Breene）和金海博於 1928 年走訪廣州三個發射站：珠江旁舊站、東教場的新站和軍部的發射站。獲中國國民政府外交部特派廣東交涉員朱兆莘（1879-1932）和曾在馬可尼湛士福發射站（Marconi Station at Chelmsford）工作的交通電政總務司長符鼎升（1879-?）接待。當中東教場的新站擁有 35 千瓦（Kilowatt），比香港強十倍多。他們的訪問報告達十多頁，像份技術報告，重點是雙方採用不同的儀器，互通無線電話必須要實地測試後才可知如何磨合和合作，雙方亦同意發展互傳圖像（teleprinter），即今天的傳真（facsimile）。亦有談及收費標準。[139] 無奈英國政府要避免有線和無線電惡性競爭，亦受制於簽下的電報協議，決定統合有線和無線電公司，成立帝國國際通訊有限公司（Imperial International Communications Limited，簡稱 IIC），即後期的大東電報局（Cable and Wireless Ltd.）。被統合的機構除英國無線電公司外，還涉及多個殖民地，

---

139 *CO129/510/21*, pp. 26-39.

香港政府的無線電分部也榜上有名。[140] 因此所有殖民地的無線電發展都要交到帝國通訊委員會（Imperial Communication Committee）審議。委員會以違反1896年簽下的電報協議，否決香港與廣州無線電話發展。其後香港與日本的無線電話發展亦遭同一命運。[141] 港府再提無線電話發展至倫敦經荷屬印尼和荷蘭的建議也被拒，[142] 因此連菲律賓的合作協議書在港都被婉拒。[143] 雖然馬可尼代表李察士（W.J. Richards）於1930年到訪香港，商討買賣港府無線電分部細節，香港提出興建強力短波發射站作為條件後，帝國國際通訊有限公司則猶豫不決。事件拖至新港督貝璐（Sir William Peel, 1875-1945）上任，向殖民地部提出暫時終止談判，讓香港有發展無線電話的自主權。[144] 貝璐又聯同馬來西亞政府（總督為金文泰）共同向殖民地部申訴，殖民地部官員在檔案上寫下："不應再向港府施壓！"並向帝國通訊委員會建議香港和馬來西亞可暫時停止買賣談判。委員會於1933年3月14日開會討論，得出結論是鑑於現況，繼續談判會損傷殖民地的無線電商業利益，同意暫時停止買賣談判，條件是

---

140 *CO129/514/5*, p. 2.

141 *CO129/539/13*, p. 1.

142 *CO129/525*, pp. 15-19.

143 *CO129/513/1*, pp. 5-14.

144 *CO129/539/13*, pp. 5-7.

圖 2.27　廣州市長林雲陔

自主範圍必須要受到 1928 年會議宣言的束縛,即無線
電發展不可與現有的有線電競爭。[145] 本地電話發展就
在這個背景下發展長途電話。

1. 粵港長途電話

　　1906、1912 和 1927 年均有報導研究粵港長途電話
的可能性。[146] 直至 1928 年廣州開始興建自撥電話後,
市長林雲陔(1884-1948,見圖 2.27)再度與財團倡議
興建粵港長途電話,電話線沿九廣鐵路至香港。公用
局長馮偉亦透露計劃是一盤可觀的生意,通話每次 4

---

145 *CO129/539/13*, pp. 24-30.
146 *Hong Kong Daily Press*, 9 August 1906; *South China Morning Post*, 12
　　December 1912; *Hong Kong Telegraph*, 15 September 1927.

分鐘，每日 8 小時，有六條線路，每日通話次數 720 次，收費 1 元，每年收入 25 萬元多，營運費 2 萬元，淨收 23 萬元多。[147] 是年課長李忠訪港與電話公司商討計劃，而建設廳長馬超俊審批的計劃亦被曝光。香港電話公司 1929 年周年大會才稱計劃在討論中。隨後建設廳林新帶同一計劃赴港與港府商討，廣州透露港方堅持用地底線，粵方認為高架線有經濟效益，雙方仍討論分賬細節。1929 年 9 月雙方達成共識採用地底線，華段 90 英里，英段 2 英里，預算 1 年完工。1930 年香港電話公司周年大會上，主席宣佈與廣州當局談判進展良好，可望 1 年後完工，再伸延至汕頭及中國其他大城市，並以“廣州電話幹線”（Canton Trunk Line）為名形容該工程。[148] 5 月粵方派鄧宗堯工程師赴港作簽約前最後磋商。年中，香港定例局通過電話修訂條例，批准電話公司籌辦境外電話或無線電話，收費每 3 分鐘 2 元，按金 20 元。[149] 9 月 2 日雙方簽約。[150] 1931 年香港電話公司周年大會上，主席宣佈“廣州電話幹線”容量增至同一時間可接通 30 線，港島過九龍的海底電纜亦已鋪妥。工程既是中國首個項目，也是

---

147 *South China Morning Post*, 30 August 1928, 29 September 1928, 1 October 1928; *Hong Kong Daily Press*, 1 October 1928.

148 *South China Morning Post*, 17 March 1930.

149 《工商日報》，1930 年 8 月 1 日；*Minutes of Legislative Council Meeting*, 31 July 1930.

150 *South China Morning Post*, 3 September 1930.

同類型當中最大的項目，其構思的電話網可聯結中國各大城市，踏入時代新紀元。[151] 8 月全線竣工，開始測試。9 月 1 日早上 11 時半在香港交易大樓舉辦通話開幕禮，到場嘉賓均派一耳筒。港督貝璐致詞時說當天令他回憶起吉隆坡至怡保線的開幕，希望香港電話可伸延至中國各地。電話公司經理麥基則說地下線路全長 116 英里，建造費 12,000 英鎊，不受天氣影響，運作需要由撥電話的人主動要求。林雲陔由科長梁植槐傳譯，貝璐則由周壽臣傳譯。通話儀式完成後，電話公司再即場示範電器傳相術（即傳真），貝璐、林雲陔和廣東工務局長程天固三張相片分別用傳真技術傳至粵港兩地，[152] 引致全場嘩然。下午 1 時，民間港穗首次通話是香港先施公司老闆馬應彪（1864-1944，見圖 2.28）與廣州先施分店經理對話。打長途電話先撥 0 字，然後提供用戶號，參考號，廣州電話號碼或人名，接駁通常在半小時內完成，要視乎線路的繁忙程度。若只是接通電話號碼，收費每 3 分鐘 2 元，之後每分鐘 6 毫半。若指明是叫人，收費每 3 分鐘 2 元 7 毫，之後每分鐘 9 毫。電話公司亦有提供長租服務，每周最少 5 日，每日最少 10 分鐘，有折扣，但需書面

---

151 *South China Morning Post*, 12 March 1931.

152 *Hong Kong Telegraph*, 1 September 1931; *South China Morning Post*, 2 September 1931.

圖 2.28　先施公司老闆馬應彪

申請，因為名額有限。[153]

　　由於廣九無線電話觸及英國定下無線與有線的競爭底線，本地電話公司巧妙地先設立廣九有線電話，名為"廣州電話幹線"，這不單是香港電話走出境外的第一步，這條幹線像它的名字一樣，成為香港長途電話接駁全球的基石。

2. 港滬長途電話

　　電話公司在 1931 年順利展開"廣州電話幹線"工程，亦不忘發展無線電話計劃，在同年的周年大會上透露與帝國國際通訊有限公司商討與倫敦通話的

---

153 *China Mail, Hong Kong Telegraph*, 1 September 1931；《工商晚報》，1931 年 9 月 1 日；*South China Morning Post*, 2 September 1931.

大計，初步計劃兩年駁通。[154] 事實上，帝國國際通訊有限公司代表於年初訪港時，與電話公司經理佘利（Sherry）商討合作。1932 年 9 月佘利再向帝國國際通訊有限公司查詢，但音訊全無。商人的觸覺敏銳，向《南華早報》發放後備方案，稱中國內地也準備在廣州和上海興建超級無線電站，計劃與世界各地通電話，如成事實，香港可望也利用這一系統走向歐洲。[155] 可惜人算不如天算，港府願意出售其電訊部門，以換取興建造價 40 萬英鎊的本地強力短波發射站，但未能成功。1933 年港督貝璐成功叫停這宗交易，但電話公司與帝國國際通訊有限公司的商討也同時告終。

與此同時，電話公司已與上海聯絡商討互通電話的可行性，預計談判需 1 年時間。[156] 當港府收到殖民地部批准暫停與帝國國際通訊有限公司的買賣交易後，《南華早報》獨家刊登香港與歐洲電話線的接通可有兩個間接方法，一是經上海，二是經馬尼拉。馬尼拉的美國電台企業公司（Radio Corporation of America）近日訪港，曾與港府商討間接接通歐洲電話的收費；香港一名主要官員也在上海與中國電政局討論類似合作的可行性。上海通歐洲是經德國柏林以西瑙恩（Nauen）的德律風根站（Telefuken）；馬尼拉通

---

154 *South China Morning Post*, 12 March 1931.

155 *South China Morning Post*, 2 September 1932.

156 *South China Morning Post*, 23 March 1933.

歐洲是經紐約以北的斯克內塔第（Schenectady）站。屆時香港的電話客戶便可與全球 300 萬客戶通話。[157] 1934 年香港電話公司周年大會上，主席證實終止與帝國國際通訊有限公司商討無線電話的計劃，並宣佈與中國電政局商討香港至上海長途電話的計劃。[158] 翌年，電話公司主席透露廣州通上海的無線電話將於 10 月落成，香港有望利用這一出口與中國各大城市甚至歐洲通話。[159] 原定於 10 月開幕的上海至廣州無線電話因廣州石牌工程延誤而推遲，收費定為每 3 分鐘 9 元。[160] 香港傳出用新到的儀器與馬尼拉無線電話的測試結果令人滿意，但新發射器只供航空應用，要待另一部新機抵港後才可再繼續測試。[161] 上海至倫敦的無線通話由上海電話公司的費治文（L.A. Fritchman）揭開成功測試的序幕。[162] 成立電話公司的功臣戴德吉於 1936 年當上新主席，在周年大會上對香港至上海的長途電話計劃未有明顯進展表示歉意，但上海至廣州的無線電話很快就會接通。他強調商業競爭依賴於人與人接觸，長途電話可提供這一溝通媒介，香港的繁榮有賴於其發展。[163] 到 9 月傳出上海至廣州無線電話將在

---

157 *South China Morning Post*, 13 October 1933.

158 *South China Morning Post*, 6 March 1934.

159 *South China Morning Post*, 13 March 1935.

160 *South China Morning Post*, 7 February 1936.

161 *South China Morning Post*, 9 January 1936.

162 *South China Morning Post*, 12 March 1936.

163 *South China Morning Post*, 13 March 1936.

國慶日開幕，但只是傳聞。戴德吉在 10 月走訪上海，
監察上海至香港的長途電話測試，與戴德吉通話的佘
利透露，再通過兩次測試，長途電話便可望接通。[164] 一
切要視乎上海至廣州的無線電話啟用，因香港至上海
的長途電話是先用"廣州電話幹線"接至廣州，再用
廣州至上海的無線電話轉接上海。港滬電話費為駁至
租界每 3 分鐘 8.5 港元；其他地區每 3 分鐘 8 港元。[165]

上海至廣州的無線電話於 1936 年 12 月 6 日開
幕，上海市長吳鐵城（1888-1953）於上午 9 時在滬致
電廣州石牌站，再接至東山梅花廣東省主席黃慕松官
邸，旋即互相通話，聲浪清晰，彼此談吐甚佳，互詢
京滬政情，並頌綏事。對談 20 分鐘完畢後，廣州市
長曾養甫（1898-1969）致電吳市長通話，互讚兩市
建設，雙方對廣滬電話的第一次通話甚表滿意。10 時
後，長途電話開放給公眾。服務分叫人、叫號和傳呼
三類。每次通話不可超過 9 分鐘。若天氣良好，叫話
者可於 16 至 17 分鐘完成。下一步發展會延至漢口、
南昌和香港。[166] 1937 年 1 月底，香港一些市民已可與
上海親友互通無線電話。[167] 港滬長途電話於 2 月 1 日

164 *South China Morning Post*, 24 October 1936.

165 *South China Morning Post*, 24 November 1936.

166 《工商日報》，1936 年 12 月 6 日；*South China Morning Post*, 7
    December 1936; *Hong Kong Daily Press*, 7 December 1936。

167 *South China Morning Post*, 26 January 1937.

圖 2.29　港督郝德傑
（Sir Andrew Caldecott）

舉行通話儀式，早上 7 時，交通部次長彭學沛（1896-1948）致電港督郝德傑（Sir Andrew Caldecott, 1884-1951，見圖 2.29），郝督在港督府接收，他說來港雖 1 年，但 4 月就要離開，在短短的時間內，港滬兩度互通，先是航空，這次是電話。前者以鐘計讓兩地人民見面，後者以分計讓兩地人民通話互談。他深信中國這些偉大的溝通方式的發展不單會加速港滬商業往來，更可使兩地友誼永固。他為能夠主持首次通話儀式而自豪，並祝港滬長途電話使用率節節上升。港督郝德傑旋即與上海市長吳鐵城通話。跟著是遠東路透社總經理機斯道化里（Christopher）致電郝督。再而是中央通訊社上海分社與本港分社通話。大批香港人早已訂了與上海通話，服務時段由早上 7 時至晚上 11 時，大上海叫人、叫號分別為每 3 分鐘 7.5 元、9 元，緊急收費為雙倍，即每 3 分鐘 15 元、18 元；租界叫人、叫號分別為每 3 分鐘 8 元、9.6 元，緊急收費為雙倍，即每 3 分鐘 16 元、19.2 元。這種混合有線和無線長途電話的服務寫下了香港另一新記錄。

3. 馬尼拉、香港、重慶的長途電話

香港因帝國國際通訊有限公司收購行動而被迫走上間接長途電話之路，再而因無線電發展受到英國政策的掣肘，較遲才有強力短波發射器。香港首次採用無線電話與外部通話的服務就是馬尼拉、香港、重慶的長途電話。

其實早於 1926 年，馬尼拉已向香港政府提出無線電話服務合作，進展已至簽約階段。[168] 自 1929 年港府拒絕合作後，雙方並未有跟進合作。港滬長途電話雖經接通，但淞滬戰爭令這項服務終斷，連粵港長途電話亦受牽連，香港一時之間失去了"廣州電話幹線"，[169] 即斷了對外的通話網絡。電話公司於 1933 年的兩手準備除港滬線外，還有馬尼拉線。國民政府的無線電站亦從上海遷至大後方成都。1939 年初，雖在山區，成都無線電話已可接駁三藩市、巴黎、倫敦和莫斯科，而重慶無線電站亦成功落成。[170] 電話公司經

---

168 *CO129/513/1*, pp. 1-8.

169 *South China Morning Post*, 28 March 1939, 1 May 1940.

170 *South China Morning Post*, 10 January 1939.

理走訪廣州，希望重開"香港廣州電話幹線"，可惜帶著失望而回。[171] 差不多同一時間，英國政府與大東電報局簽訂協議，統合英國有線和無線電公司，並成為股東。[172] 英國不准有線和無線電競爭的政策便因此告終。電話公司馬上聯絡大東電報局商討合作空間。同年 8 月，傳出消息指港督主持馬尼拉、香港、重慶的長途電話開幕禮，公眾可申請之後的長途電話服務。8 月 15 日上午 11 時，包括中國電報局長梁少衡、業務長華士鑑、中委吳鐵城、駐港美領使薩福德、華人代表周壽臣、羅文錦、羅旭和、李子芳等在內的 70 人齊集電話公司，在連卡佛大廈見證馬尼拉、香港、重慶的長途電話的首次通話。港督羅富國（Sir Geoffrey Northcote, 1881-1948）和菲律賓總統奎松（Manuel L. Quezon, 1878-1944）通話，羅督稱這一時刻是兩地長久發展的最佳證明，香港通過菲律賓更可與美國通話，除了促進兩地商業運作外，政府和社會亦同獲利益。他感謝香港電話公司和大東電報局的合作，港馬長途電話才能成功，再以激動的心情感謝菲律賓對香港的親切友誼。通話完畢之後，繼由電話公司經理夏斯頓（J. Scott Harston）和大東電報局長歷活（W.E. Rickwood）分別與菲律賓長途電話公司史以諾（J.E.

---

171 *South China Morning Post*, 8 March 1939.

172 *Hong Kong Sunday Herald*, 30 April 1939; *South China Morning Post*, 1 May 1939.

Steyenot）和無線電局長莫理斯（Morris）先後通話。15 分鐘後，港渝長途電話接通，由周壽臣介紹港督與國民政府行政院長孔祥熙（1880-1967）通話。羅督說他得以參加典禮，實感欣幸，港渝線成立，促進兩地行政、商業和其他活動，香港首先取得與中國內地的聯繫，並不是易事，有賴於電話公司和大東電報局的勇氣和努力，殊堪嘉許。雖欲多傾談，唯恐耽誤時間，就此告罷。孔院長覆：香港仍是中英合作的起點，余深信港渝無線電話可增加中港間之利益，亦可增進中英友誼，祝賀雙方無線電話公司。周壽臣旋即與重慶市長賀國光（1885-1969）通話。中央宣傳部副部長董顯光（1887-1971）與在港的上海市長吳鐵城（1888-1953）通話。最後是雙方新聞界通話，香港大公報經理與重慶分館通話。港馬通話收費每 3 分鐘 42 港元，港渝通話收費每 3 分鐘 21 港元，客戶需交按金 50 元才可成為長途電話客戶。[173]

這次純無線電話服務將香港帶入新紀元，最遺憾的是，這次努力只是曇花一現，兩星期後，當局下令停止運作。香港走出去的電話服務道路已走到盡頭，戰前仍返魂無術。[174]

---

173 *South China Morning Post*, 15, 16 August 1939；《工商日報》，1939 年 8 月 16 日；《大公報》，1939 年 8 月 16 日。

174 *South China Morning Post*, 1 May 1939, 29 March 1940.

（十）多種用途

1. 緊急救援

19 世紀的香港，緊密救援工作多用於天災，如風、火、水和土災。維多利亞城地方亦不大，手動車可載救援工作人員至災場，甚至跑步也可在很短時間內抵達現場。當時救援工作主要落在警員、軍隊和志願人士身上。志願組織如義勇軍、人道協會和聖約翰救傷隊等在 19 世紀已開始志願救援工作。孫中山的老師康德黎醫生早於 1888 年已在港教授急救班（First Aid Class）並舉行急救演習，帶同在西醫院攻讀的學生參與，內容包括止血、骨折處理、繃帶和擔架床等。[175] 到 1891 年更通過考試頒發聖約翰救傷隊急救和護理證書，首位華籍女士更獲授證書，由署任港督頒發。除女士外，考獲證書的還有警員和軍隊。[176] 當時手動救傷車停泊在警署，由警方處理傷者或病人。電召救傷車需致電警署，由警方安排。中央警署號碼為 14。事實上，嚴重的傷者或病人，由苦力以手動車從中央警署送到西環的國家醫院，其後果可想而知。此時電話仍未能發揮其作用。

踏入 20 世紀，港督卜公（Sir Henry Arthur Blake,

---

175 *The China Mail*, 21 March 1888; *Hong Kong Daily Press*, 22 March 1888.

176 *The China Mail, Hong Kong Telegraph*, 24 October 1891; *Hong Kong Daily Press*, 26 October 1891.

1840-1918）因親眼目睹一名市民溺水，現場無人懂急救或人工呼吸，在聖約翰救傷隊召開的公眾大會上表示希望重組救傷隊，讓多些市民掌握簡單的急救知識。[177] 雖然聖約翰救傷隊繼續安排急救班和考試，但未能有突破性發展。1894 年大瘟疫的其中一個教訓是如何運送病人到醫院。在 1901 年的防瘟疫措施中，潔淨局議員奧士本（E. Osborne）批評救傷車不舒服，奇勒醫生（Dr. Clarke）回應救傷車已經改善。[178] 醫務處總醫官雅健信（Dr. Atkinson）同意奧士本的看法，去信布政司要求向英國訂購兩部四膠輪馬拉救傷車，內有足夠地方安放擔架床，分別供外籍人士和華人使用，價錢為 78 至 100 英鎊，獲港督卜公批准。[179] 圖 2.30 是英國手動救傷車。結果只向英國購入了膠輪，造了四部膠輪救傷車，這種車當然是人拉，1902 年投入服務。到 1905 年 "馬路老虎"（汽車）出現，《士蔑西報》撰文認為不少工廠已在維城外，若有意外發生，手動救傷車已失去救傷車的真正功能，其作用近乎靈柩車，因此呼籲定例局議員向政府提出要求，提供一部汽油救傷車，可迅速行走至筲箕灣和香港仔，不受電車阻礙，內可安放擔架床、急救箱和醫護人員。[180]

---

177 *Hong Kong Daily Press*, 15 November 1900.

178 *The China Mail*, 31 May 1901.

179 *The China Mail*, 19 September 1901.

180 *Hong Kong Telegraph*, 17 November 1905.

圖 2.30　1900 年代手動救傷車

但社會似乎仍未意識到手動救傷車已失效，直至 1918
年 2 月發生馬場大火，電話發揮了作用，除警署、水
車館和工務局人員逢命到場外，軍部、義勇軍和聖約
翰救傷隊成員亦傾巢而出，趕至現場協助拯救工作，
還有不少醫生到場急救。現場發現要利用汽車送傷者
往醫院，但華人司機不知所蹤，要徵招志願司機，幸
好有不少見義勇為的人，駕車送傷者前往醫院，場面
非常感人。[181] 翌年，香港汽車會捐出機頭，由黃埔船
塢造車身，捐出首部汽油救傷車給聖約翰救傷隊。[182]
與此同時，政府於 1919 年 3 月 14 日成立救傷車服

181 *The China Mail, Hong Kong Daily Press, South China Morning Post*, 27
　　February 1918.

182 *South China Morning Post*, 1, 2 April 1919; *Hong Kong Daily Press*, 2
　　April 1919.

務，接收聖約翰救傷隊的汽油救傷車，停泊於水車館總部，即五號差館。香港電話號碼 600，九龍電話號碼 K295。一般救傷車服務可致電香港 363 號，九龍 K44 號。[183] 汽車雖然可以快速送傷者到醫院，但它在路上的速度卻又可以嚴重撞傷途人，特別是港人仍未適應這頭 "馬路惡虎"。汽車這把雙刃劍，可救人的同時又可傷人。

香港的意外從自然天災發展至人禍，如游泳遇溺、賽馬墮馬、足球比賽跌傷和車禍等。1923 年中環槍戰、1925 年普慶坊山泥傾瀉、1934 年西環煤氣鼓爆炸和 1937 年大阪商輪堂島丸在中環海域大爆炸等災禍，電話和汽油救傷車這對 "孖寶"，確實是救回不少人命。1923 年槍戰的主角是中國電報局駐香港總辦沈子良，他於中午在海旁辦事處乘車回家午膳時遭三名男子槍襲。沈先生中槍後拔出兩短槍還擊。雙方搏火。沈右臀中槍，槍手逃去，途人致電警署，救傷車隨即抵達現場，送沈子良前往國家醫院救治。警員在附近大規模搜查電車和渡海輪，但沒有捕獲匪徒。沈先生是軍閥吳佩孚（1874-1939）的好友，1922 年獲北京派駐香港。但廣東省卻派另一人駐港，沈表示要見到北京官函才同意交出位置，未幾便發生槍戰。當天

---

183 *Medical and Sanitary Report for the Year 1919*, Annex B; *Report of the Captain Superintendent of Police for the Year 1919*, Annex E.

下午沈先生約了律師簽署樓宇買賣合約，沈因傷未能赴約。[184] 1925 年 7 月 17 日早上香港迎來豪雨，水車館收到不少電召緊急服務，其中以上環普慶坊最為嚴重，山泥傾瀉導致 75 人死亡。[185] 1934 年 5 月 14 日早上 11 時 5 分煤氣鼓爆炸，國家醫院於 11 時 30 至 45 分已接收了 70 名傷者，附近的金陵酒樓亦用作臨時急救站。[186] 當時已是自撥電話的年代，電召緊急服務香港的電話為 30303，九龍為 57295，亦可致電警署，香港島電話為 39 接 84，九龍為 58071 接 501。聖約翰救傷隊的電話為 26236。1937 年堂島丸在中環海域大爆炸的慘劇是香港史上最恐怖的事故。事故源於商輪渦輪機爆炸，死者的屍體飛上和平紀念碑、香港會所和大東電報局，《德臣西報》記者拍下的相片因令人不安而放棄刊登在報上。[187]《士蔑西報》拍到救傷隊運送傷者上救傷車。因部分屍體在海底，政府要動用蛙人打撈。[188]

184　*South China Morning Post*, 17 July 1923；《華字日報》，1923 年 7 月 17 日。

185　馬冠堯：〈戰前的富豪與山泥傾瀉〉，載蕭國健、游子安：《鑪峰古今：香港歷史論文集 2015》（香港：珠海學院香港歷史文化研究中心，2016），頁 51-58。

186　*South China Morning Post*, 15 May 1934；《工商日報》，1934 年 5 月 15 日。

187　*The China Mail*, 18 May 1937.

188　*Hong Kong Telegraph*, 18 May 1937.

雖然電話和救傷車這對"孖寶"在大災難時發揮了積極作用，但在個別事件上就未能稱職，1936 年 12 月 21 日，一名年輕報販在干諾道中近卜公碼頭被一貨車撞倒，一名途人立刻致電中央水車館召喚救傷車。不知是否因為是星期六，電話在 40 秒後才有人接聽，但要等 59 秒後，才有正式對話。水車館職員先詢問來電者姓名，電話號碼、肇事地點，車禍如何發生、來電者如何得悉等問題。致電途人覺得這些資料並不重要，重點是立刻啟動救傷車至現場，因圍觀者無人懂急救術，於是途人發火喝叫一部救傷車至現場。從中央水車館（今恒生銀行總行）到卜公碼頭（今交易廣場）只需 15 分鐘車程。但白色救傷車遲遲未到，致電途人眼看傷者危在旦夕，將事件刊登在《南華早報》上，署名為"公德心"。[189]

　　戰前緊急救援電話號碼是五位數目，分港九兩地，九龍的更不易記。雖然用戶仍可撥 90 電話公司查詢緊急救援電話號碼或直接叫接線生駁線，但 90 非常繁忙，不易接通，所以有人提議 21111 為統一緊急電話號碼，[190] 但未被當局和電話公司接納。戰後於 1950 年 10 月 1 日才使用的 999 緊急救援電話號碼是沿自英國 1936 年始用的電話號碼。在制定這一號碼時，當局

---

189 *South China Morning Post*, 21 December 1936.

190 *South China Morning Post*, 24 July 1930, 13 October 1930.

鑑於撥號人有可能在黑暗地，以手易觸摸為重點，曾考慮 000，但 0 號是英國查詢電話號碼。不採用 111 的原因是 1 號容易引起電話黐線，222 則是 Abbey 當地機樓。[191] 999 就一直沿用至今天。

除政府外，私人汽車房亦可提供緊急汽車服務，24 小時待召。飄然車房（Breezy Garage）在德輔道中先施公司旁，電話為 2499。[192]

2. 撲滅罪行

電話亦可協助警方破案。一名興祥洋服店職員曾收到一封恐嚇信，勒令其 3 天內交出 200 元，警告若有不從，必會後悔，要脅者 3 天後會再來電指定交錢地點。職員通知老闆，再轉警署和電話公司，由電話公司經理安排查出要脅者來電的地方。3 天後，要脅者來電，電話公司追查出該電話是用天星碼頭的公眾電話撥出的，職員拖延時間，好等警員趕至天星碼頭拉人。因囚犯原本是慣犯，被判坐牢六個月兼做苦工。[193]

3. 颱風消息

1923 年 9 月 24 日總商會去信政府查詢船長可否

---

191 *http://news.bbc.co.uk/local/london/hi/people_and_places/history/news-id_8675000/8675199.stm.*

192 *South China Morning Post*, 28 May 1921.

193 *The China Mail, Hong Kong Daily Press*, 18 October 1922.

以電話查詢天氣詳情。政府於 1924 年 3 月 25 日回覆船長可於任何時間致電天文台查詢天氣預測詳情，他希望船長在查詢前先看颱風訊號，避免不必要的問題和回覆。事實上天文台長卡勒士頓（Thomas Folks Claxton）指出一切以颱風訊號為準，而電話公司在天文台發出颱風訊號後會限制天文台的電話使用量。總商會要求當颱風訊號發出後，天文台聯同海事處和郵政局為船長解釋未來天氣變化。但這項提議被卡勒士頓婉拒。[194] 到 1929 年，颱風訊號對一般市民的影響是電車和渡海小輪何時停駛和停航，讓他們可以趕得及安全回家。[195] 踏入 20 世紀後，香港及九龍多處移山填海，不少山坡被劏平，在山坡上的房屋原本可足不出戶看到颱風訊號，[196] 到 30 年代這些房屋已買少見少，電話公司於是在 1934 年 7 月開設電話颱風服務，每小時通告颱風訊號的轉變，每年收費 10 元。[197] 政府在 1940 年亦刊登憲報呼籲市民在天文台發出颱風訊號 5 至 10 號期間不要致電天文台，可收聽收音機或使用電話公司的颱風服務，收費仍是每年 10 元。[198]

---

194 *South China Morning Post*, 16 May 1924.

195 *South China Morning Post*, 26, 27 August 1929.

196 *South China Morning Post*, 2 October 1934.

197 *South China Morning Post*, 6 July 1934.

198 *Hong Kong Government Gazette*, No.416 of 1940.

4. 解決塞車問題

自 1907 年政府有汽油車記錄以來，汽油車數量由個位數字升至 1926 年的近四位數字，的士也在畢打街停滿等客，香港汽車會在周年大會上提出中環交通擁擠，是時候考慮在中環附近建一中央停車場疏導擠塞。《南華早報》馬上回應倫敦在市外設立的中央停車場效果不錯，香港可以借鑑。但香港的實際情況是沒有"市外"，在中環附近建一中央停車場亦會花掉不少資源，《南華早報》譏笑香港汽車會是否有實力推行。[199]

事在人為，政府先在跑馬地馬場附近建一停車場作試點，疏導馬場擠塞。地點為摩利臣山東南空地，公務員板球會的對面，即今摩利臣山道與皇后大道東交界。賽馬會和汽車會在看台設公眾電話供會員使用，以聯絡車主司機，方便接送。[200] 1933 年餘下的大會堂亦宣佈拆卸，原用作停車場的空地要遷至遮打道板球會。汽車會公佈轄下停車場管理員亦同步遷移，並在板球會看台設公眾電話供會員用以聯絡車主司機。香港會所亦容許汽車會在遮打道附屬樓的柱子上安裝公眾電話，由汽車會停車場管理員接收電話通知車主司機，若找不到司機，則在旁邊的告示牌留下車牌和接送地點

199 *South China Morning Post*, 24, 25 March 1926.

200 *South China Morning Post*, 14 January 1931.

及時間，電話號碼為 25574。[201] 汽車會以電話聯絡車主司機，避免汽車司機長時間停留在舊窄的街道，汽車會管理員每天早上 8 點 15 分至黃昏 6 點 45 分工作，得到車主的認同，[202] 間接成為政府交通政策之一。

5. 電召車

　　早於 1914 年，九龍倉已刊登廣告，安排港島汽車乘坐他們特製的車籃放在小輪上往九龍和新界兜風，每程 5 元，致電 K7 預約。1921 年 6 月，政府將九龍人力車服務分成五區供居民於緊急或電召使用：第一區尖沙咀，顏成坤人力車站，電話 K11；第二區油麻地，顏六人力車站，電話 K71；第三區旺角深水埗，鍾茂豐人力車站，電話 K361；第四區紅磡，周雨亭人力車站，電話 K527；第五區九龍城，周雨亭人力車站，電話 K527。[203] 九龍居民率先享受電召車服務。到年底，政府將九龍人力車服務伸延至香港，分四區：第一區張深人力車站，電話 3705；第二區吳有人力車站，電話 3706；第三區張六人力車站，電話 3707；第四區在山頂道人力車站，電話 816。全港居民皆可享受電召車服務了。[204]

201　*South China Morning Post*, 30 May 1933, 20 June 1933.

202　*South China Morning Post*, 21 June 1933, 26 January 1934.

203　*South China Morning Post*, 23 June 1921.

204　*South China Morning Post*, 15 December 1921.

圖 2.31　銅鑼灣電車轉站內設有公眾電話

6. 公眾電話

　　香港何時何地設有公眾電話無從稽考。筆者在翻閱電車資料時得知銅鑼灣轉車站於 1917 年築有一避雨小屋，由著名建築師樓利安設計，屋頂採用中式廟宇綠瓦，中西混合。中式廟宇綠瓦從廣州運港，因遭海盜而致工程延誤。小屋內設有座位、電燈、鐘和公眾電話，[205] 圖 2.31 是電車亭。1919 年政府於亞賓利設一公眾電話。[206] 1920 年，《南華早報》指出電話簿內沒有公眾電話名單，是失誤。批評黃色公眾電話指示牌距離電話幾乎是 1 英里。九廣鐵路的公眾電話設在站

205 *The China Mail*, 9 July 1917; *Hong Kong Daily Press, South China Morning Post*, 10 July 1917.

206 *Report by the Director of Public Works for the Year 1919.*

內，但車站很早關門。碼頭安裝的是私人電話。最近的警署在山上，但線路屬於政府。若九廣鐵路的公眾電話移至站外，居民就會方便得多，但要解決盜竊和濫用等問題。《南華早報》直言公眾電話服務有等於無。[207] 雖然電話使用者與日俱增，但當年的電話仍是富貴一族的玩意，使用公眾電話大多是有意外發生，需通知政府救援，又或是旅遊人士。富貴一族出入的地方如高等法院、連卡佛餐廳、淺水灣泳場、大會堂、皇后戲院和香港大酒店天台花園餐廳等，都設有公眾電話供他們使用。香港大酒店設有超過三個公眾電話供遊客使用，為全港之冠。山頂亦有數個，天星碼頭有兩個，九龍鐵路總站有一個，銅鑼灣電車轉換站的那個如今仍然存在。1927 年《南華早報》報導全港有 20 個公眾電話。[208] 新界仍未有足夠公眾電話。[209] 公眾電話收費為 1 毫。圖 2.32 是收費公眾電話。其實安放公眾電話地點的首要條件是安全，必須是旺地又或有警員經常巡經之處。九龍天星碼頭曾經在幾星期內被盜款三次，結果新公眾電話要移至繁忙的人力車站附近，即交通警員的視線範圍內，希望起到阻嚇作用。[210] 香港酒店的公眾電話因遊客用外幣而失靈，一

---

207 *South China Morning Post*, 3 July 1920.

208 *South China Morning Post*, 8 October 1927.

209 *South China Morning Post*, 10 December 1927.

210 *Hong Kong Daily Press*, 15 May 1926.

圖 2.32　公眾電話

名好心苦力企圖協助取出銀幣而誤被涉嫌偷銀。苦力
將萬字夾拉直變成一個鉤子，希望將塞著電話的銀幣
鉤出，被職員誤以為偷銀。事件弄上法庭，最終法庭
還苦力清白。[211] 在英國有不少女士利用公眾電話"煲
電話粥"，引起社會關注，連香港報章也有報導。[212] 這
種不良之風在戰前尚未吹到香港。啟德機場啟用後，
亦設公眾電話供遊客使用，但被投訴背景聲浪太大，
影響對話。[213] 可見當時機場實在太近飛機，以及隔音

211 *South China Morning Post*, 21 December 1927, 3 January 1928.

212 *China Mail*, 10 March 1926.

213 *Hong Kong Telegraph*, 21 November 1938.

設備簡陋。瑪麗醫院啟用後，亦設公眾電話供病人家屬使用。[214] 政府建築物內的公眾電話費用是庫房補貼。

（十一）結語

　　一名政府文員竟可示範香港的首次電話通話，寫下香港記錄。政府、軍部和私人電話分屬三個系統，大北與英國遠東電話公司合作將私人電話商業化，可惜遇上樓市崩潰，開張時只有 15 名用戶的生意，公司無法有效經營。1886 年港府效法英國發出牌照給彭達的中日電話公司，到 1891 年用戶還未過百。早年電話要經接線生駁線。踏入 20 世紀後，發展九龍引出電話專營權，那時的用戶才 500 個。到 1917 年增加機樓容量後，1919 年用戶增至 3,600 個，但很快系統已達飽和。更新系統和延續專營權又引起風波，開啟監管電話收費，用戶到 1930 年有 9,000 個，第二次世界大戰前更達 16,300 名用戶。單從數字上看，增幅是驚人的，但若以人口比例算，最高都只有 1%，少得驚人。究其原因，每年 80 或 100 多元的收費對一般百姓來說是奢侈的，只有富豪和大公司才可享有此服務。香港地少，一名送信員的效率若與電話相比，相差不是太遠，費用便宜，還可保障私隱。早年用戶增長緩慢，

---

214 *South China Morning Post*, 23 November 1938.

主因是丹麥和英國爭奪中國電報市場，雙方關係惡劣，英國更取回已發給大北公司興建港九過海電話線的批准，[215] 令合併公司無法再繼續。那時郵政局和私人公司剛開始競爭英國電話市場，前景未明，而本地因素則有樓市崩潰、公司不懂打開華人市場，以及富豪多聚居山頂有關。

香港的電話科技演變比鄰近地方落後，到 1930 年才有自撥電話。這多少與英國國營電話管理不善，窒礙私營電話公司的科技發展有關，英國電話公司更不願意再花資金改善本地陳舊過時的系統。因此於 1922 年發生延續專營權的風波，以羅亞旦為首的會計師代表總商會與華商總會華人商業精英，與英國的電話公司副主席交手，本地會計專業水平媲美英國，英明生意人的頭腦更超越英國，香港不愧為一塊商業精英雲集的地方，時至今天仍毫不遜色。本地電話公司成立後，其發展的商務眼光放在中國內地、亞洲和世界。但又遭到英國無線電政策窒礙，被迫先建旱線長途電話至廣州，利用廣州無線電駁至上海，再走出亞洲。電話發展有如被詛咒一般，剛走出亞洲就遇上日本侵華戰爭。公司並沒有放棄，再與大東電報局合作，接通馬尼拉，企圖走入世界，但又被叫停，用"篳路籃縷，以啟山林"來形容戰前的電話發展一點也不過份。

---

215 *CO129/199*, pp. 299-301.

第三章
無線電篇：
從航運到娛樂

（一）前言

　　"新生活的恐懼 —— 哥倫和祖亞成功使用無線電話……在街道中你大衣左袋內突然震動，發出你親愛女士找你的鈴聲，你將會絆倒，成為另一新發明（的士）的犧牲者……"

　　這是 1914 年 7 月《德臣西報》轉述法國的一則新聞，雖是百年前的報導，今天看來也頗類似即時新聞。人類通訊從火訊、符號、箭信、快馬送信、飛鴿傳書、郵遞、海底電報、電話、無線電報、無線電話發展到智能手機，都與科技發展有緊密關係。香港開埠時是郵遞通訊，西方機械運動帶來造船和航運業，煤氣能源未能完全改變香港以人手或動物工作的主流工業，直至電機工程引入香港，才在海陸空交通、通訊、房屋和能源等領域漸漸取代人手或動物操作。無線電的使用更改變了港人日常生活，擴大了娛樂領域，讓人可以在冷氣室下享受音樂和歌劇、聆聽世界和體育消息、學習語言和新科技等，這些都是戰前所發生的事。

　　無線電（wireless）一字來自西方，字面可以解釋為無需電線而收到電波。wireless 這字與 radio 一字通用，可見於 1906 年的柏林國際無線電報大會

（International Radio Telegraph Convention of Berlin:
1906 and Propositions for the International Radio
Telegraph Conference London）。所以有 radio telegraph
和 radio telephone 兩詞，即無線電報和電話。Radio 中
文譯作電台或收音機，意謂收音機廣播或無線電接收
器。本文將根據當時的英文原意作翻譯，因此 radio 一
字可以是無線電，亦可是收音機或廣播電台，引用至
發射站、收音器、電報、電話或電廣播等領域。

在香港，"無線"二字雖一般指"無線電視有限公
司"，但亦廣泛用至無線電視台或廣播台，即港人常
稱的"五台山"，[1] 是全港無線電廣播機構位處的地方。
其平面是"目"字型街道，最外面是廣播道，內裡兩
街以著名的無線電專家馬可尼（Guglielmo Marconi,
1874-1937，見下頁圖 3.1）和范信達（Reginald Aubrey
Fessenden, 1866-1932，見下頁圖 3.2）命名。前者是
硬件創造人，後者是廣播創始人，非常貼切和有意思
（見下頁圖 3.3）。九龍塘區多以英國地區名來命名街
道，所以三條與廣播有關的街名都要將原來的英國地
區名更改，時為 1967 至 1968 年。其實香港人最早的
無線電娛樂不是電視台，港人"切機"和收聽廣播早
在 20 世紀 20 年代已經開始。

---

1 亞洲電視、無線電視和佳藝電視加商業電台和香港電台俗稱五台。

圖 3.1　馬可尼（Guglielmo Marconi）

圖 3.2　范信達（Reginald Aubrey Fessenden）

圖 3.3　五台山地圖

（二）無線電

　　與電話發明相似，究竟誰是發明無線電的人，往往引起學者爭論，[2] 馬可尼與德士拿（Nikola Tesla, 1856-1943）亦對簿公堂 30 年，到雙方去世後才解決。[3] 俄羅斯人則紀念波波夫（Alexander Stepanovich Popov, 1859-1906），以他為無線電發明人。[4] 唯一沒有異議的是——這不是某一個人的發明。[5] 意大利工程師馬可尼在 1895 年利用電磁波作通訊試驗，向意大利政府請求資助不果。1896 年轉往英國進行了 14.4 公里的通訊試驗，成功傳送訊息並取得專利。他最大的突破是採用天線傳收無線電波。[6] 1897 年起又進行了一系列的無線電通訊實驗，並在倫敦成立無線電及訊號公司（The

2　Michael C. Sexton, "Who Invented Radio? A Strange Controversy," *An Irish Quarterly Review*, Volume 55, No. 220, 1966, pp. 415-424.

3　Christopher A. Harkins, Tesla, Marconi, and the Great Radio Controversy, "Awarding Patent Damages Without Chilling a Defendant's Incentive to Innovate," *Missouri Law Review*, Volume 73, Issue 3, Summer, 2008, pp. 745-1365.

4　Michael C. Sexton, "Who Invented Radio? A Strange Controversy," *An Irish Quarterly Review*, Volume 55, No. 220, 1966, p. 415.

5　可參看 John S. Belrose, "Reginald Aubrey Fessenden and the Birth of Wireless Telephony," *IEEE Antennas and Propagation Magazine, August 2012*, Volume 54 Issue 2, pp. 38-47.

6　Ken Beauchamp, *History of Telegraph* (London: Institution of Electrical Engineers, 2001), p. 186.

Wireless Telegraphy and Signal Company Limited）。
1901 年馬可尼的研究小組，在紐芬蘭接收到從英國
發送出來的第一個橫跨大西洋的無線電訊號，隨後
公司改名為馬可尼無線電報公司（Marconi's Wireless
Telegraphy Company, Limited）。1909 年他獲得諾貝
爾物理學獎。馬可尼從來沒有想過要傳送聲音，所以
要范信達另闢研究途徑才可以有新突破。范信達認為
要造出連續波（continuous wave）才可將聲音傳收，
發明將兩個頻率組合或混合，產生新頻率，叫異型力
（heterodyne），是拉丁文，後稱異型力原理。要想從
天線發放這一高頻（high frequency），需製造一台交
流發電機（high frequency alternator）。1900 年底他的
實驗成功將聲音傳至 1,600 千米外。范信達於是委託通
用公司製造，但交流發電機未符理想，他拆機重做出
一台輸出 500 瓦（Watt）和 50 千赫茲（KHz）的交流
發電機，繼續實驗。范信達終於在 1906 年聖誕前夕成
功將聲音傳過大西洋的蘇格蘭，創造了歷史。[7] 但是接
收器通過天線收到的無線電波受地勢和天氣影響而微
弱，將電流轉化為聲音必須通過放大器（amplifier）才

7　John S. Belrose, "Reginald Aubrey Fessenden and the Birth of Wireless
　　Telephony," *IEEE Antennas and Propagation Magazine*, August 2012,
　　Volume 54 Issue 2, pp. 38-47; James E Brittain, "Scanning the Past:
　　Reginald A. Fessenden and the Origins of Radio," *Proceedings of IEEE,*
　　December 1996, Volume 84 Issue 12, pp. 85-52.

可收到清晰的聲音。在這一領域上的始祖是費明（Sir John Ambrose Fleming, 1849-1945），他發明的是兩極真空管（diode vacuum tube or valve）。圖 3.4 是費明的真空管。李富斯（Lee de Forest, 1873-1961）將兩極加至三極（triode），利用一控制柵（control grid）放在正極和負極，可加大通過的電流。三極真空管的作用是放大聲音，是放大器（amplifier）不可缺少的零件。圖 3.5 是李富斯的真空管。

 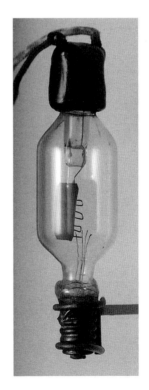

圖 3.4　費明兩極真空管　　圖 3.5　李富斯三極真空管

（三）立法規管

　　馬可尼的發明早在 1897 年 11 月已向香港政府申請專利，[8] 但石沉大海，音訊全無。1901 年 8 月馬可尼無線電報公司又再向香港政府申請專利。[9] 律政司博加利（Berkeley）根據公司於 1900 年 4 月在英國獲得的專利建議批準，並在行政局通過。[10] 殖民地部認為在英國獲得的專利並不自動在香港享有專利，原來他們關心的是壟斷問題。[11] 港督卜公回覆時建議收回專利，亦附上律政司的報告。除壟斷問題外，殖民地部要求於戰爭狀態或危機時，港府應有權指令暫停或終止行使無線電專利。[12] 港府因此要立法監管無線電，開始介入角色，草案於 1903 年 7 月提交殖民地部。[13] 殖民地部諮詢軍部，軍部豈會放過監控角色，提議軍部亦有權在合理時間內指令每天暫停使用無線電不超過兩小時。[14] 與此同時，軍部通知殖民地部已和萊思公司（Llyod's Company）作半官方接觸，有關在海峽殖民地和香港興建無線電站事宜，殖民地部亦將信件轉

8　*Hong Kong Government Gazette*, 20 November 1897.

9　*Hong Kong Government Gazette*, 31 August 1901.

10　*CO129/307*, p. 636.

11　*CO129/313*, p. 260.

12　*CO129/313*, p. 261.

13　*CO129/318*, pp. 63-65.

14　*CO129/320*, p. 285.

交港府。[15] 由於在殖民地設立無線電報需獲電纜上岸權益委員會（Cable [Landing Rights] Committee）通過，因此殖民地部只能暫准港府立法發無線電報臨時牌照，為期 1 年。[16] 法例是為 1903 年第 7 號，名為《批准和監管無線電報的成立及使用》（*To authorize and regulate the establishment and use of installations for the purpose of Wireless Telegraphy*）。法例只有六款，除發牌外，還設最高判罰為監禁 1 年或罰款 1000 元，同時充公無線電器件。政府亦有權根據此法例再立規例（Regulation）。這開啟了香港無線電的第一頁。

（四）合作失敗

1904 年 7 月，英軍總司令（中國）鑑於添馬艦的無線電報在維港水域接收不佳，致函港府提出合作興建無線電發射和訊號站計劃。他選取了鶴咀和域多利山頂（俗稱扯旗山頂）作為東西訊號和發射站，並稱英國慣例是由海軍統籌無線電報，海軍與萊思公司過往合作愉快。計劃獲英軍駐港司令夏頓（Major General Harton）和署督梅含理（Sir Francis Henry May, 1860-1922）同意。[17] 梅含理同時通知殖民地部只

15 *CO129/320*, pp. 310-313.

16 *CO129/321*, pp. 493-495.

17 *CO129/323*, p. 338.

發出了一個臨時無線電報牌照給東延電報公司用於與維修船隻溝通所用，並已暫停發臨時牌照。[18] 港督彌敦於 8 月上任，馬上確認梅含理的承諾，同意交出鶴咀燈塔用作無線電發射和信號站，並暫停發放臨時牌照。[19] 1905 年 5 月，海軍致函港府，認為域多利山頂只需用作信號站，並在琉璜海峽加一天氣霧站，要求港府開出條件。港督彌敦回覆這兩個地段可於 7 月 1 日移交，條件是地段範圍由工務司和海軍代表共同劃定；每地段年租 1 元；海軍負責現有建築物的維修和興建新建築物及所需職員的費用；港府每年付海軍 2,000 元作為海軍港府服務的費用（現時為 1,500 元）；港府每兩星期從筲箕灣陸路補給燃油和雜項；港府負責維修保養從兩站至海事處的電纜，以及從海事處至海軍總部這一條直線電纜費用；而軍部負責從鶴咀至海軍總部的電纜的費用；所有在海軍範圍內的工程由軍部負責以分清責任；每天從早上 6 時至下午 8 時內，每小時風速儀的記錄需向海事處報告再轉天文台。[20] 海軍回應要求延遲交收至 10 月 1 日。[21] 東延電報公司延續牌照時，軍部提出限制其無線電發射器強度不可超越 0.5 千赫瓦及使用波長為 2,000 英尺。[22] 東延

18　*CO129/323*, p. 209.

19　*CO129/323*, p. 335.

20　*CO129/328*, p. 622.

21　*CO129/328*, p. 626.

22　*CO129/330*, p. 40.

電報公司當然答允。[23] 1906 年 7 月，軍部由於在管理、發射站選址及強度和承擔建築費用等問題上未能取得共識，決定放棄與港府合作，自行興建軍部無線電發射站，初步合作告終。[24]

（五）汲取教訓

1906 和 1908 年兩場颱風的威力和破壞程度可見於兩個事後報告。[25] 政府汲取教訓，立刻籌備興建新避風塘和改善通報颱風消息。無線電通訊因此再度被提起。港督彌敦在定例局宣佈英軍駐遠東總司令已承諾在附近水域的英艦會以無線電報通知天文台有關風暴消息，加強了通報機制。[26]

1909 年 4 月，皇家郵輪（Royal Mail Steamship）中國皇后號（Empress of China）進入香港黃埔船塢大修（前些日子曾在神戶臨時維修），隨行者有安裝船上無線電器件的馬可尼，以及馬可尼無線電公司專家屈斯（E. J. Watts）。屈斯到港的目的是為三艘皇后號安裝無線電。他認為維港有太多山，不利於無線電傳

23　*CO129/332*, p. 330.

24　*CO129/338*, p. 547；見本書頁 218-225。

25　*Hong Kong Government Gazette*, 5 April 1907, Despatches from the Secretary of State; "Report on the typhoon of 27-28 July 1908," *Supplement to the Hong Kong Government Gazette*, 18 September 1908.

26　*Minutes of Legislative Council Meeting*, 6 August 1908.

收，發射站需遠離此地約 50 英里，最好射程能到達上海，天線約 150 至 200 英尺高。他願意提供資料給政府，況且世界大趨勢是遠洋客輪必須設有無線電通訊器材，以策安全，現在是籌建的最佳時刻。[27] 跟著數月，報章評論一面倒地認為香港確實需要一個無線電發射站。[28] 事實上，中國皇后號在黃埔船塢大修要勞動屈斯千里來港，反映出香港缺乏無線電技術人才，而颱風破壞更迫切需要無線電通訊。11 月 25 日，太平洋郵輪輪船公司的哥偉亞號（S.S. Korea）到港，船裝有一強力無線電通訊器材，是第一艘設有強力無線電通訊器材訪港的郵輪。[29] 在港停泊時竟無用武之地，社會又重提香港確實迫需一無線電發射站的討論。[30]

其間亦有港人申請建立無線電發射站被拒，理由是已發牌照給東延和馬可尼公司，香港容不下太多無線電發射站。[31] 美國聯合無線電報公司（United Wireless Telegraph Co.）亦坐言起行，根據 1906 年柏林國際無線電報大會的共識向港府申請無線電發射站牌照。公司要求一個無線電發射站的 25 年專利，政府可於 10、15 或 20 年購回專利；其間可獲免費無線

27　*South China Morning Post*, 20 April 1909.

28　*South China Morning Post*, 22 July 1909, 26 August 1909, 15 October 1909.

29　*South China Morning Post*, 25 November 1909.

30　*South China Morning Post*, 26, 30 November 1909.

31　*CO129/373*, p. 219.

電報服務。公司已在馬尼拉、曼谷和星加坡申請無線電發射站專利，連同香港，將來在遠東可提供優質服務。[32] 署理工務司鍾斯（Patrick Nicholas Hill Jones）認為聯合無線電報公司有 400 萬英鎊資本，實力雄厚。他們暫時租用無線電器材，有 5 千赫瓦，臨時傳接強度可達 1,000 英里。無線電發射站需建一座小型屋和兩條相當高的天線。[33] 殖民地部要請示電纜上岸權益委員會，港府深知短期內不會有結果，但因颱風破壞的教訓和船運業競爭的需要，又感船隻需要無線電互相通訊，所以在 12 月一口氣通過二讀和三讀修改 1903 年法例，賦予政府有權設立規例管制來港船隻使用無線電通訊器材，是為 1909 年第四號法例 —— 法例修改《1903 年無線電報法例》（*An Ordinance to amend the Wireless Telegraphy Ordinance 1903*）。實行臨時措施，只有 "頭痛醫頭"。

（六）捲土重來

　　1910 年 3 月 10 日，裝有德律風根（Telefunken）無線電通訊器材的嘉拉斯號（S.S. Kleist）從南安普敦（Southampton）出發抵港。在星加坡開往香港途中，曾與兩艘英軍艦聯絡預計抵港時間，以方便安排泊位

32　*CO129/358*, p. 156.

33　*CO129/358*, p. 157.

和航道。一艘回答："好啊！好啊！"；另一艘回答：
"你是誰？"最後與美軍艦（U.S.S. Wilmington）聯繫
上。停泊地點和上岸過程延遲了近9刻鐘，為乘客和
接船親友帶來很大不便。傳媒批評香港枉稱世界著名
航運港口，竟如此落後。[34] 畢竟傳媒亦有些影響力，
港府於4月30日刊憲制定規例，准許船隻在香港水域
使用無線電報，條件是要得到郵政局長批准、不影響
海軍和香港商業電報運作，以及不能與非法無線電報
站通訊，違者罰款不超過100元，並將無線電器材充
公。太平洋郵輪輪船公司和東洋汽船會社（Toyo Kisen
Kaisha）的商船隊根據新規例首先獲政府批准在香港水
域使用無線電報，[35] 成為首兩間輪船公司獲此牌照。太
平洋郵輪輪船公司和東洋汽船會社分別擁有六艘和三
艘輪船。兩公司在港代理人哈頓以亞洲號（S.S. Asia）
的經驗成功申請，暫時改善通訊。[36]

　　同年，泰萊先生（Robert Taylor）再次向港府和
葡國政府申請興建無線電發射站接駁香港和澳門。[37] 殖
民地部將申請提交電纜上岸權益委員會，表達不反對
興建無線電發射站駁通香港和澳門，但香港已發牌照
給東延和馬可尼公司，容不下太多無線電發射站，希

34　*South China Morning Post*, 14 March 1910.

35　*CO129/379*, p. 358.

36　*South China Morning Post*, 4 July 1910, 5 November 1910.

37　*CO129/373*, p. 222.

望泰萊先生可與兩間有牌公司商討細節。[38] 泰萊先生不服，他稱只是申請實驗牌照，根據 1906 年柏林國際無線電報大會的共識和英國法例，應鼓勵無線電發射實驗，於是他向港府提出上訴。[39] 泰萊先生的上訴當然不能得到正面回應，[40] 亦間接影響美國聯合無線電報公司的申請。

港府被迫要接受殖民地部的指令，由軍部和港府聯手監管無線電。[41] 船隻使用無線電報的時間於 1910 年 5 月 3 日起每天限制在早上 6 至 8 時和黃昏 5 至 7 時，即每天只有 4 小時。[42] 將 24 小時無線電報在 4 小時內完成，即那一時段平均多了六倍人使用，造成無線電報大塞車，商人向香港總商會投訴，[43] 香港總商會不得不表態，商人亦了解船隻各自通訊會帶來混亂問題，認為香港不應依賴海軍協助無線電報服務，自己應有獨立岸上商業無線電發射站，強度在 1,500 英里內可傳收。[44]

其實政府於 1909 年底已著手研究興建無線電發射站的可行性，並成立了專家小組，有軍部、海軍代表

38　*CO129/386*, p. 74.

39　*CO129/370*, pp. 95-98.

40　*CO129/374*, pp. 575-577.

41　*CO129/370*, pp. 467-469.

42　*CO129/379*, pp. 350-355.

43　*CO129/379*, p. 365.

44　*South China Morning Post*, 1 Feburary 1910.

第三章　無線電篇：從航運到娛樂

及工務司，由梅含理任主席，尋找合適地點和估算造價。報告於 1910 年 3 月提交殖民地部。無線電發射站涉及一個問題：高力或低力站。前者屬帝國無線電計劃範圍，包括各遠東殖民地。後者屬香港事務，英政府已有決定，但仍有一些香港問題有待解決。[45] 港府的機密報告尚不成熟，重點是軍部控制，與港府合作。海軍中將溫斯路（Vice Admiral Winsloe）看完報告後，還要提醒港督和軍部堅持"軍部控制，與港府合作"的原則。[46] 故此總商會的定例局代表希域（Edbert Ansgar Hewett, 1860-1915）在定例局會議上要求政府交待興建和營運無線電發射站一事的具體細節時，布政司回覆由於事件保密，書信未能公開。有關帝國無線電計劃，香港在第一輪挑選中落選，殖民地部因此要支持港府動用本地公帑。[47] 至於本地問題，除財政緊絀外，[48] 高力、低力或中力站的定義亦影響興建計劃。[49] 溫斯路中將亦一言道破無線電報規例的失效。所有船隻互通資訊，當中必有不必要的重複，亦阻礙發放其他重要資訊，原因是沒有一個中央統籌站。[50] 成立

45　*Minutes of Legislative Council Meeting*, 20 April 1911.

46　*CO129/379*, p. 469.

47　*CO129/379*, p. 467; *CO129/386*, p. 293; *Minutes of Legislative Council Meeting*, 17 August 1911; *South China Morning Post*, 18 August 1911.

48　*CO129/386*, p. 291.

49　*CO129/389*, p. 213.

50　*CO129/379*, p. 366.

岸上無線電報站可解決問題。港府喜獲軍部提出解決方法，馬上諮詢香港總商會。並得到總商會的支持，港府立刻去函殖民地部要求批准興建無線電發射站，結果獲批，那時已是 1911 年底。[51]

（七）退而求其次

香港總商會和軍部都認為要興建一座可達 1,500 英里半徑範圍的發射站，但英國在帝國無線電計劃中不支持香港建一座強力站，殖民地部只可改為支持在港興建一座低力站。那麼一來，軍部首先放棄與港府合建的計劃，興建自己的發射站。香港總商會仍然堅持其初衷，要求建一強力商業站。港府照辦煮碗再委任一個委員會進行研究。成員有郵政局長麥美時（Charles McIlvaine Messer）、工務局工程師杜嘉（Huge Pollock Tooker）、海軍代表戴利（A.T. Darley）和夏理臣（G. Harrison）、軍部代表侯飛（St. G. S. Caulfeild），與 1909 年的委員會成分相同。興建無線電報中力站的報告於 1912 年 2 月完成，他們選址九龍灣一平地（原啟德機場舊址）。無線電報發射站射程半徑為 850 英里。[52] 報告獲海軍中將溫斯路認同。在提交殖民地部時，以 "中力站" 描述可達 850 英里的發射

51　*CO129/379*, pp. 368-370.
52　*CO129/389*, pp. 215-216.

站。但這也逃不出殖民地部的法眼，命他解釋香港為何需要一中力站。[53]

當時施勳（Sir Claud Severn, 1869-1933）署任港督，梅含理即將上任，當然交回熟悉此事的梅督處理。梅督上岸被刺殺無恙後，驚魂未定，但憑著在斐濟（Fiji）處理過無線電報站經驗，他馬上召見總商會和鐵行航運代表。[54] 他直接按照殖民地部的質詢來諮詢被邀請的商人，並分享了斐濟經驗。話題圍繞兩個重點：是否需要一個傳收 850 英里的無線電報站；若是，其造價為多少？航運界認為低力站只能傳收 300 英里，在白天比較難接駁，直至晚上才可接通，但辦事處多在晚上關門。即船隻要提早一晚接駁，在距離香港 600 英里的情況下，是根本不可能的。梅督回應可增大至 5 千瓦。有商人擔心低力站未能為政府創造額外財富，梅督沒有正面回應。亦有商人憂慮一旦實施在船上強制性裝備無線電器材，那時 700 英里也算是合理。船公司同時擔心在白天遇上意外的情況，後果不堪設想。梅督查詢總商會興建高力站估價從何而來，並指出該數字嚴重低估造價和營運費。香港亦沒有無線電操作人才，單是人工已有數十倍差別。總商會坦率詢問可否建一個中力站，被梅督直接否決。[55] 梅含理回答

53　*CO129/389*, p. 213.

54　*CO129/392*, p. 44.

55　*CO129/392*, pp. 45-49.

Type.	Antenna Ener-gy.	Primary Ener-gy.	Day Range.	Night Range.	Price.
0.2 TK	0.2 K.W.	1.5 K.W.	110 miles	190 miles	£1,450
0.5 T.K	0.5 K.W.	2.5 K.W.	220 "	360 "	£2,040
1.5 TK	1.5 K.W.	5.0 K.W.	420 "	840 "	£2,840
2.5 TK	2.5 K.W.	8.0 K.W.	500 "	1,000 "	£4,130
5. TK	5.0 K.W.	16.0 K.W.	750 "	1,500 "	£6,000
10 TK	10.0 K.W.	30.0 K.W.	1,000 "	2,000 "	£10,000
25 TK	25.0 K.W.	75.0 K.W.	1,500 "	3,000 "	£21,000

表二　德律風根的無線電報發射站造價與強度

殖民地部質詢時解釋了興建一中力站的原因：與星加坡通訊、增加庫房收入、還有無線電報低力站專利早已交給東延電報公司。他認為香港有一個傳收 300 英里的發射站已足夠，一旦實施在船上強制性裝備無線電器材，香港便立刻需要建一座中力站。他彙報說，已在 1913 年財政預算留了 10 萬元供此用途。[56] 這一決定無疑是財政主導，[57] 表二是德律風根的無線電報發射站造價與強度。[58]

　　帝國無線電報計劃終於出爐，星加坡上榜，香港要遲些才有。這是英國郵政局長森美（Sir Herbert Louis Samuel, 1870-1963）於 1912 年 8 月 7 日在下議院（House of Commons）發言時的決定。這觸動了香港商人的神經，定例局議員普樂（Sir Henry Edward Pollock, 1864-1953）在局內提出動議，要求港府與星

56　*CO129/392*, pp. 42-43.

57　*Minutes of Legislative Council Meeting*, 19 December 1912; *South China Morning Post*, 20 December 1912.

58　*CO129/393*, p. 209.

加坡看齊。港督梅含理以沒有資料為擋箭牌，承諾向殖民地部索取，普樂收回動議。[59] 局外的傳媒亦多番評論。行政及定例局議員擔心有了低力站，強力站會被置之不理，去信港督要求殖民地部承諾不放棄興建強力站。梅督亦去信殖民地部。殖民地部豈會正面回覆，只說兩個發射站是獨立的，還促請港府盡快決定強力站的地點。[60] 港府稱此低力站為“船岸通訊站”（Ship to Shore Communication）。

　　與此同時，殖民地部在英國亦找到馬可尼公司問價，香港渣甸洋行成為了馬可尼公司的遠東代理。由於軍部反對商業低力站與強力站同時在九龍灣興建，3 年前訪港的屈斯先生重臨香港，為興建低力站尋找合適地點。[61] 結果找到鶴咀為最佳地點。[62] 馬可尼公司根據屈斯先生的資料做了一個詳細報告，包括規範和估價 16,905 英鎊。[63] 港府對建議的鐵架表示有腐蝕和維修的需要，並提醒要築一碼頭作運輸之用。馬可尼公司亦回覆關注。殖民地部將星加坡、北婆羅洲和香港所興建的無線電報發射站一起組合成一份遠東工程合約，提交電纜上岸權益委員會審議，會議於 1912 年 10

59　*Minutes of Legislative Council Meeting*, 3 October 1912.

60　*CO129/392*, pp. 233-238.

61　*CO129/389*, p. 355.

62　*CO129/389*, pp. 339-340.

63　*CO129/390*, pp. 240-248.

月 23 日獲得通過。[64] 到 1912 年底，港督在定例局宣佈興建一 5 千瓦的無線電報發射站。[65] 殖民地部亦通知皇家代理可以召標，德律避風根是落標者之一。[66] 而顧問公司是扁嘉士工程公司（Preece Cardew & Snell，以下簡稱為扁嘉士）。

（八）一再延遲

1913 年 2 月扁嘉士提交評審招標報告，招標的有四間公司，採用寶仙系統（Poulsen Patents）的世界無線電集團（Universal Radio Syndicate）也在邀請之列。但他以太忙為由推卻。最低標為英法無線電公司（Anglo French Wireless Telegraph Company），出價 2,875 英鎊；跟著是馬可尼公司的 3,079 英鎊 18 先令 4 便士；最貴的是西門寺兄弟公司的 4,380 英鎊。英法無線電公司機器採用汽油，在改石油後，索價 2,905 英鎊。他們選取簡單的理票系統（Lepel System），在法國製造，適合商業用途。由於香港受颱風侵襲，天線塔需待香港工程師提建議。理票系統有可能會侵犯馬可尼專利 7777 號，但專利權於 1914 年完結。這一技

64　*CO129/397*, pp. 33-39a.

65　*Minutes of Legislative Council Meeting*, 19 December 1912.

66　中國西門寺電機公司致函定例局議員普樂，自我介紹德律風根，並表示要勝過馬可尼和范信達優勝，紐西蘭、澳洲和菲律賓都採用。

術問題仍在爭論中。除非認為侵權嚴重，否則扁嘉士公司建議工程交由英法無線電公司承造。[67] 皇家代理因此要求在合約上加一免責條款，英法無線電公司要負起全部侵權訴訟責任。並且增加保證金 1,000 英鎊和延長保用期 18 個月。英法無線電公司將每個發射站價錢加 175 英鎊。五個發射站包括香港、檳城、星加坡、巴巴多斯（Barbardos，今加勒比海一小島，在委內瑞拉東北）和蒙巴薩（Mombasa，今肯雅東部一海港）。其實保證金 1,000 英鎊已近一半造價，但英法無線電公司只加 175 英鎊，剛好少過馬可尼公司，真是有點奇怪。扁嘉士公司的建議亦是無需改動。香港報章亦有報導英法無線電公司中標的消息。[68] 俗語說："人算不如天算"，1913 年 5 月，馬可尼公司入票控告英法無線電公司侵犯專利權。皇家代理跟進獲英法無線電公司承諾繼續商討合約。[69] 香港商人十分不耐煩，又鑑於沒有裝上無線電器的輪船到港，所以連續發生幾次香港與外界失去聯絡的情況。總商會致函政府查詢興建無線電發射站的進度。[70] 到 12 月，英法無線電公司退出商討合約。[71] 皇家代理和扁嘉士改找馬可尼公司商

67　*CO129/404*, pp. 325-328.

68　*Hong Kong Telegraph*, 24 April 1913.

69　*CO129/404*, pp. 366-368.

70　*CO129/403*, pp. 361 – 363; *South China Morning Post*, 24 October 1913.

71　*CO129/404*, pp. 425-427.

討合約，那時已是 1914 年 2 月。[72] 馬可尼公司的標書不但比英法無線電公司貴（每站 3,641 英鎊 6 先令 1 便士），而且要附加專家工程師監督費每站 500 英鎊。結果雙方同意香港站費用為 4,153 英鎊 10 先令 1 便士。原因是香港天線和備用零件分別多出 3 英鎊 16 先令和 8 英鎊 8 先令，共 12 英鎊 4 先令。合約由皇家代理與馬可尼公司簽訂（見下頁圖 3.6）。工程預算在 1915 年 2 月完成。[73]

香港政府於 1914 年 8 月招標興建鶴咀無線電站房屋和宿舍，也有阻滯情況。最低標為 53,726 元，高出預算，政府再與興建大潭篤水塘的承建商生利公司商討，結果以 37,845 元承造，合約於 1914 年 12 月 31 日簽訂。[74]

（九）準備工作

1913 年 1 月 30 日，上海的羅拔臣教授（Professor Robertson）在青年會講述無線電報和電話，由定例局議員喜域主持，參加者十分積極。講座於香港工程師及造船師學會在帝皇大廈（Kings Building）的新會址

---

72 *CO129/415*, p. 343.

73 *CO129/415*, p. 501.

74 *Minutes of Legislative Council Meeting*, 24 June 1915; *Report of the Director of Public Works for the Year 1915*, item 96; *Hong Kong Government Gazette*, NoS224 of 1914.

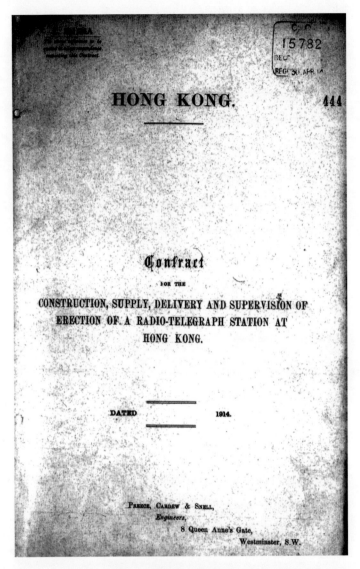

HONG KONG. 444

Contract

FOR THE

CONSTRUCTION, SUPPLY, DELIVERY AND SUPERVISION OF
ERECTION OF A RADIO-TELEGRAPH STATION AT
HONG KONG.

DATED 1914.

PREECE, CARDEW & SNELL,
Engineers,
8 Queen Anne's Gate,
Westminster, S.W.

圖 3.6　皇家代理與馬可尼公司簽訂興建鶴咀無線電發射站合約

228

舉行。全場最令人矚目的是無線電示範。大會感謝安曹拿準將（Commodore Anstruther）批准添馬艦發放無線電與帝皇大廈互通訊息。[75] 相信這是香港首次民間利用無線電互通訊息。

天文台長於 1912 年年報中已鼓勵利用無線電互通天氣訊息，籍此可加快天氣報導。[76] 港督梅含理於 1913 年 5 月在東京參加一國際氣象會議，並承諾本港在授時（time signals）合作中採用無線電報。[77] 興建無線電報發射站令香港無線電報法例過時，律政司因此於 1913 年 7 月 17 日向定例局提交新的無線電報法例草案。草案以海峽殖民地的法例為藍圖，賦予港督發牌、頒佈規例、收牌照費、設立實驗牌照和違法刑罰等權力，一讀通過。一星期後，獲二、三讀通過。法例只是原則，細節在規例上。8 月 5 日，有關規例刊憲，包括船上設置無線電報發射站牌照和允許船上使用無線電報器證件。前者每年收費 2.5 元，後者每年收費 2 元。11 月 20 日，規例再刊憲，無線電報船和陸上牌照費皆收 2 元半，多年前不批准的無線電實驗牌照則獲豁免，政府正式開放無線電市場。1914 年中定例局議員喜域、普樂和蘭度（David Landale, 1868-

---

75　*South China Morning Post*, 31 January 1913.

76　*Report of the Director of the Royal Observatory, Hong Kong for the Year 1912*, Weather Daily Telegram; *South China Morning Post*, 13 June 1913.

77　*Report of the Director of the Royal Observatory, Hong Kong for the Year 1912*, Time Signals by Wireless Telegraphy.

1935）等皆同軍部少將機利（Major General Kelly）、
港府施勳、胡夫（Edward Dudley Corscaden Wolfe）、
麥美斯和謝斐（Daniel Jaffe）等巡視港島南工程——
港島環迴公路香港仔段、大潭篤水塘和鶴咀無線電站
等，並介紹鶴咀無線電站工程。[78]

（十）時不予我

在經濟和臨時措施主因下，未開工已可預知其不
敷應用的鶴咀無線電站終於動土，馬可尼公司的專家
工程師於 1914 年底到港展開安裝鑲嵌工作。1915 年
5 月已傳出鶴咀無線電站可在暑假開幕。[79] 7 月 9 日，
政府刊憲宣告鶴咀無線電站於 7 月 15 日啟用，收費
每 10 字 3 元，比電纜電報貴 4 毫半，各大報章均有報
導。海軍少校加士居（Lieut. Commander Gascoigne）
於 7 月 13 日測試滿意。啟用當天，記者在郵政總局
守候，希望訪問到首位傳出無線電報者，但沒有結
果，再找郵政局長胡夫訪問亦找不到答案。但記者的
努力沒有枉費，終於找到首次使用鶴咀無線電站發放
電報者的接收人是郵輪沙定尼亞號（S.S. Sardinia），
而日本郵船株式會社和東華醫院分別為首位和次位收

78　*South China Morning Post*, 18 May 1914.

79　*Hong Kong Telegraph*, 1 May 1915; *South China Morning Post*, 8 May
　　1915.

到無線電報的單位。郵政局長稱他們曾經接駁廣州，但因水災而不成功。胡夫透露天文台會利用鶴咀無線電站收集附近水域船隻的天氣資料，再作總結和預測天氣傳給船隻。[80] 港府以 VPF 為鶴咀無線電站的台號通知德國伯爾國際無線電總部（International Bureau, Berne），誰知 VPF 一早已給了斐濟東北的塔韋烏尼（Taviuni），香港鶴咀無線電站改以 VPS 為台號。[81]

1914 年初，軍部又三心二意，一面在港尋找興建強力站的地方，另一面以不用添馬艦為無線電報中心為理由，要求管理即將落成的鶴咀無線電站。[82] 年中歐洲發生戰亂，英國加入戰爭，政府實行一系列戰爭臨時措施，對香港造成了影響。香港於 1914 年 8 月初刊憲宣佈一系列軍管措施，包括禁運軍火、終止無線電報通訊和海口管制等。[83] 終止無線電報通訊其實有讓願意接受審查和承擔後果的英法語電報申請豁免，但都嚴重影響到了商業通訊。軍部在昂船洲的強力無線電站工程就在這一背景下倉促建成。1915 年 4 月軍部去函港府和殖民地部，指出鶴咀無線電站需要與昂船洲的強力無線電站合作，才可有效運作。在殖民地部同意下，

80　*Hong Kong Telegraph*, 15 July 1915; *South China Morning Post*, 16 July 1915.

81　*CO129/429*, pp. 625-628.

82　*CO129/409*, p. 29; *CO129/409*, pp. 295-299; *CO129/415,* pp. 340-342.

83　*Hong Kong Government Gazette,* Notification No.284 and 286 of 1914; Proclamation No. 9 and 12 of 1914.

圖 3.7　鶴咀無線電發射站

軍部通知鶴咀無線電站的人手需要依軍事戰略而定，但由於戰亂時期軍隊缺人，暫時要馬可尼公司調配相關人手。[84] 昂船洲無線電站亦需與本地總部溝通，在港府協助下設置了軍部電話和電報，與港島總部保持聯絡。[85] 軍部以 1905 年提出的合作模式為準，與港府協議電報收費和物業租金及保養費用。雙方承諾若鶴咀無線電站停用，使用昂船洲無線電站的港府電報費用抵消物業保養費用。[86] 自始鶴咀無線電站就由軍部管理，直至戰爭完結後 3 年。圖 3.7 是鶴咀無線電發射站。

84　*CO129/426,* pp. 28-31.

85　*CO129/422,* pp. 584-593; *CO 129/424*, pp. 13-18.

86　*CO129/429,* pp. 612-613.

（十一）軍部管理

　　鶴咀無線電站和昂船洲的強力無線電站在這期間都歸軍部管理，商業通訊要經過審查，出入口船隻要軍管，可想而知無線電發展所受的影響。戰爭雖是萬惡之源，但對人類仍有一正面影響——科技往往在戰爭期間突飛猛進，無線電的傳送便在這期間愈傳愈遠。[87]

（十二）天氣報告和預測

　　不要忘記興建無線電站的初衷是改善天氣報告和預測，讓船隻提早選定安全航道，以及發生意外時可及早拯救。早於 1912 年，天文台長卡勒士頓已公開要求船隻利用無線電報分享天氣資料，迅速的資訊將有助於增加預測天氣的效率和準確性。[88] 1913 年，港督亦承諾根據國際無線電報會議（Conference Internationale de l'heure Radiotelegraphigue）的建議，用無線電報傳送"授時"（time signal）。[89] 1915 年鶴咀無線電站啟用

87　*South China Morning Post*, 18 January 1916; *South China Morning Post*, 20 July 1917; *South China Morning Post*, 15 February 1918.

88　*Report of the Director of Royal Observatory for the Year 1912; South China Morning Post*, 13 June 1913.

89　*Report of the Director of Royal Observatory for the Year 1913*, Time Signals by Wireless Telegraphy.

圖 3.8 1919 年
天文台的無線電塔

後，收到英國、荷蘭和日本船隻分享的天氣資料，天
文台於每天下午 1 時從鶴咀無線電站發放天氣預測和
颱風消息。1916 年 3 月傳送"授時"的儀器抵港，但
從皇家代理購入的放大器則因不合用而需要退回，其
他儀器經測試後滿意，但仍需要天線和線塔，並向馬
可尼公司查詢。由於港府實施港口軍管，天文台利用
無線電報傳送天氣資料受其影響，於是天文台在 1917
年 10 月自立無線電站，太古船塢承造天線塔，鐵塔
高 150 英尺，三角型，圖 3.8 是 1919 年的天線塔。
1918 年初，天線和線塔完工，天文台從太平洋郵輪
的哥倫比亞號（S.S. Colombia）借來兩個三極真空管
（audion valve），亦從添馬艦邀得專家幸其先生（Mr.
Henke）測試。接收馬尼拉的"授時"效果理想，可

惜上海的接收效果不理想。測試滿意後，天文台宣布於 1918 年 9 月 1 日起通過鶴咀無線電站在每天上午 11:56 和 12:00 及下午 8:56 和 9:00 發放 "授時"。發放前會收到 "CQ DE VPS HK TIME WAIT" 的訊號，意謂："從香港 VPS 號台通知所有人時，請等待。"播放頻道 1,000 米。距港 1,000 英里的東馬來亞山打根（Sandakan）可以清楚接收通訊。

　　雖然有自己的發放器，因戰爭影響，天文台每年從船隻收到的無線電天氣資料不足 200 個。戰爭完結，港府於 1918 年 11 月 15 日解除 1914 年 8 月的禁止無線電報通訊的禁例。於是要求殖民地部向馬可尼國際海事通訊公司（Marconi International Maritime Communication Company）再次發通告給船隻協助香港天文台收集天氣資料，而天文台會根據這些資料給可接收鶴咀無線電站訊息的船隻發放天氣報告和預測。[90] 在定稿前，港府建議以 "廣播" 一詞代替 "傳送" 一詞。最後憲報和天文台年報都採用 "廣播" 一詞。幸其先生用的是三極真空管接收器，可傳收聲音，但未有其他證據證明這是香港在利用無線電聲音與外界溝通，若真的是，其主要對象也不過是輪船。[91]

90　*CO129/453*, pp. 492-497; *CO129/455*, pp. 402-404; *CO129/458*, pp. 459-463.

91　*Hong Kong Government Gazette*, Notification No. 452 of 1919; *Report of the Director of Royal Observatory for the Year 1919*.

（十三）無線電生

當年無線電是頂尖技術，操控技術需要人才，香港在這方面是真空狀態，上文已提及黃埔船塢在維修無線電器時亦缺人才。特別在戰爭期間，軍部亦人手短缺，要依賴馬可尼公司調配相關人手在鶴咀無線電站工作。港府沒有遠見，只根據當時慣例要求無線電接線生擁有英國有關培訓和資格才可擔任相關工作。這一新興行業的發展會在下文進行交代。

（十四）民間活動

長州於 1917 年受颱風破壞，發現颱風通訊不足，市民提議設立無線電或電話聯絡市區。[92] 1 年後又發生大火，定例局議員普樂質詢政府是否需要在長州設立無線電或其他聯絡市區的方法。[93]

1918 年 4 月，港府引用無線電報條例，控告兩名華人在德輔道中非法興建無線電站，控方認為兩名被告興建無線電站屬實驗性質，但接放範圍達 50 英里，應觸犯法律。裁判官判兩人罰款 25 元，100 元按金簽保 1 年，無線電器充公。[94] 可見坊間已有華

92 *South China Morning Post*, 31 August 1917.

93 *Minutes of Legislative Council Meeting*, 21 February 1918.

94 *The China Mail*, 23 April 1918.

人實踐使用無線電。其實泰萊先生早於 1910 年已申請無線電實驗牌照而被拒，市民唯有冒險觸犯法律也要嘗試新科技。9 年後，一位曾在皇家胡域冶船塢（Royal Dockyard at Woolwich）當無線電助理督察（Assistant Inspector of Wireless）的皇家海軍上校（Captain Royal Engineer）史密夫先生（Mr. R. Melville Smith）就向港府申請無線電實驗牌照。史密夫先生家居山頂，是最佳的實驗場地，並擁有一部 150 瓦的發射器，他亦是本地志願軍活躍分子，曾奪取射擊桂冠。他的理由是香港應該有懂得無線電技術的人，對香港百利而無一害。[95] 港府立刻向軍部諮詢，由於史密夫來自建造了不少著名軍艦的皇家船廠，軍部都視為 "自己人"，因此沒有反對史密夫先生的申請。港府從未有批准的經驗，於是向殖民地部請示。[96] 殖民地部向郵局諮詢，並提交帝國通訊會（Imperial Communication Committee）下的無線電分組（Wireless Sub-Committee）討論。無線電分組批准了史密夫先生的申請，但有附帶條件：發射器不可大於 10 瓦和遵守英國無線電實驗牌照規例。原來英國亦無統一發放無線電實驗牌照的規例，只能每次審核申請。批准的附帶條件有一清單，如申請人必須為英籍，滿 21 歲，有

95　*CO129/456*, p. 309; *South China Morning Post*, 5 April 1926.

96　*CO129/456*, p. 305.

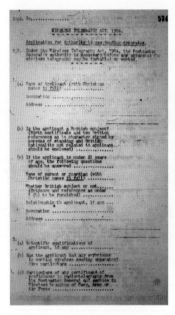
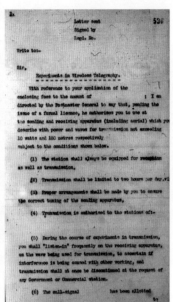

圖 3.9　申請領無線電牌照　　圖 3.10　無線電實驗牌照
標準申請表

兩位擔保人；除郵政局長外，收到的訊息不可向外洩露；安裝需郵政局長批准；天線高度不可超越 100 英尺；除獲郵政局長批准外，不可使用真空管；郵政局長隨時檢查發放器；每年牌費 10 便士。還有一套標準的申請格式（見圖 3.9）。[97] 圖 3.10 是實驗牌照，香港自此開始容許民間以實驗方式發放私人訊息。史密夫先生亦是香港第一位領有無線電牌照的人。

　　民間亦開始自發學習無線電報知識，1919 年初，

97　*CO129/465*, pp. 531-537.

在梅夫人婦女會有一場無線電報講座，由禾倫教授
（Professor Warren）主講，定例局議員何理岳（P.H.
Holyoak H.M.S.）主持。但有聽眾致函報章，認為講
座膚淺和陳舊過時。[98] 香港確實有臥虎藏龍之人。1913
年在港講述無線電技術的羅拔臣教授於 8 年後重臨香
江，帶來新技術示範。在中華基督教青年會的講台上
接收英國軍艦荷李鶴號（H.M.S. Hollyhock）的唱片轉
播。在座聽眾皆欣賞到了軍艦傳來的軍號角和音樂。[99]
羅教授上次示範無線電報，這次帶港人進入另一新世
界──無線電廣播，是首次在港有此盛事，寫下香港
歷史新的一頁。

在傳媒方面，《士蔑西報》於 1919 年 3 月開始設
有一專欄“無線電新聞”吸引讀者。世界傳媒面對著
新轉變，亦即面臨著新挑戰，其一是各政府如何實證
其發出新聞的可信性，二是如何翻譯，三是如何把
握一手資料的迅速發放。[100] 我們今天也面對著這些問
題，在微信內的資料堆積如山，其可信性令人懷疑，
這一問題亦未能解決！

98　*South China Morning Post*, 21 January 1919; *Hong Kong Telegraph*, 21
February 1918; *South China Morning Post*, 22 January 1919; *The China Mail*, 23 January 1918.

99　*South China Morning Post*, 1 March 1921.

100　*South China Morning Post*, 24 November 1919.

（十五）留聲機和唱片

第一次世界大戰後，無線電和飛行技術的發展突飛猛進，並逐漸應用於商業，美國人更在空中利用飛機和無線電話舉行婚禮。[101] 歌手的歌聲亦可通過無線電聆聽。[102] 專家馬可尼公開承認無線電的前途在無線電話（Wireless Telephony）。[103] 與此同時，留聲機和唱片亦在不斷改進，音樂和歌聲可以“人造”，讓人重溫美麗和優雅的聲調。唱片更發展至學習語言的領域。[104]

專營音樂類商品的茂柱公司（S. Moutrie & Co. Ltd.）於 1905 年 2 月在港開業。[105] 留聲機每部 30 元，極其昂貴。唱片種類豐富，是當時華人富家子弟使用的玩意。[106] 學校和團體都有留聲機供學生或會員使用。[107] 華人小販在行人路上用留聲機作宣傳售賣“涼茶”，但由於距離國家醫院太近，遭警方檢控，被罰款 10 元。[108] 留聲機的高聲調亦成為滋擾來源，亦有事件弄上法庭。九龍一名居民向報館投訴說只有兩個

---

101 *Hong Kong Telegraph*, 22 September 1919.

102 *South China Morning Post*, 18 June 1920.

103 *South China Morning Post*, 26 February 1921.

104 *South China Moring Post*, 3 February 1904.

105 *South China Morning* Post, 8 February 1905.

106 *South China Morning Post*, 15 September 1905.

107 *South China Morning Post*, 17 January 1906, 7 August 1912, 2 April 1920.

108 *The China Mail*, 16 January 1914.

解決方法：找一沒有留聲機的鄰居，或是自己買一部留聲機加入用噪音滋擾他人的行列。[109] 羅賓遜鋼琴公司（Robinson Piano Co.）為吸引客人，於 1917 年推出"租碟"服務。[110] 原來 20 世紀 80 年代流行的"租碟"，百年前已有。製造唱片首先要錄音，根據學者研究，英國謀得利公司早於 1903 年 4 月已在香港灌錄廣東唱片，有 145 張之多。[111] 在廣播播放唱片是不可缺少的一環，"唱片騎師"（Disc Jockey）一詞，到今天仍然沿用。

范信達於 20 世紀初在美國麻省布特石（Brant Rock, Massachusetts）進行發電機廣播實驗，1906 年聖誕前夕在布特石成功用發電機傳遞聲音。[112] 定下電弧和發電機發射器（arc and alternator transmitter）取代火花隙發射器（spark gap transmitter）成為傳遞聲音的新研究方向。李富斯發明真空三極管（audion vacuum tube，見下頁圖 3.11），成功傳送穩定的連續電波（steady continuous wave），即日後的 AM（Amplitude Modulation）廣播，李富斯亦被譽為廣播之父。[113]

109 *South China Morning Post*, 20 July 1915.

110 *South China Morning Post*, 2 November 1917.

111 Jerrold N. Moore, *A Voice in Time:The Gramophone of Fred Gaisberg 1873-1951* (London: Hamish Hamilton, 1976), pp. 83-84；容世誠：《粵韻留聲——唱片工業與廣東曲藝（1903-1953）》（香港：天地圖書公司，2006 年），頁 45。

112 Lewis Coe, *Wireless Radio: A Brief History* (London: McFarland & Company Inc Publisher, 1996), p. 10.

113 Lewis Coe, *Wireless Radio: A Brief History*, p. 11.

圖 3.11 李富斯
（Lee De Forest）
與他的真空三極管

李富斯的實驗到 1916 年已在紐約成功廣播總統競
選。業餘無線電人干域（Charles Conrad）於 1919 年
在賓夕法利亞洲的匹茲堡（Pittsburgh, Pennsylvania）
自設廣播站，改名為 8XK 台號，其最著名的亦是廣
播總統競選，後成為著名的 KDKA 廣播台。跟著在
美國的密芝根（Michigan）也誕生了 WWJ 廣播台。[114]
英法兩國跟著在 1922 年開始廣播，中國亦開始興建
廣播台。[115]

---

114 Lewis Coe, *Wireless Radio: A Brief History*, p. 26.
115 *Hong Kong Telegraph*, 7, 15 November 1922.

（十六）廣播初路

　　上文提及鶴咀發射站開幕時已交軍部管理，直至 1921 年 8 月 1 日才交回郵政局，而羅拔臣教授亦於同年在中華基督教青年會的講台上示範接收軍號角和音樂的轉播，讓聽眾大飽耳福。一切無線電發展似乎從 1921 年又再重燃。《孖剌西報》於 1922 年介紹何謂 "廣播"（broadcasting）和 "收聽"（listen-in）。以美國為例，聽眾用兩英鎊就可以在家中享受到收聽新聞、體育和商業消息、音樂和演唱、講道和娛樂等節目。廣播亦漫延至印度和中國，甚至在汽車上也可收聽。[116] 法國巴黎鐵塔的廣播，法國人用 1 英鎊就可享受節目，但若要收聽音樂或演唱，就要花 16 英鎊購一強力收音機才可接收。[117] 1923 年，英國和上海 [118] 皆有廣播電台，報章評論香港新科技落後於世界。[119] 言猶在耳，《士蔑西報》便牽頭與民間發燒友組織創立一無線電會（Radio Club）。[120] 1923 年 4 月，《士蔑西報》收到 60 位發燒友的支持召開成立無線電會會議，

116　*Hong Kong Daily Press*, 1 September 1922.

117　*South China Morning Post*, 5 September 1922.

118　有關上海最早廣播歷史，可參看張姚俊：〈20 世紀 20 年代上海的外商電台及其影響〉，載《都市文化研究》，2013 年第 1 期，頁 281-295。

119　*South China Morning Post*, 21 April 1923.

120　*Hong Kong Telegraph*, 24 April 1923.

地點在《士蔑西報》雪廠街辦事處，時間是 1923 年 4 月 30 日下午 5 時半。發燒友包括擁有豐富無線電經驗的軍人和有專業資格的電機工程師，他們希望香港無線電科技可與世界並肩。[121] 由於人數太多，當日會議移至大會堂舉行，由《士蔑西報》總編輯希思（Alfred Hicks, 1883-1937）[122] 主持。希思說明成立無線電會的目的是科研而非娛樂，利用科研去改善和增加會員對無線電科技的知識。他收到 93 份申請，首先要解決的是會址問題，因講座和示範需要空間。香港大酒店電機工程師何察（William Edwin Orchard）承諾免費示範廣播，但一切要視乎政府批准的臨時牌照。會議通過成立無線電會，並選出中華電力公司經理杜理方（James Henry Donnithorne）為主席，副主席為首位擁有本地實驗無線電牌照的史密夫先生，秘書和司庫是中日電話公司（China and Japan Telephone and Electric Company Limited）的電機工程師杜倫（Duncan Tollan），委員有香港大酒店電機工程師何察、通用電力公司（General Electric Company Limited）電機

---

121 *Hong Kong Telegraph*, 25 April 1923.

122 希思 20 世紀初已抵港，初在《德臣西報》工作，1909 年在港結婚。1911 年盧布醫生買下《士蔑西報》，他轉《士蔑西報》任編輯。《士蔑西報》於 1916 年轉手《南華早報》，希思任總編輯，是為第七任。他家居九龍，活躍於九龍居民協會。亦為保護兒童協會和童軍總會工作。工餘熱愛網球和哥爾夫球。1932 年獲太平紳士。1937 年香港霍亂肆虐，希思是第一位死於霍亂的外籍人士。

圖 3.12　花園道的志願軍總部

工程師華胡夫（Arthur Basil Raworth）和泰萊（J.M. Taylor）。[123]

（十七）政府態度

　　無線電會趁熱打鐵，於 1923 年 5 月 17 日召開會議，並邀得署任布政司范查演講。地點在花園道志願軍總部。主席杜理方感謝《士蔑西報》喚起對無線電有興趣的人士齊集成立無線電會，又多謝博特上尉（Lieut. Bird）借出志願軍總部開會，圖 3.12 是花園

---

123 *Hong Kong Daily Press, Hong Kong Telegraph, South China Morning Post*, 1 May 1923.

道的志願軍總部，並交代已向政府申請無線電臨時牌照。政府回覆一切要待殖民地部回覆後才知去向。杜主席認為在英國亦有發臨時牌照，條件是其波長不干擾海軍、軍部和商業運作便可，所以希望港府盡早回覆，以便無線電會制定其會章。

范查澄清他參加會議的目的是搜集和聆聽意見，並向會議解釋申請臨時牌照一事已交殖民地部審核。他透露 1922 年 11 月政府委任由碧胡夫（C.W. Beckwith, R.N.）帶領史密夫和文尼上尉（Lieut. Meney）的小組曾經研究香港無線電的發展。報告強烈認為香港急需一名無線電專家；無線電傳聲在港仍處初級階段，政府應該鼓勵無線電科研，並發收音機牌照；建議天文台成立發射站，自行廣播天氣和時間；同時建議防衛軍成立無線電分部。至於無線電發放站的臨時牌照，香港的困難是地方太細，容不下太多發射站。他透露現時已有五間商業機構提出申請，華資公司的專長為轉播戲院的粵曲，酒店的天台花園富有轉播經驗，而報館則關心路透社電報新聞，政府在這幾方面需要諮詢無線電會的意見。英美兩國政府在這一領域的政策亦引起混亂，未如理想，港府寧願走得慢些，也好過將來後悔。售賣收音機的專利也是政府面對的問題，香港會參考英國經驗，因為商業運作講求利潤。政府正向皇家代理物色無線電人才，待專家到港才展開研究。

　　筆者查政府的電機員工，1884 年至 1893 年有一臨時兼職電機技術員（Electrician）的職位。[124] 到 1913 年才有首位全職電機技術員，名叫史提芬信（Richard John Stevenson），[125] 1921 年鶴咀無線電站交還政府後才有首位無線電報總監（Superintendent Wireless Telegraphy）名叫白梳（Samuel Bradshaw）。[126] 確實是沒有電機工程方面的專才。海軍和軍部都有這方面的專家，曾協助天文台測試和公開講座和示範。馬可尼公司、香港電燈公司、九龍電燈公司、電車、電話公司和通用電力公司等都有專才，范查出席會議除 "收料" 外，主要是廣結本地無線電專家，所謂尋找合適的 "盲公竹"，即顧問。一群發燒友既可以名正言順實踐無線電技術，又可以尋找商機，所以一拍即合，共同開墾香港無線電技術，正如英國無線電權威羅治爵士（Sir Oliver Joseph Lodge, 1851-1940）在 71 歲生日時所說："業餘無線電人士對無線電科技的發展貢獻不少，憑著他們的熱情，無線電的發展有了不少新主意。"[127] 情況同樣發生在美國，1922 年的華盛頓首屆國家無線電會議，五大收音機製造商想將業餘無線

124　*Hong Kong Blue Book for the Year 1884.*

125　*Hong Kong Blue Book for the Year 1913.*

126　*Hong Kong Blue Book for the Year 1921.*

127　*South China Morning Post*, 21 July 1922.

電成員拒諸門外，但結果大會容許他們參加。[128] 事實
證明由於他們被禁止使用長波，憑熱情鑽研那些理論
家認為不可發展的短波領域，成功打出短波廣播的出
路。[129] 在香港，一位署名"真空管"的發燒友迫不及
待地在會議後去信《士蔑西報》，要求無線電會成立自
己的廣播台，[130] 其熱衷程度由此可見。事實上，對於
香港往後十多年的無線電廣播發展，這群發燒友真的
功不可沒。

（十八）香港無線電協會
（Hong Kong Radio Society）

　　無線電會正名為香港無線電協會，在徵詢政府意
向後，協會於 1923 年 6 月 4 日開會定立會章。約 50
名會員出席在志願軍總部的會議。杜理方主席主持，
副主席華胡夫、秘書杜倫、委員有青州燈塔主管泰萊
（George Frederick Hunt Taylor）等協助。會議通過入
會費為 5 元，年費 5 元；委員會 10 人，六人可開會。
協會目標是：學習無線電報和電話科學；尋找和認識
無線電儀器；成立圖書館；協助和提供意見給有興趣
人士；舉行講座和示範；保障所有使用無線電儀器

---

128 Lewis Coe, *Wireless Radio: A Brief History*, pp. 42-43.

129 Lewis Coe, *Wireless Radio: A Brief History*, p. 41.

130 *Hong Kong Telegraph*, 19 May 1923.

圖 3.13　香港無線電協會供閱讀的雜誌

的人士。高院註冊官麥本娜（Charles Alexander Dick Melbourne）和蘇非亞先生（Daniel Oswald da Silva）慷慨捐出儀器和雜誌（*Popular Wireless*，見圖 3.13）。蘇非亞先生還承諾可長期供應雜誌。[131]

政府亦成立委員會研究發牌事宜，委任協會主席杜理方、史密夫先生、和郵政局長連道（Roger Edward Lindell）、定例局秘書麥亞利（Samuel Burnside Boyd McElderry）四人。[132]

---

131 *Hong Kong Daily Press, Hong Kong Telegraph, South China Morning Post*, 5 June 1923.

132 *Hong Kong Telegraph*, 23 June 1923.

無線電協會請了馬可尼公司的查仕頓（Arthur James Chesterton）連續四個星期二晚於志願軍總部講授無線電學。[133] 1923 年 6 月 25 日首講。上海國家無線電行政公司（National Radio Administration Limited of Shanghai）的總經理奧士本從馬尼拉抵港尋求商機。他透露即將在馬尼拉興建一座強力廣播站，香港可以清楚接收。[134] 美國芝加哥電話製造公司的碧仕（George H. Briggs）亦訪港，該公司出產不少收音機。[135]

奧士本接受《士蔑西報》的訪問原來還有下文，就是借用馬尼拉廣播站的儀器在港作示範廣播。《士蔑西報》於 1923 年 8 月 1 日已報導 2 日 5 時半在志願軍總部收聽郵政總局的轉播，發射器在上海嵌套，零件是英國製造，有八個真空管，強度為 200 瓦，適合播放音樂。歷史性的時刻終於來臨，香港首次大規模公眾廣播在志願軍總部舉行，原本安排在郵政總局的發射站轉至總部收聽器的鄰房，不知是否因為這個原因，無人聽到杜理方主席的講話，至於廣播音樂，聽眾認為比留聲機播放差一半。協會和社會都感到非常失望。[136]

上海國家無線電行政公司的奧士本是記者出身，

---

133 *Hong Kong Telegraph*, 22 June 1923.

134 *South China Morning Post*, 21 July 1923.

135 *Hong Kong Telegraph*, 30 July 1923.

136 *Hong Kong Telegraph, South China Morning Post*, 3 August 1923.

是在中國成立首個廣播電台的人，取名為奧士本電台。[137] 其後又在菲律賓成立廣播電台，是位有經驗的無線電廣播人。他不甘心在港試播失敗，1923 年 9 月 5 日捲土重來，並邀請布政司范查和裁判官麥本娜出席試播。奧士本帶來技術專家沙北（Ludwig Syberg）負責在香港大酒店天台花園安裝儀器，由柯察先生負責控制 100 瓦發射器的轉播，沙北坐鎮《士蔑西報》辦事處，利用英國製造的兩膽真空管 Gecophone 接收器（見下頁圖 3.14）和 Magnavox 放大器連喇叭（見下頁圖 3.15）播出。香港大酒店秘書學嘉（Walter John Hawker）先生讀出《士蔑西報》的一段新聞，聽眾可清楚聽到，其後又播放賓士域唱片（Brunswick Records，見下頁圖 3.16），音樂亦可清晰接收。淺水灣酒店亦可享受清楚的廣播音樂，遠至 120 英里外的輪船也可以收到。[138] 這種規模的公開並成功廣播是香港歷史上的首次。香港大酒店藉實驗為名，每天黃昏 6 時廣播，星期日就在上午 11 時廣播，以播放唱片為主，並呼籲聽眾向大酒店或《士蔑西報》反映接收狀況，[139] 開

---

137 謝鼎新：〈民國時期 (1920-1949) 國人對廣播的認知〉，載《安徽師範大學學報》，2009 年第 6 期，頁 716-722；張姚俊：〈20 世紀 20 年代上海的外商電台及其影響〉，載《都市文化研究》，2013 年第 1 期，頁 281。

138 *China Mail, Hong Kong Telegraph, South China Morning Post*, 6 September 1923.

139 *Hong Kong Telegraph*, 4 October 1923.

圖 3.14　Gecophone 接收器

圖 3.15　Magnavox 放大器連喇叭

圖 3.16　1922 年的賓士域唱片（Brunswick Records）

啟了本地漫長的實驗廣播之路。廣州及其附近的海口和輪船皆收到本地的實驗廣播。他們首次從 1923 年 10 月 18 日定例局會議兩位議員 —— 普樂和羅亞旦的發言節錄廣播給廣州聽眾。[140]

---

140 *Hong Kong Telegraph*, 22 October 1923.

（十九）政府默許的開端

　　協會運作不到半年，正副主席杜理方和史密夫先後辭職，導致委員會開會人數不足，後補入香港電燈公司工程師柏基（Cyril Leslie Packe）和查仕頓才湊齊人開會，並於 1923 年 10 月 25 日召開特別會員大會選出新主席。副主席華胡夫主持會議，交待政府未能發出廣播牌照的原因，唯今之計只能在不影響海軍、軍部和商業運作的原則下，"口頭"批准臨時實驗廣播，政府同意協會三名會員負責協助監控，待殖民地部有了指引和專家到港後才考慮立法。政府亦承諾收音機暫時無需領牌，會員若有關於干擾的疑問，協會承諾全力協助解決。大會選出裁判官麥本娜和華胡夫為正副主席。[141] 在這些"口頭"和"臨時"措施下，協會可繼續行其實驗廣播之路。會議後，協會轉播香港大酒店的音樂和演唱，起初收到輪船摩士碼，其後接收清晰，可以聽到三位歌手的美妙歌聲。《士蔑西報》收到四封讚美廣播信：兩位聽眾居於山頂採用真空膽管收音機，他們都盛讚牛奶公司麥活他（David McWhirter）的詼諧演講；一位聽眾在船上使用礦石收音機（crystal set）亦可收聽（見下頁圖 3.17）；一位聽眾居所近香港大學。使用威絲汀收音機亦接收清

---

141 *Hong Kong Daily Press, Hong Kong Telegraph*, 26 October 1923.

圖 3.17　1920 年代的礦石收音機

圖 3.18　1920 年代的九龍酒店

楚。[142] 其他亦有接收不清的情況，主因是收音機和地點距成功路甚遠。

（二十）廣播測試電台

　　無線電專家仍未到港，根據英資遠東無線電通訊公司（Radio Communication Company [Oriental]）的記錄，每天安裝約 10 至 12 部收音機，香港已有 450 人使用收音機。華人亦十分感興趣。遠東無線電通訊公司承認有一本地富豪鼎力支持，於九龍酒店設立一個 5 瓦發射器，每晚於香港大酒店廣播後（6 時至 7 時），即 8 時半至 10 時，採波長 235 米廣播，間中也於 7 時至 7 時半廣播。圖 3.18 是九龍酒店。公司透露已獲政府臨時批准設一座 1,000 瓦發射器，可傳至北京、馬尼拉和雅加達。轉播唱片來自茂柱公司。[143] 有一公司在德輔道中歷山大廈設一大型喇叭，傳出："各位您好！"[144] 並且不忘賣廣告。傳媒稱天文台有一發射器被評為沒有善用，政府稱待專家到港後一併考慮廣播去向。[145]

142 *Hong Kong Telegraph*, 27, 29 October 1923.

143 *Hong Kong Telegraph*, 6 November 1923.

144 *Hong Kong Telegraph*, 28 November 1923.

145 *South China Morning Post*, 30 November 1923.

（二十一）嘗試現場轉播

遠東無線電通訊公司非常積極，嘗試現場轉播，與意大利歌劇公司合作，於 1923 年 12 月 2 日晚在尖沙咀景星戲院轉播上演的歌劇。公司利用一個小型米高風（microphone）收錄歌劇，再傳至九龍酒店的發射器發放。鐵行輪船在 60 英里外亦可清楚接收。這次成功廣播不但寫下香港歷史紀錄，更是遠東地區首次同類型廣播。[146]

（二十二）專家到港

早於 1923 年，皇家代理已物色到一位無線電專家給香港，但港府堅持需要一位有資歷和全面認識電機工程的專業人士，皇家代理選中的那一位卻沒有電機工程專業資格，即英國電機工程學會會員（MIEE, Member of the Institution of Electrical Engineer），[147] 結果延遲了聘任。港府的堅持有其道理，當時正與中日電話公司商談改善電話服務和延續專營權，討論涉及機樓飽和，需更換新系統的問題，中央電磁或自撥電話將進入香港，其內容全是新科技，[148] 政府確實是需

---

146 *Hong Kong Telegraph*, 3, 4 December 1923.

147 *CO129/480*, pp. 84-88.

148 見本書頁 170-171。

要一位全面的專業電機工程師。

金海博於英國雷丁的簡哲學校（Kendrick School, Reading）接受教育，在溫莎電機安裝公司（Windsor Electrical Installation Co.）學習電機工程，後在溫莎發電站任工程師兩年，1901 年轉畢氏喜公司任工程師，1903 年加入屈拜市政局（Whitby Urban District Council）任總助理電機工程師，後升至總工程師及經理直至 1913 年轉職馬可尼公司於愛爾蘭的奇理頓（Clifden Wireless Station）無線電站工作。大戰期間，曾在嘉拉旺（Carnarvon）、潘拿（Poona）、普胡（Poldhu）和埃及無線電站工作，富有無線電測向站（Radio Directional Finding Station）經驗。戰後在軍部任職，1920 年加入殖民地部任總工程師，在英屬坦桑尼亞（Tanganyika，前德國東非殖民地）三蘭港（Dar es Salaam）工作。他於 1923 年乘坐蘇丹郵輪（S.S. Soudan）遠渡香港，於 12 月初到港，職位是工務局電機行政工程師，屬專業工程師（Executive Engineer）級別，主管電機工程包括電燈、電風扇、電梯、電報和電話等電力工程。他將為香港無線電廣播包括燈塔、警署、水警輪等定下方向。從金海博的履歷來看，他確實是電機及無線電專家，並且是政府第一位有專業資格的電機工程師，圖 3.19（見下頁）是金海博。[149]

---

149 *Hong Kong Telegraph*, 5, 6 December 1923; *South China Morning Post*, 6 December 1923, 29 January 1938.

圖 3.19　香港政府首位
全職電機工程師金海博
（Louis Herbert King）

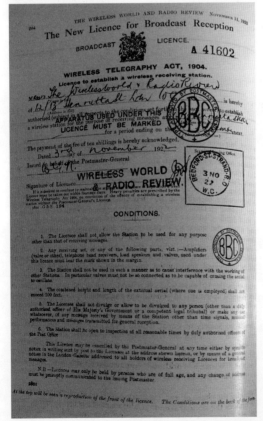

圖 3.20
1922 年英國
的無線電牌照

（二十三）摸著石頭過河

專家只能提供技術意見，設立無線電廣播是政府政策。香港是殖民地，政策沿自英國制度。可是英國政府面對新科技都只是"摸著石頭過河"，即摸索試驗。1920 年英國發無線電廣播實驗牌照，馬可尼和大都會維嘉公司（Metropolitan Vickers Co.）分別成立廣播實驗進行測試。圖 3.20 是英國於 1922 年的無線電牌照。

英國廣播公司（British Broadcasting Company）於1922 年 10 月成立，由六間大型收音機製造商以相等股份聯合組成。除馬可尼和大都會維嘉公司外，還有活躍在香港和遠東的無線電通訊和通用電力公司，連同英國譚臣侯斯頓（British Thomson Houston Company）和西方電力公司（Western Electric Company）合共六間。但以售賣收音機和徵收牌照費養活私人廣播電台的如意算盤打不響，民間出現大量自製收音機。英國政府的實驗遇上波折，豈敢拿到殖民地應用。港府只能等待英國政府的無線電廣播政策落實成效後才有方向性政策，因此其發展就停留等待階段上，投資私營無線電公司需要大量資金，但未能有合理利潤，只剩下政府經營這一條路，而經營廣播需要資源，金海博就在這大環境下負起發展香港無線電的重責，一人之力有限，收音機商人、無線電協會和本地發燒友自然有其角色。

（二十四）專家的構思

　　金海博的想法可見於他抵港後一年在無線電協會周年會議上的演講。他解釋未能發牌的原因是中國政局不穩，要小心審批，現已加了人手，嚴格審查發放牌照。金海博透露政府正計劃興建一座強力無線電站，先從天氣和颱風及防止罪案廣播做起，至於音樂和演唱，他不愁業餘人士沒有供應。他傾向於政府管理無線電廣播，以 1.5 千瓦發放器，波長 300-350 米發放，但仍未決定落實。民間發放器限於 10 至 50 瓦，波長 90 米。[150]《士蔑西報》批評金海博對娛樂廣播不太熱心，認為無線電協會要修正其方向。[151] 遠東無線電通訊公司則向總商會建議接收香港無線電運作，[152] 認為政府只做監察角色亦可保金海博的 "飯碗"。事實上，英國以私人公司辦廣播仍在試驗階段，香港頒發永久牌照遙遙無期，金海博管理的無線電組從 1921 年的三名高級無線電生、無線電生和學徒各兩名增至 1924 年的六名高級無線電生、四名無線電生和 20 名學徒，但這些員工增加並不是提供無線電廣播所用，而是應付大戰後傳收無線電報五倍的增長。[153]

---

150 *Hong Kong Telegraph, South China Morning Post*, 20 December 1924.

151 *Hong Kong Telegraph*, 22 December 1924.

152 *Hong Kong Telegraph*, 14 March 1924.

153 *CO129/485*, pp. 189-192.

另一方面，鶴咀無線電站的儀器亦達到飽和，需要添置新儀器甚至興建新發射站。金海博明白到香港最重要的是港口活動，即航運業，往來船隻急需要的是有準確天氣、颱風、海盜和意外消息，在申請資源上比較容易，所以他首先是著手優化這方面工作。有關娛樂性廣播，在等待英國政策期間，容許私人擁有收音機和發燒友以實驗形式發送娛樂廣播。[154]

（二十五）測試天氣廣播

不要以為戰後解禁可吸引大量輪船提供天氣資料，1921 年來港輪船只有少於 10% 提供天氣資料，1922 年少於 12%，1923 年 17%。1924 年港府在總商會的要求下，向馬可尼國際海事通訊公司要求再發通告，並趁機將提供天氣資料標準化。1925 年大罷工又將百分率拉低，到 1926 年才回升。1921 年天文台通過鶴咀無線電站將每天發放授時的安排轉到昂船洲無線電站。其接收器於 1922 年損壞，需要維修。工務局於 1925 年成立無線電報部，同年 4 月 30 日將天文台的接收器移至天文台舊望遠鏡屋位置，並接管儀器。在一輪測試滿意後，天文台宣佈於 1926 年 7 月 1 日開始從鶴咀無線電站 VPS 台號 600 米發放天氣報告和預

154 *Hong Kong Government Gazette*, No. 267 of 1924.

圖 3.21　馬可尼真空管型號 Q

測，每天時間為中午 12 時和晚上 8 時，在 2,800 米波
長重播，時間為下午 1 時和和晚上 9 時。而颱風消息
的發放則在中午 12 時，每兩小時重播直至凌晨。[155] 11
月 30 日，天文台的新無線電屋落成，原在舊望遠鏡屋
的收發器遷至新居。新居位於大樓南 51 碼，44 英尺乘
18 英尺，內有機房和電池室。建築由達利公司承造，
造價 5,010.7 元。接收器是馬可尼型號 RP2B，接收波
長 750 至 26,000 米。發放器從鶴咀遷至新屋，強度 1.5
千瓦，用馬可尼真空管型號 Q（見圖 3.21），發放波長
250 至 1,000 米。[156] 1927 年 2 月，在昂船洲無線電站發
放的授時會利用 ICW（Interrupted Continuous Wave）

155 *Hong Kong Government Gazette*, Notification No. 308, 428 of 1926.

156 *Report of the Director of Royal Observatory for the Year 1925, 1926; Report of the Director of Public Works for the Year 1926, 1927.*

同時在鶴咀無線電站發放。而在鶴咀無線電站收集的天氣資料，以及傳送的天氣報告和預測則直接由天文台的無線電站接收和傳送，台號 VPS3，採用 ICW 波長 800 米。[157]

由於政府在 1927 年已開放派發無線電接收器牌照，對象已從輪船伸至全港擁有無線電接收器牌照的人士。天文台開始對聲音進行廣播，並在 4 月將天文台的無線電站台號改為 GOW。[158] 6 月 1 日，將重播天氣報告、預測和颱風消息轉至鶴咀無線電站 VPS 波長 2,800 米。8 月 13 日，正常的廣播天氣報告、預測和颱風消息在 GOW 波長 300 米以聲音發放。[159] 1928 年 6 月 1 日起，天文台停止在 GOW 波長 800 米廣播天氣報告、預測和颱風消息，改在 VPS 波長 300 米廣播。GOW 波長 300 米仍然於中午 1 時 48 分廣播和 7 時 48 分重播天氣報告和預測。颱風消息則在 VPS 波長 300 米每小時 18 分廣播和在 GOW 波長 300 米每小時 48 分廣播。授時就在 VPS 波長 2000 米廣播。[160] 其發射器亦移至山頂。[161] 由於香港地勢多山，無線電廣播有先天難度。

---

157 *Hong Kong Government Gazette* Notification, No.111 of 1927.

158 *Hong Kong Government Gazette* Notification, No.208 of 1927.

159 *Hong Kong Government Gazette* Notification, No. 467 of 1927.

160 *Hong Kong Government Gazette* Notification, No.322 of 1928.

161 *CO129/510/21/16*; *Hong Kong Government Gazette*, No. 323 of 1928.

（二十六）民間活動

羅拔臣教授於 1913 年和 1921 年在港講授無線電科技和作當場示範，寫下香港無線電廣播的首頁，他於 1924 年重臨香江，展開一連數天由中華基督教青年會舉辦的講座。這次的對象除發燒友外，還有兩課特別供本地學生。第一場有皇仁、男拔萃和聖若瑟書院的同學，第二場有聖士提反和英華書院的男生。[162] 誰都沒料到這新科技竟然有傳染性，一群年輕人有如"上癮"一般，在兩星期後成立一中華基督教青年會無線電會，會長潘耀東，[163] 副會長 K.T. Lee，秘書和司庫李兆基。[164] 繼無線電協會後另一發燒友組織，他們稱會與無線電協會緊密合作，[165] 是為首個華人無線電會。他們不是空談，不足 1 年，中華基督教青年會在渣甸和太古的鼓勵下，開辦無線電課程，培訓華人無線電值機員。[166] 1 年後，在大中國無線電公司（Great China Radio Company）提供威絲汀發射器的情況下，向政府申辦一張雙語廣播電台牌照，節目是講座和音樂。有

---

162 *Hong Kong Telegraph*, 25 February 1924; *Hong Kong Daily Press*, 26 February 1924.

163 潘耀東是牙醫。

164 李兆基後來成為醫生。

165 *Hong Kong Telegraph, South China Morning Post*, 18 March 1924.

166 *South China Morning Post,* 6 January 1925；見本書頁 335-343。

消息傳出政府已命金海博草擬牌照條例監管廣播。記者走訪金海博，他期望私人企業可不必急於回報，以符合他草擬的規例，播出一流節目。亦認為本地有兩組聽眾，一批是晚上 10 時半前，另一批是華人酒樓，往往在凌晨才休息。但他強調香港受山勢影響，只適合在冬季廣播。[167] 不久，省港大罷工爆發，船隻到港的數量只是 1924 年的 16%，噸數減至 36%。[168] 與中國內地的貿易額跌至一半，進口食糧價格升 50%。有 3,000 多間公司倒閉。1921 年至 1924 年港府平均賣地收入為 250 萬元，1925 年賣地收入只有 57 萬元，1926 年更跌至 28.6 萬元。單從數字其實並不能反映社會真正的苦況。[169] 在這種經濟情況下，任何方面的發展都處於幾乎停頓的狀態。

不要忘記，上海、馬尼拉、美國、澳洲甚至澳門都有廣播，只要有一台收音機加天線，每天都可以享受節目。發燒友轉移陣地收聽外國廣播，仍有調校不同收音機和天線的測試遊戲可玩。上海和馬尼拉是最易接收並且受歡迎的電台。它們的節目表可見於各大報章。好不容易到 1926 年中，南華早報大廈屋頂出現天線，香港踏上另一個階段的 "廣播測試"。

---

167 *China Mail*, 19 May 1925.

168 Chan Lau Kit-ching, *China, Britain and Hong Kong 1895-1945* (Hong Kong : The Chinese University Press, 1990), p. 195.

169 Chan Lau Kit-ching, *China, Britain and Hong Kong 1895-1945*, p. 196.

（二十七）遇上省港大罷工

　　除天氣和報時廣播外，金海博亦致力於改善鶴咀無線電站的器材，如加大工程房、增加和加大發射器、電池、無線電測向器、防海盜無線電器和加高天線等。1923 年颱風吹毀 70 英尺高的天線，政府趁機將天線加高至 220 英尺，由太古船塢建造，1924 年完工，圖 3.22 是 70 英尺高的天線，圖 3.23 是 220 英尺高的天線。金海博亦購入一部 6,000 瓦真空管發射器，可傳收 1,000 英里，供天氣和颱風廣播。又購置了一部 1,500 瓦連續波電報電話雙用發射器，可取代舊的發射器，增加傳收速度。無線電測向器出現了內部侵蝕，要拆機維修。[170] 英國法例規定註冊輪船必須裝有無線電傳收器，關於它是否適用於香港曾引起不少爭論，其中一點是無線電值機員資格的討論。新科技何來足夠人才，無線電訓練學校也是金海博的難題。[171] 當儀器陸續抵港，香港發生大罷工，航運業受到嚴重影響，經濟雖然大跌，卻帶給金海博的團隊空間來試驗新器材。而他亦可為其電機工程部作長遠規劃。

---

170 Hong Kong General Chamber of Commerce, *Report for the Year 1924*, pp. 40-44; *Hong Kong Telegraph,* 17 March 1924; *South China Morning Post*, 18 March 1925.

171 見本書頁 335-343。

圖 3.22　鶴咀無線電站 70 英尺高的天線

圖 3.23　鶴咀無線電站重建後 220 英尺高的天線

（二十八）改組電機工程部

　　香港於 1890 年供應電力，工務局內仍未有專業電機工程人員。到 20 世紀初，中環新大廈都設有電風扇和電梯。政府的最高法院大樓（今終審庭大樓）也適應潮流設有電梯和電風扇。政府因而覺得要負責安裝和保養電燈、電風扇和電梯，必須要有自己的員工，因而於 1913 年設立電機技術員職位，10 年後才加設一名助理電機技術員職位。再發展到自撥電話和無線電廣播等新領域，政府不得不設立一名電機工程師職位，故此堅持無線電專家必須持有皇家電機工程師學會資格。但這決定是有將無兵，金海博手下只有無線電報監督和值機員，都是處理日常操作。無線電技術仍在初階，需要大量實驗和測試，加上香港地理和天氣環境不利於無線電傳收，有很多地方接收不清，實地測試才可找出問題。金海博承認他和同事都在工餘時間才能進行實驗。因海事處、警署、天文台和郵政局都有處理無線電的員工，金海博認為集中管理更可發揮效率。事實上，有不少無線電的員工是在做工程工作。在經濟不景氣的情況下，金海博亦只微調薪酬。現職八位高級無線電報值機員中，最資深的兩位升為無線電督察（Inspector of Wireless），餘下職位不變。所有無線電報值機員都歸工務局管理，由工務局根據實際需要分派至各部門工作。工務局電機工程部下設有兩組，A 組負責電燈、電話、陸上電報和海底電報及電梯；B 組負責無線電。[172] 有了這一制度，金海博可以名正言順地繼續其無線電實驗和測試。

（二十九）私營無望

馬可尼和遠東無線電通訊公司活躍於香港和遠東，希望將英國廣播公司模式套用於香港、中國內地、菲律賓、新馬和印尼的龐大市場。遠東無線電通訊公司除成功在菲律賓創立電台之外，還替澳門於 1924 年創立電台，[173] 他還寄望在九龍酒店的實驗台可成為香港永久廣播台。他們亦向總商會遊說，認為香港無線電發展可分四類：遠洋輪船、馬尼拉、星加坡和上海等港口；內河船防止海盜；收集天氣資料；廣播和無線電話。[174] 此計劃獲總商會支持。[175] 馬可尼公司更是創立鶴咀無線電站的公司，長期有專家在港。但港府遲遲未能發放廣播牌照，他們只有依賴售賣收音機維持營運。傳媒不停傳出政府不考慮發廣播牌照

172 *CO129/493*, pp. 513-520.

173 詳情可參看《華字日報》，1924 年 7 月 10 日；*South China Morning Post*, 21 June 1924, 10, 14 July 1924; *Hong Kong Telegraph*, 9, 14 July 1924; *China Mail*, 14 July 1924.

174 *Hong Kong Telegraph*, 14 March 1924.

175 *Report of the Hong Kong General Chamber of Commerce for the Year 1923*, p.54.

的消息，工務局於 1926 年大改組電機工程部，天文台亦廣播天氣，政府開徵收音機牌照費，英國在大罷工後有意將英國廣播公司公營，民間無線電組織與港府合作廣播娛樂節目，種種跡象顯示港府有建立自己電台的趨勢，1927 年遠東無線電通訊公司終於在港結業。[176]

（三十）官民合作

政府於 1926 年改組工務局電機工程部，看似加強了無線電技術支援人手，但從廣播節目的角度看，他們並沒有增加這方面的資源，即放棄了成立政府廣播電台，讓私人市場經營廣播節目，做其監管工作。另一方面，政府卻立法徵收收音機牌照費用，若市場沒有廣播節目，有誰會買收音機？牌照費是庫房收入，政府又如何運用這筆納稅人的錢？

政府多年未能發出私人廣播牌照，估計與英國廣播政策正處在實驗中有關，而香港地勢未能容納兩個以上發射站而產生壟斷和專利等問題，也一直困擾著港府和英國。若由三間英資無線電公司經營，但合營在英已見失敗案例，應如何取捨？事實上，雖是專利，但私人廣播公司的收入不能只靠收音機牌照費維持，英國對徵收廣告有很大保留，那又如何吸引私人

---

176 *Hong Kong Government Gazette*, No. 341, 500 of 1927.

廣播公司投資？政府最擅長"頭痛醫頭，腳痛醫腳"，由政府徵收牌照費，再與發燒友合作，進行現場大實驗，看看反應後才作決定。

3 年前《士蔑西報》牽頭喚起一場香港無線電廣播熱。今次是《南華早報》擔起這責任，夥拍無線電協會，再次進行廣播測試。1926 年 6 月在《南華早報》大廈天台築起一 30 英尺高天線和安裝一部 100 瓦發射器。又在報章呼籲廣播需要公眾支持。[177] 工務局高級無線電值機員羅蘭（Thomas Bewick Rolland）接受《南華早報》訪問，認為本地廣播風險來自社會，即商業社會對音樂、話劇和演唱不感興趣，但若不開始，好夢亦難成真。假以時日，香港廣播自會成功流行。[178]

7 月 4 日，無線電協會在《南華早報》大廈以台號 HK5，波長 475 米廣播測試，茂柱公司借出域陀唱片（Victor Record），港府規定廣播測試每 10 分鐘需停一次，約 3 分鐘，每日晚上 8 時半至 10 時，節目有音樂、報時和清談，《南華早報》呼籲聽眾將接收強度和清晰度向香港電燈公司韋爾先生（Mr. John Roy Way）或《南華早報》反映。音樂表演獲米仕（Charles Henry Miles）和皮樹（James Petrie）支持，《南華早報》的史煥邦先生（Mr. H Gray Swinburne）則主持清談節目。[179]

---

177 *South China Morning Post*, 16, 17 June 1926.

178 *South China Morning Post*, 30 June 1926.

179 *South China Morning Post*, 6, 7, 28, 31 July 1926.

不少聽眾是華人，廣播測試於 8 月 4 日舉行純華人音樂轉播，參加演出的有梁錦堂、韋寶章、何澤民、楊貴芬、戴永光、孫采兒和黃瑞雲。當中最為著名是何澤民，即何大傻，是廣東音樂 "四大天王" 之一。聽眾反應奇佳。[180] 接著對象是葡人，9 天後測試葡語廣播。[181] 測試深入社會各階層。在這種社會氣氛下，政府推出新無線電報法例草案，於 8 月 12 日及 26 日通過法例草案，是為 1926 年第 11 號法例：修改無線電報法例，賦予港府徵收收音機牌照費，沒領牌照屬於違法，最高可罰款 1,000 元或監禁 12 個月。生效期為 1927 年 1 月 1 日，細節以條例形式頒佈。[182] 條例於 9 月 6 日刊憲，港府有絕對的自決發牌權，亦有隨時收回權，可見其臨時性。船隻無線電牌照每年 25 元，收音機牌照每年 5 元，更改地址費用為 1 元。發放收音機牌照的條件有六款，其中限制天線高度為 100 英尺和不准使用煤氣管連接地電極（earth connection）兩項限制是沿自英國法例（見 258 頁圖 3.20）。[183] 香港到 1936 年修改規例仍然沿用（見圖 3.24），直至 1941 年。

---

180 *South China Morning Post*, 4, 5 August 1926; *Hong Kong Telegraph*, 5 August 1926.

181 *Hong Kong Telegraph, South China Morning Post*, 13 August 1926.

182 *Minutes of Legislative Council Meeting*, 12, 26 August 1926.

183 *Hong Kong Government Gazette*, No. 490 of 1926; Gordon Bussey, *Wireless the Crucial Decade: History of the British Wireless Industry 1924-34* (London: Peter Peregrinus Ltd. 1990), p. 2.

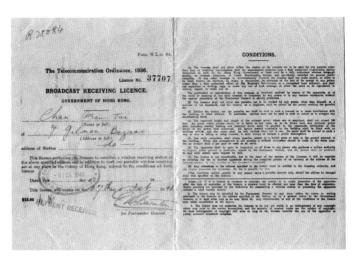

圖 3.24　戰前的收音機牌照

　　無線電協會的資源主要來自會員會費，所以要不停呼籲招收會員，才可供廣播測試。11月，布朗（Joseph William Brown）返港，再次在九龍廣播台測試，台號為 HK6，波長 153 米，每晚 8 至 9 時，給市民多一個選擇。查士頓和掌管昂船州強力發射站的米士上校（Captain W. G. H. Miles）分別公開講述無線電廣播。[184] 米士上校每晚都利用短波與英國朋友聊天，圖 3.25（見下頁）是他在昂船州的無線電器材。

　　1927 年 2 月，協會與政府人員一起用 355 米波長廣播測試，滿意後會以此波長廣播，這頻道就是日

184 查士頓講座可參看 *South China Morning Post*, 30 November 1926, 1, 8 December 1926；米士上校講座可參看 *China Mail*, 16 December 1926; *South China Morning Post*, 16, 22, 29 December 1926.

圖 3.25　米士上校在昂船州的短波無線電器

後政府所用的波長。首次新頻道廣播測試是與海軍合作，舉行"海軍之夜"。由皇家軍艦丹尼號（H.M.S. Danae）樂隊演出，2 月 17 日下午 6 時至 7 時半轉播，測試仍需每 10 分鐘停 3 分鐘。皇家軍艦丹尼號樂隊是為澳洲電台首次廣播的樂隊。《南華早報》收到接收滿意的報告。[185]

3 月 3 日，協會與中國業餘音樂社合辦"中樂之夜"。下午 6 時開始，黃瑤芝主唱名曲《柳搖金》，由姚寶麟鋼線琴伴奏。樂隊成員包括龐某；小提琴手

---

185 *South China Morning Post*, 16, 17 February 1927.

陳錦洪；第一喇叭手温德勝；第二喇叭手李國仁；長喇叭手容文郁；色士風手黃楚恒；低音高佑昌；五弦琴手陳德光；爵士鼓手 C. Chan。當中 Messrs. H. Chan，温德勝，郭利本，黃楚恒和陳福朝將赴澳洲演出。《南華早報》相信黃小姐是第二位在香港或華南空氣中與公眾見面的華藉女士，第一位是宋美齡。報告力讚黃小姐歌聲優美，而名曲《柳搖金》更是首次在港演出。美中不足的是音樂有回聲。[186]

差不多同一時間，青年會的海軍和軍事分部有鑑於水手和軍人來港人數日增，籌組一常務娛樂委員會慰勞東來的軍人。發起人全是公司老闆，有羅士公司（Alexander Ross & Co.）經理高士蘭（Alexander Stark Dalglish Cousland）、渣甸大班修打蘭（Robert Geroge Sutherland）、黃埔船塢經理戴亞、夏里波公司經理夏里波（Walter Albert Hannibal）、鐵行銀行經理鶴健士（Leonard Egbert Hopkins）、青州英坭工程師肯達（James Herbert Hunt）、青年會麥花臣（John Livingstone McPherson, 1874-1947）、軍部皮佛上校（Captain Perfect）和嘉諾上尉（Lieut. Garret）等，陣容鼎盛。常務娛樂委員會下設娛樂分會，成員有查士頓、米士上校、杜倫、金海博和羅蘭等重量級人物。委員會與民用無線電會劃清界線，只提供活動給海軍

---

186 *South China Morning Post*, 2, 4 March 1927.

和軍部。[187]

　　那邊無線電協會則"喊窮"，要變賣發射器，並稱無力再作廣播測試。發射器賣回給售者，以償還債務。發射器暫存在新成立的青年會海軍和軍事分部娛樂委員會（下稱青娛會），協會暫停測試。協會自1926年7月開始恆常廣播測試，不到一年已弄至債務纍纍。發射器不停使用，亦有損壞要更換零件，若要堅持廣播測試，要再花一筆維修費。在財政虧損的情況下，不得不出售發射器，找到原物主通用電力公司的標奴先生（Mr. Beal）購回發射器。剛好青娛會成立，標奴以三分之一的價格售給青娛會。雖然青娛會與無線電協會劃清界線，但廣播測試在實際上沒有可能只供軍人接收。無線電協會出售資產，變相關閉廣播測試，青娛會接收發射器繼續廣播測試，是延續民間廣播測試，讓交了收音機牌照費的人士繼續收聽。青娛會內見到金海博和羅蘭兩位政府技術官員，因此政府在延續民間廣播測試上不能說不積極。無線電協會在周年大會上，除交待財政和停止測試外，還邀請修打蘭（見圖3.26）講述青娛會廣播的大計。修打蘭客氣地讚揚協會是本地無線電先鋒，繼而大談青娛會將與港進行大合作，安排講座和廣播，亦會在軍部醫院安設耳筒，慰藉病人。他坦言廣播測試要顧及華人

---

187 *Hong Kong Telegraph, South China Morning Post*, 28 March 1927.

圖 3.26　渣甸大班修打蘭
（R. Sutherland）

聽眾，他呼籲社會慷慨解囊，捐款青娛會，繼續廣播測試。[188] 青娛會找到海堤東 23 號為會址進行廣播測試，協會周年大會有如青娛會成立大會，兩會順利交接民間廣播測試。

　　由於發射器要更換零件，而海堤東 23 號廣播測試地點又不理想，青娛會遲遲未能開始廣播測試，幸好找到利希慎先生慷慨借出“利舞台”頂樓安裝天線和發射器，於 1927 年底以 340 米波長廣播測試，反應和效果不錯，山頂、半山、九龍、長州、大埔、石澳和維港海軍都可清晰接收。修打蘭計劃下一步會在

188　*Hong Kong Telegraph, South China Morning Post*, 8 July 1927.

深水埗安放收聽器，並嘗試每天廣播新聞、本地演唱和足球比賽。醫院和食堂安設收聽器的工作亦在進行中。[189] 1928 年 2 月 24 日，青娛會在利舞台進行廣播測試，節目有唱片音樂、專題新聞、故事和清談等。摩頓（Geoffrey Charles Moxon）離開香港 6 年，當年重返香江，以 "再訪香港" 為題暢談香港的轉變。包括道路、供電、食物、夜生活、和平紀念碑、賽馬、南華足球隊等話題，在空氣中與聽眾重溫往事。

（三十一）低調的官辦

政府於 1927 年 1 月開始徵收收音機牌照費，意味著本地即將有恆常廣播。無線電協會的恆常廣播測試囿於資源，不足一年已筋疲力盡，被迫賣掉發射器，讓青娛會繼續此責，無奈私人廣播並沒有前途，商人深知這是一項虧本生意，以做慈善的心態給到港軍人提供廣播測試。但亦因資源原因，未能立刻延續協會工作。英國私營的廣播公司運作失敗，令英政府收回廣播權，實行官辦，並成立英國廣播電台（British Broadcasting Corporation）。香港政府就在這個背景下開始自行廣播測試。

---

189 *Hong Kong Telegraph*, 31 December 1927, 9 January 1927.

（三十二）開始測試

　　1927 年 4 月，天文台的無線電站台號改為 GOW。[190] 8 月 13 日，正常的聲音廣播天氣報告、預測和颱風消息亦會在 GOW 以波長 300 米發放。[191] 1928 年 6 月 1 日起，天文台停止在 GOW 以波長 800 米廣播天氣報告、天氣預測和颱風消息，改在 VPS 以波長 300 米廣播。GOW 波長 300 米仍然於中午 1 時 48 分廣播和 7 時 48 分重播天氣報告和預測。颱風消息則在 VPS 以波長 300 米每小時 18 分廣播和在 GOW 以波長 300 米每小時 48 分廣播。轉變原因是政府將天文台的發射器遷至山頂艾連（Eyrie，前庇利羅氏別墅），圖 3.27（見下頁）是山頂艾連。

　　政府於 1928 年 6 月 20 日通知傳媒進行音樂節目廣播測試，台號 GOW 波長 300 米，時間為晚上 9 時至 11 時。《士蔑西報》隨即訪問工務局電機工程師金海博。金海博確定音樂節目廣播測試在山頂發射站進行，以播唱片為主，並稱有臨時計劃，會花 6,000 元建一播音室，待完工後加入講座和教育節目。他認為政府廣播不能自給自足，要靠電報收入補貼，但可考慮招廣告以增加收入。現時的發射器並不是最理想的，合適的要 5,000 英鎊。員工現時是用工餘時間處理無線電廣

190　*Hong Kong Government Gazette*, Notification No.208 of 1927.

191　*Hong Kong Government Gazette*, Notification No. 467 of 1827.

圖 3.27　山頂艾連（Eyrie，前庇利羅氏別墅）

圖 3.28　前排左一為嘉頓（Frank Kekewich Garton），居中為金海博。

播工作的，播音室內至少要有廣播員。另一難題是安排節目，金海博希望牌費收入的六至七成可用作節目費用開支。並安排教育節目如學習英語，周末專播跳舞音樂，與各會所合作轉播演講、拳賽、跑馬和足球等。他呼籲無線電協會和青娛會能提供協助。[192] 事實上，當時主持音樂節目廣播測試的是無線電副工程師嘉頓（Frank Kekewich Garton，見圖 3.28），長達六個月之久，即被評為 "帶有哮喘的牛津口音" 的那位唱片騎師，[193] 是香港首位唱片騎師。《工商日報》、《華字日報》，《南華早報》和《孖剌西報》都有報導政府開始音樂節目廣播測試。《南華早報》更是一連幾日都有報導和評論。筆者未能在官方檔案找到相關資料，但《南華早報》標題用上 "官方宣佈" 字眼，加上金海博的證實，政府首次廣播測試應在 6 月 20 日晚。

金海博來港後不停地改善儀器和搜集聽眾意見，又參與無線電會交流。這明顯是尋找最佳儀器、頻道和天線位置的一場實地大試驗。1927 年至 1928 年間，天文台採用了四個波段，兩個發射站廣播天氣報告、預測和颱風消息。試用的是 GOW 300 和 800 米兩波長，結果採用 GOW 波長 300 米，這就是政府開始音樂節目廣播測試的台號及波長。

---

192 *Hong Kong Telegraph,* 20 June 1928; *South China Morning Post,* 20, 21, 22 June 1928；《工商日報》，1928 年 6 月 22 日。

193 *Hong Kong Daily Press,* 1 July 1938.

8月20日政府刊憲維多利亞山頂發射站位置。10月8日，位於鐵行大廈地下的無線電辦事處開幕，播音室仍在籌備中。12月，報章開始刊登政府電台廣播節目如下：

上午 11:30 至 12:30	英國官方新聞及唱片示範包括中西音樂
下午 1:48	天氣報告
下午 5:30 至 6:30	示範節目
下午 7:48	黃昏天氣報告
晚上 8:00 至 10:30	晚間節目（歌倫比亞唱片）
晚上 10:00	英國官方新聞
晚上 10:30	關閉

（三十三）受到批評

半年多之後，政府廣播仍以音樂為主，其實天文台天氣報告比音樂廣播更早，播出時間亦無轉變，只是多了兩次播放英國官方新聞。1929年2月GOW台號改為ZBW。[194] 九個月又過去了，節目依舊，金海博期望的播音室才見到曙光，3月21日的定例局會議才批准撥款5,000元裝修播音室，包括傢俬、鋼琴和地氈

---

194 *Hong Kong Government Gazette*, No. 54 of 1929.

等。有了隔音和鋼琴，可增加現場演出的次數。

　　修打蘭在香港工程師學會周年會議上發言稱 20 年前曾在同一場合講無線電廣播，批評政府漠不關心，今天看來也是一場鬧劇，全無希望。[195] 報章亦評論接收不理想，重提私人承辦廣播。《南華早報》立刻撰文回應，分三文刊登。將問題歸究於缺乏社會支持，但亦承認廣播進展緩慢。徵收收音機牌照費初期只有 60 人換領，今天已增至 280 人，但比起近百萬的人口總量顯得太少，原因不易找出。政府已購入米高風和放大器，準備場外轉播。事實上，香港大酒店、半島酒店、梅夫人會所、大會堂皇家音樂廳、連卡佛、聖約翰教堂、寧佑堂、香港工程師學會和先施公司天台都設有米高風並且有地線駁至郵政總局，經放大後，再傳至山頂發射器發放。香港持收音機牌照的有三分之一是華人，所以先施公司天台轉播的節目十分重要。嘉頓掌管的 ZBW 台口碑甚佳，芝加哥和日本都可清晰收聽。現時山頂發射器是馬可尼型號 MT7B（見下頁圖 3.29），1,500 瓦真空管，圖 3.30（見下頁）是山頂發射器。若要接收英國廣播電台，就要另覓新機。[196]《南華早報》不但予以回應，更設專欄，以 "電台作者"（Radiowriter）為筆名，提供信箱供讀者詢問和回答接收技術問題，如收音機款式、天線製造和擺設及外地電

---

195 *South China Morning Post*, 23 March 1929.

196 *South China Morning Post*, 19, 20 April 1929.

圖 3.29　馬可尼
奧士林真空管型號
MT7B

圖 3.30　山頂發射器

台的波長頻道。提升讀者有關收音機的知識水平和可以
收聽更多電台，希望增加領收音機牌照的人士。專欄的
角色有如代政府解釋廣播政策和解決聽眾疑難，留住
收音機牌照持有人。本地測試 1 年後，香港接收外地
廣播的電台已有 15 個之多，最遠的是日本和韓國。[197]

　　《士蔑西報》訪問金海博，金海博重申政府保留廣
播權，以教育和宣傳為主。現時的發射器不是全部合
用於廣播，所以他嘗試改裝，希望可以提升質素，卻
遭遇令人遺憾的失敗，效果比前差了，對此他承認錯
誤，現在已嵌回前狀。亦已向政府申撥了 15 萬元購一
新儀器，改善情況。新的播音室已交惠羅公司（Messrs.
Whiteaway, Laidlaw & Co.）營造，但要待物料抵港後
才可開工，相信很快會落成。節目方面，他只有四位

197　*South China Morning Post*, 22 June 1929.

技術員工，很難有作為，建議成立一自願管理委員會統籌工作，政府愈少人愈好。轉播英國廣播電台是一條遙遠之路，要有耐心地慢慢測試，英國廣播電台正在測試遠程廣播。不要期望以他的資源可超越英國廣播電台，特別是現時嚴重的水災，政府正忙於救災。[198]

政府廣播測試暢順後，決定官方廣播，於 1929 年 5 月 1 日起，將管理權移交郵政局管轄下的無線電處（Radio Office），工務局只負責安裝、興建和保養無線電器，而無線電訓練學校也歸無線電處，涉及員工 71 人。無線電處的主要收入來自電報和收音機執照，前者於 1929 年收入為 187,690.92 元，後者 2,842 元。[199] 位處郵政總局無線電處二樓的播音室在一片批評聲中落成。播音室為 30 英尺乘 25 英尺大，牆身和天花皆裝有吸音物料，地上也鋪上地氈，防止回音。傢俬有一台小鋼琴、一個桌子供播音員使用、一部米高風及架子和控制燈。播音室另一方設有玻璃窗供工程人員控制廣播。外設一等候室供表演者使用。暫時未有轉播。政府接受金海博的提議，成立一廣播委員會協助節目安排。[200]

---

198 *Hong Kong Telegraph*, 22 June 1929.

199 *Report of the General Post Office of Hong Kong for the Year* 1929; *Minutes of Legislative Council Meeting*, 5 September 1929.

200 *South China Morning Post*, 31 July 1929；《工商日報》，1929 年 8 月 15 日。

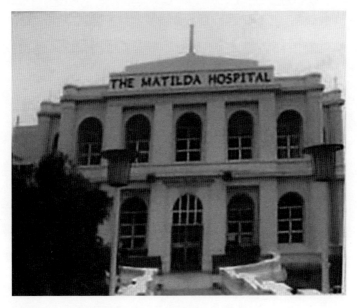

圖 3.31　香港首間有收音機和耳筒供病人使用的醫院

（三十四）弱勢社群

　　青娛會承諾在醫院安裝收音機，1929 年 5 月收音機和耳筒抵港，由通用電力公司在明德醫院（Matilda Hospital）安裝，6 月完成，並通過測試達到滿意程度，是香港第一間有此設備供病人使用的醫院，圖 3.31 是明德醫院。[201] 1 年後，政府醫院才安設這項服務。[202] 廣播在香港造福社會的另一件大事也是由民間

201　*Hong Kong Telegraph*, 7 June 1929; *South China Morning Post*, 22 May 1929, 8 June 1929.

202　*Report of the Director of Public Works for the Year 1930*, item 247.

首創，即是要給盲人開啟心靈之光。在病人可享用無線電廣播不足一個月後，九龍足球會（Kowloon Football Club）給九龍城的心光書院（Home for the Blinds，1930 年遷薄扶林）捐贈了一台收音機。由在九龍成立 HK6 號台廣播任職九龍電燈公司的布朗先生安裝天線，接駁和調校收音機。九廣鐵路經理獲加（G. A. Walker）連同代表九龍足球會的易士文（A. W. Eastman）和史勿夫（J. Smith）出席盛會。同場還有活躍於九龍的定例局議員碧嘉（J. P. Braga）。六十位失明女童以音樂歡迎嘉賓，她們擅長的樂器有小提琴、喇叭和口琴等。獲加和碧嘉致詞後，布朗就調校本港和廣州台供女童收聽。女童以流利英語感謝。[203]

（三十五）廣播委員會

政府委任的廣播委員會，於 1929 年 9 月 12 日在潔淨局會議室舉行第一次會議，主席是郵政局長史勿夫（Norman Lockhart Smith, 1887-1968），成員有金海博、定例局議員尚頓（W.E.L. Shenton）和碧嘉、修打蘭、港大的森信教授、《南華早報》的衛理（Benjamin Wylie, 1884-1956）、和記洋行的皮士（Thomas Ernest Pearce, 1883-1941）、大衛公司的柯士

---

203 *South China Morning Post*, 27 June 1929.

甸（Frank Austin）、Joseph Gubbay、郭享利（Henry Lowcock, 1894-1945）和利源行的陳香伯。成立廣播委員會並沒有刊憲，筆者未能在政府檔案找到其職權範圍、成員或報告，只能從報章刊登的資訊中勾畫出一些輪廓。政府代表有廣播處郵政局長和無線電專家金海博。《南華早報》在 1929 年已與青娛會合作廣播測試和收集反應，並為政府廣播測試護航，其後成立的 "聽眾會"（Listeners' Club）專欄更是政府與聽眾的橋樑。[204] 而廣播委員會的消息經常在這專欄流出。其總經理衛理身兼教育委員會成員，是廣播委員會重要成員，衛理在九龍有街道為他命名，圖 3.32 是衛理。渣甸大班修打蘭是無線電發燒友，1913 年已參與推動香港無線電發展，青娛會接棒無線電協會和明德醫院安裝收音機，他是主要功臣。港大的森信教授早已答應了修打蘭安排港大同事在電台講述專題，圖 3.33 是森信。柯士甸是本港著名小提琴家，20 世紀初在港已公開表演，除他的表演外，以他在音樂界的人際關係，可邀請到更多本地音樂家在電台義務演出。皮士的父親是華南的著名牧師皮士，他是本地出色的木球手，馬會主席兼娛樂場地委員會會員。憑他在體育界的活躍程度，有助於轉播體育活動。兩位定例局議員是民

---

204 見本書頁 324-331。

圖 3.32　衛理（Benjamin Wylie）

圖 3.33　森信教授

意代表。華人代表就落在郭享利和陳香伯身上。郭享利的祖父羅郭是羅郭行創辦人，亦是 19 世紀的定例局議員，他在太平洋戰爭中參加英國皇家空軍陣亡，圖 3.34（見下頁）是郭享利。郭享利的兒子郭慎墀為戰後拔萃男書院的校長，另一兒子郭積奇則為香港大學英文系教師。陳香伯早年追隨孫中山任上海外交主任，返港後任尚志校長、的近律師樓首席通事、華商總會司理、香港工業維持會文書主任、廣發源行秘書等職務，他經常代表華人向政府請命，於 1957 年因高血壓病逝。委員會下設兩小組分工：宣傳小組是尚頓、碧嘉（見下頁圖 3.35）和衛理；節目小組是柯士甸、郭

圖 3.34　華人代表郭享利

圖 3.35　定例局議員碧嘉
（J. P. Braga）

圖 3.36　輔政司修頓
（Wilfrid Thomas Southorn）

享利和陳香伯。[205] 很明顯，政府希望將音樂表演、專題教育講座以及轉播體育活動三方面加入廣播節目。委員會的委任並不民主，運作亦完全不透明，甚至近乎黑箱作業，但這組合在功能上的的確確又可處理其專責工作，如安排音樂、教育和體育廣播，而定例局議員和華人代表又能保障本地中外聽眾的利益，政府的中英電台在運作上絕不是純英語或純粵語廣播，而是英中有粵，而粵中亦有英，富香港華洋混雜的本地特色。詳情見下文關於廣播發展的介紹。

（三十六）播音室開幕

廣播委員會第二次會議於 9 月底召開，確定了新增節目的方向，制定了恆常廣播節目的時間和內容，並宣佈新播音室開幕會轉播音樂表演和署理港督修頓（Sir Wilfrid Thomas Southorn,1879-1957，見圖 3.36）主持開幕及演說。時間定於 1929 年 10 月 8 日星期二晚上 9 時。節目秘書為楊夏仕賓太太（Mrs. Younghusband）。新增節目有尚頓議員提出的商業新聞報導如股票行情，以及每日新聞精髓。皮士先生會安排廣播足球和木球比賽結果。修打蘭專心進行軍人

---

205 *Hong Kong Sunday Herald*, 15 September 1929; *South China Morning Post*, 16 September 1929; *China Mail*, 27 September 1929.

福利廣播，如教會崇拜和醫院廣播。森信教授已獲同僚答應，做專題講座，題目由天文學至文學，偉斯牧師（Rev. H.R. Wells）會與新界居民分享農業知識，每次不多於 10 分鐘。恆常廣播節目時間和內容如下：

星期日

上午 10:30-11:00	教會禮拜
正午 - 下午 1:00	華人節目
下午 6:00-7:00	醫院節目
晚上 9:00 後	普通常規節目
晚上 10:30	關閉

平日

上午 10:45-11:00	商業新聞，股市和滙水（率）行情（中英語播出）
中午 12:30-1:30	示範節目
下午 5:30-5:15	兒童時間
晚上 9:00-10:30	華語或英語節目

政府不保證短期內可以每天廣播，每星期或會有一兩天缺播。[206] 誰知提議引起社會討論，主要為兩個議題：音樂是否可清晰接收和本地表演者的酬金。

---

206 *China Mail*, 27 September 1929.

金海博要回應第一個議題，稱只能承諾在現有資源下盡力而為，派了一技術員工長駐山頂，睡覺也在發射站，慕求 ZBW 傳收暢順。至於表演者的酬金，政府每年只津貼 1,200 元，明年將加至 2,400 元。不知每月 200 元是否足夠表演節目？[207]

廣播委員會第三次會議於 10 月 3 日舉行，確定新播音室開幕程序，定了兩小時廣播時間。署理港督修頓致詞 10 分鐘，由羅旭龢傳譯。華商總會會長李亦梅將出席盛況。10 月 8 日晚上 9 時修頓開咪，是首位以港督身份在電台演說的高官，亦是政府 ZBW 電台首次播放音樂表演，是香港的歷史性時刻。修打蘭客串播音員。"晚安，大家好！"是修頓的開場白。他解釋政府開辦廣播電台的原因有二：私人公司無法經營一間有利潤的廣播電台；政府有責任監控廣播電台。修頓的第二句金句是"交牌費！"他表示，政府興建發射站和播音室，購入發射器和廣播器材，改善廣播質素，希望市民支持。若無好的節目，這些好的硬件也無用武之地，政府因此成立廣播委員會統籌廣播節目，並邀請社會人士加入，他們是自願軍，雖然受到合理或不合理的批評，但假以時日，社會一定會了解到他們所付出的精力和貢獻。他們的付出收獲的第一

207 *China Mail*, 30 September 1929; *South China Morning Post*, 1, 2, 5 October 1929; *Minutes of Legislative Council Meeting*, 23 September 1929.

個成果就是今天晚上的廣播，希望全港音樂家可以仿效今晚的表演者，在未來的日子參加演出。羅旭龢以粵語發言，他表示，新科技發展奇快，眨眼間變成舊科技。廣播除娛樂外，還有播放新聞的功用，中國有一句諺語："足不出戶能知天下事，何其快樂！"今天已很容易辦到。他預言不出兩三年，社會受廣播的得益定會倍增。香港是遠東先進港口，已著手建機場，每家每戶應有一部收音機，期望華人踴躍領牌。郵輪和火車、電報和電話、飛機和收音機皆將人的距離收窄，其好處難以盡數。他引用杜甫的《贈花卿》："錦城絲管日紛紛，半入江風半入雲。此曲只應天上有，人間能得幾回聞。"曾經的天上美曲，如今人人皆可聽。聽眾認為修頓的聲調適合廣播，羅旭龢的聲調太沉了。[208]

　　參加表演的有樂隊、著名歌手史勿夫伉儷（Mr. & Mrs. Bowes Smith）、高音歌手李佐芝（1888-1940）、碧嘉、柯士甸先生、極仕太太（Mrs. George William Roberts Griggs）、胡麥太太（Mrs. Oswald Cedric Womack）、利圖太太（Mrs. Scot Little）、干尼斯夫婦（Mr. and Mrs. Cornelius）、電車公司的高化先生（Francis Harry Glover）和金保公司老闆金保（Mr. George Grimble）。報章指出聽眾需分辨出傳收質素和演出質素。史勿夫伉儷、李佐芝和高化都具一定水

---

208 *South China Morning Post*, 7, 9 October 1929；《華僑日報》，1929 年 10 月 9 日。

平。胡麥太太聲音太大，而柯士甸就太細聲。碧嘉則並不理想。干尼斯夫婦二重奏有水準但接收不穩定。演出者中的華人只有一位李佐芝，卻獲得好評。[209] 李先生是中國海外銀行會計師，曾任九龍居民協會和香港輔助華人瘋癲教育會主席，在西貢接受音樂教育，懂多國語言。出自名門，姊嫁周壽臣兒子為妻，弟李時敏（1902-1968）是首位在荷里活演出的港人，亦是蔣介石的英文老師。可惜李佐芝於 1940 年病逝於香港，享年僅 52 歲，葬於薄扶林華人基督教墳場。

（三十七）留聲機和收音機展覽會

　　廣播委員會第二個重頭戲是舉辦留聲和收音機展覽會，藉此介紹留聲機、收音機、唱片和有關零件，做其市場推廣活動。計劃由華人代表郭享利提出，目的是要提升本地人對廣播的興趣，並且讓留聲機、收音機、唱片以及有關零件的公司展出其產品，給聽眾認識更多產品和多款選擇。建議在 12 月第一或第三星期一連三日舉行。最後兩晚則舉辦舞會和選出最佳服裝。門票 5 毫，舞會兩元。[210] 11 月中，廣播委員會決定在 12 月 5 日至 7 日舉行展覽會，5 日和 6 日晚上 7

---

209 *Hong Kong Daily Press, Hong Kong Telegraph*, 9 October 1929; *South China Morning Post*, 10, 22 October 1929.

210 *Hong Kong Telegraph, South China Morning Post*, 9 November 1929.

時至 12 時，7 日下午 2 時開始。舞會和最佳服裝比賽於 7 日晚上 9 時至午夜，並加業餘製造收音機比賽，造價於 150 元內。[211] ZBW 台於展覽會前將波長 350 米調升至 355 米，於 11 月 25 日開始。[212]

展覽會由布政司修頓主持開幕，史勿夫、尚頓、普樂、修打蘭和金海博等皆有出席，華人則有羅旭龢、羅文錦、郭享利和陳香伯等人參加。修頓致詞多謝廣播委員會努力，收音機牌照數量已由 100 個增至 700 個，但比起全港人口則嫌太少，希望通過展覽會可增加人數。廣播看似一商業運作，牌費支付廣播開支，但港府距離這一目標實在太遠，他不是暗示港府不補貼廣播提供各娛樂節目給公眾，而是希望多些聽眾，讓其他納稅人少付津貼，達至公平原則。本地廣播面對的最大難題是廣播語言，大家明白香港是一個雙語城市，但他有信心委員會會找到這個平衡點。香港對新科技的接受往往是慢熱，例如摩托車。今天的豪華玩意是明天的家常娛樂，無需再提教育等意義。

參加的展覽公司達 14 間，老牌公司茂柱代理勝利產品（Victor，見圖 3.37）、安達臣公司代理歌林比亞產品（Columbia Kolster，見圖 3.38）、廣東貿易（Canton Trading Association）代理盧域產品（Loewe，

---

211 *South China Morning Post*, 19 November 1929.
212 *South China Morning Post*, 25 November 1929.

圖 3.37　茂柱公司代理勝利產品
（Victor）

圖 3.40　香港收音機供應商代理
哥沙產品（Cossor）

圖 3.38　安達臣公司代理歌林比
亞產品（Columbia Kolster）

圖 3.41　和聲公司代理歌林比亞
手提產品

圖 3.39　廣東貿易協會代理盧域
產品（Loewe）

圖 3.42　通用電氣代理 Geco-
phone 產品

見上頁圖 3.39）、香港收音機供應商代理哥沙產品
（Cossor，見上頁圖 3.40）、和聲公司代理歌林比亞手
提產品（見上頁圖 3.41）、通用電氣代理香港首次大
規模廣播測試用的 Gecophone 和 Osram Music Magnet
產品（見上頁圖 3.42 & 下頁圖 3.43）、西門寺德律風
根產品（見圖 3.44）、先施代理銀器、馬可尼公司展
出航海產品、於仁貨店（Union Store）專營短波收
音機、亞美公司（Asiatic American Co.）代理歌仕利
（Crosley，見圖 3.45）產品。永安、大新和羅夫公司
（Rudolf Wolff and Kew Ltd.）亦有展品。

業餘製造收音機比賽因人數不足而取消，舞會和
最佳服裝比賽如期舉行。音樂由皇家軍艦提供，政府
電台轉播。最佳服裝比賽由楊士賓夫婦任評判，男性
獎品為煙灰盤，女性獎品是朱古力。

（三十八）完善節目

廣播委員會承諾了增加節目，首先兌現的是署
督與市民首次在大氣電波中見面和音樂表演，雖有瑕
疵，但在現有資源下，算是成功播出。根據委員會定
下的方向，仍有教育、體育、宗教和專題等講播，還
有在各團體會所的轉播或戶外活動直播。下面按時序
列出委員會如何豐富本地廣播節目。

圖 3.43　通用電氣代理 Osram Music Magnet 產品

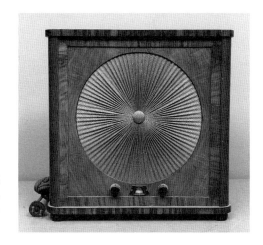

圖 3.44　通用電氣代理西門寺德律風根（Telefunken）產品

圖 3.45　亞美公司（Asiatic American Co.）代理歌仕利（Crosley）產品

1. 兒童節目

兒童節目於 10 月 23 日首播，由鍾姨（Auntie Joan）、迪叔叔（Uncle Dick）和謝夫叔叔（Uncle Jeff）主持，在黃昏 6 時至 6 時半播出。鍾姨為小朋友開空中生日派對，成立無線電生日會（Radio Birthday Club），專為兒童慶祝。她亦成立無線電神話之友（Radio Fairy Circles）廣播特別節目。[213]

2. 病人和盲人時間

10 月 8 日，開設病人廣播時間，於黃昏 6 時至 7 時。與此同時，亦開設盲人時段。

3. 戶外直播

第一次世界大戰後，英國定 1919 年 11 月 11 日為"停戰日"（Armistice Day）以紀念大戰於 1918 年 11 月 11 日上午 11 時結束。"停戰日"後稱和平紀念日。政府於 1929 年 11 月 11 日的和平紀念日現場直播整個儀式，佈導員在高等法院（今終審庭）的走廊講述過程。圖 3.46 是從和平紀念碑望向高等法院。在場有志願軍、海軍、陸軍、男女童軍、行政及定例局議員等。儀式於 11 時開始並包括奏起《最後崗位》（*The Last Post*），並默哀兩分鐘。後再響起"Reveille"，

---

213 *South China Morning Post*, 17, 23, 26 October 1929.

圖 3.46　在高等法院直播和平紀念日是最佳位置

誦讀 *Ode of Remembrance*。港督和三軍司令先後獻花
圈，三軍司令頒授勳章。直播完畢，佈導員交回播音
室播商業新聞。[214]

4. 直播港督演說

　　港督到港履職，先從必達碼頭、卜公碼頭、廣場
碼頭或皇后碼頭上岸，然後往大會堂發表上任演說。
能坐在大會堂聽演說的嘉賓非富即貴，是少數人的專
利。有了無線電廣播，有更多人可以聽演說。廣播委
員會特別安排直播新港督貝璐在大會堂皇家劇院上
任的演說，亦於 5 月 12 日在九龍西洋會館（Club de

---

214 *South China Morning Post*, 12 November 1929.

Recreio）直播九龍居民歡迎新港督活動。[215] 當一切就緒，貝督上岸之際，發射器的發電機引擎突然失靈，是廣播有史以來的第一次，市民未能如期聽到貝督的聲音。[216] 還好九龍居民的歡迎會可如期轉播。九龍當時正在大力發展，很多基礎建設如學校、醫院、街市、郵局和道路等都由九龍居民和政府合作籌劃，雙方關係良好。歡迎會由九龍有代表性的公司、學校和協會組成，由莊仕頓牧師（Rev. Horace Johnston）任主席，阮曉凡任副主席。女拔萃校長瑞雅（H.D. Sawyer）、男拔萃校長費瑟士東（William T. Featherstone）、英童學校校長黎天機（G.F. Nightingale）、英華書院校長沈維昌（Richard Shim）、華仁書院代表、廣華醫院理值何星疇、熊堯滔和曾容、葉錦華醫生、中華巴士黃耀南、九龍巴士雷瑞德、針織會鍾耀臣、木材工會黃棠記、協興隆工程阮伯良、九龍居民協會鍾茂豐、中華基督教青年會代表周氏、基督教青年會肯達（J. H. Hunt）、聖安德魯教堂羅渣士（W.W. Rogers）、玫瑰堂士伯達神父（Father Spada）、黃埔船塢總經理曲郭（E. Cock）、九龍電燈公司史塔福（C. Strafford）、九龍倉甲尼路（F.H. Crapnell）、九龍木球會連仕（R.E. Lindsell）、九龍草地滾球會李樹（H. Nish）、九龍足球會百福（T. Bradford）、九龍印度網球會

---

215 *South China Morning Post*, 8 May 1930.

216 *China Mail, Hong Kong Telegraph*, 9 May 1930.

星馬汗（Mahan Singh）、俄羅斯文化協會亞山拿夫
（M.M. Assanafieff）、菲律賓草地滾球會亞天沙（V. N.
Atienza）、九龍西洋會館亞瑪旦（L. D'almada）。定
例局議員碧嘉、周壽臣、曹善允和羅旭龢都有出席。
是九龍一大盛事，演說最終成功直播。

5. 現場轉播

　　10 月開始，佑寧堂、聖約翰堂和天主教聖若瑟堂
等皆有直播主日崇拜。轉播體育節目要到 1930 年 1 月
才開始有廣播拳賽。海軍與軍部拳賽於 1 月 30 日在大
會堂皇家劇院舉行，政府轉播六場比賽。皇后戲院於
1930 年 3 月開始轉播，13 日中午節錄喜劇《語言與音
樂》播出。皇后戲院中午轉播，晚上 9 時 20 分就轉播
香港工程師學會周年餐舞會署督演說和音樂晚會。足
球轉播於 1930 年 11 月開始，由九龍足球會對皇家炮
兵。本地著名足球隊南華與九龍足球會作賽，是首次
有華人足球員的名字播出，當時名將有綽號"銅頭"
的譚江柏，即歌星譚詠麟的父親；"球王"李惠堂；
"鐵衛"李天生；"穿花蝴蝶"葉北華；"神腿"馮景
祥，即馮紀魂、紀良和紀棠三兄弟的父親；梁現贊、
黃美順、梁榮照和湯坤等名將，後期他們更代表中
國出戰國際賽事。時為 1932 年 10 月。[217] 1931 年中，

---

217 *South China Morning Post*, 1 October 1932.

ZBW 開始轉播扶輪社午餐演說。華人講者有"夏威夷大學之父"葉桂芳、與劉廷芳牧師一起主持孫中山追思會的朱友漁博士、在扶輪社演說的首位華人女士 Helena Yu、香港醫學會長尹奕聲醫生、廣州市長曾養甫、中華基督教青年會全國協會長鄺富灼博士、著名華人律師陳丕士、九廣鐵路華段總辦李祿超、中國社會黨的江亢虎、中國麻瘋救濟會長李元信、《孖剌西報》總編輯陳漢明和蔣介石英文老師李時敏等。[218] 港督府直播要到 1932 年中才出現。

6. 播音室廣播

廣播委員會於 10 月 23 日邀請香港大學太古教授史勿夫講"發現和發明",開啟了學者專家分享心得的新方法,承諾了廣播推廣教育。語言教育在 1930 年 2 月由威絲牧師主持學習"廣東話"揭幕。威絲牧師曾出版《人人廣東話》一書。廣播委員會於 12 月 11 日邀得本地著名鋼琴家柯夏利(Harry Ore)和意大利男高音比洛迪(Signor Adolfo Belotti)演出。首次亮相於播音室的華人學者是戴季陶(見圖 3.47),以國語講授中國文學。[219]。

---

218 馬冠堯:〈戰前私人組織〉,載劉蜀永:《香江史話》(香港:和平圖書有限公司,2018),頁 174-181。

219 *South China Morning Post*, 30 January 1930.

圖 3.47　戴季陶

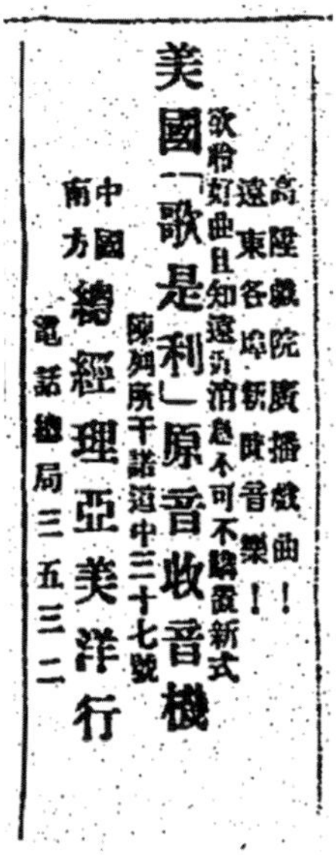

7. 葡語廣播

　　11 月開始有葡語廣播。

圖 3.48　亞美洋行以 "高陞戲院廣播戲曲" 售賣歌是利收音機廣告

8. 華語廣播

　　10 月 15 日，廣播委員會邀請了天南歌劇世界旅行團負責當晚中樂秩序。孫尼亞女士主唱 "罵玉郎"，並與何大傻合唱 "喃巫九舵簽"。錢大叔唱 "叔公賣鬆糕"。張秀和唱 "歸來燕"。陳紹棠唱 "六郎罪子"，由鐘聲慈善社伴奏。[220] 28 日，由香港孔聖會國樂部主持中樂秩序。高陞戲院於 12 月中已安裝直播儀器，隨時可以轉播。《工商日報》隨即見亞美洋行以 "高陞戲院廣播戲曲" 售賣歌是利收音機廣告（見圖 3.48）。不

220《華僑日報》，1929 年 10 月 15 日。

知何因，首播到 1930 年 2 月 25 日才見開始。[221]

9. 一些觀察

政府廣播測試從天氣報告開始，以實用經濟效益為出發點，民間測試以娛樂為目標，播放音樂或歌劇。一直到政府決定公營廣播，都以經濟效益為指標，希望收音機牌費可補貼娛樂廣播，減低公帑資助少數人的玩意。政府在技術支援和硬件如發射站和播音室等方面是完全投入資源，但在軟件上就要依賴廣播委員會。委員會雖是政府委任，但委員會不是公僕，其職能是推廣娛樂節目，以吸引多些聽眾，而做到減輕公帑資助的效果。這實質上是公務員的職責。委員會成員是自願的，憑他們在各社會領域的地位，邀請適合人選轉播或直播，人手只有一名秘書。起步絕無問題，且安排得有聲有色，創造了香港多個第一次紀錄，但這情況又是否可以持續？關鍵是軟件配套的資源是否足夠。起初政府支付每月 100 元供委員會運作開支，[222] 但沒有細節。筆者未能找到委員會的財政記錄或郵政局如何運用收音機牌費收入的記錄。唱片版權費、講者和表演者酬金、轉播合約等便成為社會討論的熱門問題。委員會亦面對不同聽眾的不同要

---

221 *South China Morning Post*, 25 February 1930；《工商日報》，1930 年 2 月 25 日。

222 *CO129/525/13/1.*

求，《南華早報》設立專欄，由幾位不同筆名的熱心人執筆，反映聽眾的要求和解答收音機和天線技術問題。是典型官民合作的另一個好例子。

（三十九）險些夭折

港府廣播政策為何如此曖昧，內裡實有原因。英國搖擺的無線電政策令香港裹足不前，幾經辛苦才以實驗形式開始，但不足半年，英國要避免有線和無線電的惡性競爭，決定統合有線和無線電公司，成立帝國國際通訊有限公司，即後期的大東電報局，單從公司名稱便可知是合併有線和無線電。被統合的機構有英國郵政局無線電部、東方電報公司、西方電報公司、東延電報公司、太平洋和歐洲公司、馬可尼無線電公司等，還有八間公司，加上十八間海外機構。殖民地部亦收到指示，香港的無線電機構也榜上有名。[223]由於廣播開支預算從 1929 年的 1,200 元升至 1930 年的 12,000 元，殖民地部官員曾在檔案上詢問是否要停止廣播服務。[224] 1929 年 10 月中國國家電報公司（Chinese National Telegraph Company Limited）副總裁李察士代表帝國國際通訊有限公司到港商討購買香港郵政局

---

223 *CO129/514/5/2.*
224 *CO129/525/13/1.*

無線電部一事。[225] 這間帝國公司真有眼光，只看中香港無線電部運作最賺錢的商業電報，提供航運和本地廣播的虧本服務則毫無興趣。但港府營運要靠最賺錢的商業電報去補貼供航運和本地廣播服務。因此列出賠償清單和要求發展無線電短波傳收站。[226] 但在發展無線電短波傳收站一事上，帝國公司遲遲未能決定，要拖至港督貝璐上任後才由貝督提出暫時終止雙方協商討論收購，無線電部才避過被收購。港府得以有空間繼續完善本地無線電發展。[227]

（四十）完善廣播

　　港府的無線電發展從開始便是技術帶著其他領域。在廣播亦是技術領著節目走。港府刻意先注入技術資源，有了專家、發射站、儀器和播音室等硬件，待測試成功後，才放資源入節目環節，按部就班改善廣播質素。廣播質素最重要的是聽眾收到清晰的音調，從本地至外國。跟著是節目內容，從播唱片，到多元化的播音室廣播，到現場直播和轉播到外國各地。下面就是港府在戰前改善廣播技術、節目和政策的細述。

---

225 *CO129/514/5/25.*
226 *CO129/525/12/24-26.*
227 *CO129/539/48-63*；見本書頁 176-177。

1. 改善硬件

　　1929 年港府購置了一台新的發射器和抽濕機，準備測試用短波傳收。短波比長或中波可傳收更遠，最遠可達英美兩國。這一新添發射器有 6,000 瓦強度，馬可尼公司出品，是當時最強的發射器，先試著與廣州、華南各埠和南京聯繫。可惜因測試不理想，1931 年換了一部新發射器，最遠可聯繫上海。同年，所有民用醫院添置了耳筒供病人聆聽廣播節目，動用公帑 1,809 元。[228] 郵政總局的播音室沒有空調，隔音亦不太理想，港府因而看中了新落成的告羅士打大廈，以月租 475 元租了二樓一中央地用作新播音室。[229] 1932 年 5 月初啟用。隔音系統用了英國最新 Celotex "蔗渣板" 吸音，防止回音，但仍不能防止風扇的聲音。[230] 5 月 20 日在播音室廣播現場音樂。9 月播音室的牆再加 Tentest 板，改善音效。[231] 工務局終於在 1933 年在播音室加設了空氣調節器。[232] 1935 年，再加設一播音室，方便雙頻道廣播。1941 年，政府又再用公帑 4,580 元加設一播音室，共三個，一大兩小。大的用作現場音

228 *Report of Director of Public Works for the Year 1931*, item 247.

229 *China Mail*, 27 April 1932.

230 *South China Morning Post*, 13 May 1932.

231 *China Mail*, 9 September 1932.

232 *Report of Director of Public Works for the Year 1933*, item 16.

圖 3.49 告羅士打大廈音樂表 　　圖 3.50 告羅士打大廈播音室
演播音室 　　一角

樂廣播，小的用於講座或新聞報告。[233] 圖 3.49 和圖 3.50
分別是音樂表演播音室和播音室一角。

　1932 年 2 月，港府購置的新發射器抵港，有 2,000
瓦強度，預算更換當時只得 200 瓦 ZBW 的發射器。
裝嵌花了三個月才能測試。初試不理想，故此在紅磡
新填地另築臨時天線架，將新發射器移至紅磡臨時站
測試。[234] ZBW 台於 7 月 1 日用新發射器播放節目。[235]
接收效果甚獲好評。[236] 與此同時，港府在紅磡新填地
興建永久無線電廣播發射站，由東山公司營造，於
1932 年底動工，1933 年 3 月完工。兩天線架亦於 1933
年中完工，[237] 舊的 200 瓦發射器將用於廣播另一電台，

233 *South China Morning Post*, 22 October 1941; *Minutes of Legislative
    Council Meeting*, 22 May 1941.

234 *South China Morning Post*, 22, 24, 28 June 1932.

235 *South China Morning Post*, 1 July 1932.

236 *South China Morning Post*, 2, 4 July 1932.

237 *Report of Director of Public Works for the Year 1932*, item 187; *Report of
    Director of Public Works for the Year 1933*, item 16; *South China Morning
    Post*, 8 June 1933.

測試兩台同一時間播出節目。1934 年 3 月,新舊發射器同時廣播節目。[238] ZBW 台頻道 355 米波長不變,新台 ZEK 採頻道 468.8 米波長。[239] 到 1935 年 9 月,兩台同播無需在 8 時至 8 時半暫停轉台,可直接在 8 時轉台。[240] 但香港仍然有些 "死位" 未能接收廣播,有人提議香港業餘發射協會使用手提收音器列出 "死位" 的地方。[241] 港府於是伸延測試短波廣播,發射器設在鶴咀發射站,採用頻道 55.46 米波長,與之前測試頻道 34.29 米波長作比較。[242] 同年,港府購入兩部發射器測試,預備供飛行廣播服務。港府在告羅士打大廈加設一間新播音室,以備兩台同步廣播。[243] 1936 年,市面已出售飛利浦防潮收音機,克服香港的潮濕天氣。[244] 同年,港府在鶴咀發射站測試短波廣播的發射器增至四部,分別以頻道 49.26、31.49、19.75、16.9 米波長和 ZBW2、ZBW3、ZBW4、ZBW5 台號測試,原頻道 34.29 米波長會在初測後停止。[245] 1938 年,港府以一部 2,000 瓦發射器取代 ZEK 台的舊 200 瓦發射器,

238 *South China Morning Post*, 1 March 1934.

239 *South China Morning Post*, 5 March 1934.

240 *South China Morning Post*, 23 September 1935.

241 *South China Morning Post*, 21 March 1935.

242 *South China Morning Post*, 28 March 1935.

243 *South China Morning Post*, 23 March 1935.

244 *Hong Kong Telegraph*, 7 March 1936.

245 *South China Morning Post*, 3 October 1936.

圖 3.51　紅磡發射站

與 ZBW 台的強度等同，仍然保持原有的頻道 468.8 米波長。[246] 1939 年 12 月，港府以 ZBC 台號頻道 260 米波長試播印度語廣播。1940 年 6 月開始以頻渣別語（Punjabi）和烏爾道語（Urdu）6 天廣播。[247] 圖 3.51 是紅磡發射站。

除了更換新廣播發射器外，首部裝有收音機的汽車也在 1932 年出現於香港。車主是著名找兌商摩地（Felix Hurley Mody），車型號史特百嘉豪華總統（Studebaker President de luxe）。接收器和喇叭收藏在儀錶板後，天線就安在引擎罩。令人覺得驚奇的是接收效果奇佳，馬尼拉的 KZRM 台和廣州的 CMB 台都

---

246 *South China Morning Post*, 3 May 1938.
247 見本書頁 316。

可以清楚收聽。[248]

　　為了讓文盲和買不起收音機的窮人得悉更多訊息如新聞、教育講座、衞生和防空襲等消息，港府於1941年初在卜公花園安裝喇叭供市民聆聽廣播，逢星期一、三、五晚6:45至7:15試播，效果理想。計劃將伸延至十一處有人群聚集的空曠地方，讓更多市民受享。所有政府部門皆可申請發放消息，估計有關衞生和防空襲消息最易獲批准。[249] 1938年廣東淪陷，大量難民湧入香港，港府開設難民營應付，可容5,000人的錦田難民營爆滿，慈善機構在營內設收音機廣播供難民收聽。[250]

2. 改善節目

　　政府的策略是逐步改善技術，有了清晰的音調，隨之而改進廣播節目。改善節目最大的掣肘是只有一低度發射器。聽眾有華洋人士，對廣播粵語或英語節目的分配是廣播委員會的最大難題。起初由於粵語表演和演講者難找，英語播放時間較長亦無人投訴。其後粵語表演和演講者增加，華人開始有怨言，結果要用交牌費的中西人數比例作一參考資料去安排粵或

---

248 *South China Morning Post*, 14 June 1932.

249 *Hong Kong Sunday Herald*, 5 January 1941.

250 *China Mail*, 18 November 1938; *South China Morning Post*, 19 November 1938.

英語廣播時間。當時外籍對華籍人士的比例約為三比一。播放音樂唱片佔大部分廣播時間，這又產生另一問題，即播放唱片種類的比例，古典音樂還是爵士音樂。反而播放粵曲的爭議不大。在周末的現場直播時段，則視乎現場的安排情況，儘量一個周末用粵語，跟著的周末英語，黃金時段取輪流方式，以示公允。

先講英語廣播，在 1932 年開始與扶輪社合作，現場轉播午餐演講，講者全是知名人士，有定例局議員普樂、山頓和連仕、本地及訪港大學教授如史勿夫和科士打、Herlots、政府高官如金海博、天文台長謝飛仕、園林處長 H. Green 等。這群精英也被安排到播音室講專題，為一般市民提供教育。體育運動除繼續直播足球和拳賽外，還增加了扒艇和射擊比賽。娛樂戲院安裝了直播設備，轉播合適的節目。在宣傳方面，防止虐畜會、聖約翰救傷隊、保護兒童協會和旅遊業協會皆有在節目上介紹協會工作。政府在宣傳交通安全第一、防肺癆運動、預防霍亂、興建城門水塘和防空襲等措施時，也利用 ZBW 台發放消息。上海難民於 1937 年湧入香港，電台播放尋人消息，讓失散的家人團聚。電台安排到訪的澳洲電台代表接受訪問，在告羅士打大廈播音室講述遠東各電台。

有了兩部發射器，港府多了一個 ZEK 台，以前 ZBW 台用的發射器廣播，只得 200 瓦。名義上是中文台，但仍有英語節目播出，而 ZBW 台仍然有粵語廣播。不是今天的純英語或粵語廣播。由於技術問題，粵轉英或英轉粵的時間在晚上 8 時至 8 時半。直至 ZEK 台換了一部與 ZBW 台同力度的發射器，即 2,000 瓦強度。華人講專題始自單季生醫生於 1932 年一系列談兒童健康的節目。同年，華人兒童節目又展開，由吳美英（音譯 Ung May Ying）和曹玉華（音譯 Tso Yuk Wah）主持。1 年後，戴翰森醫生接著又講兒童衛生。太平戲院加入轉播粵劇。逢星期一、四、日晚播放中文節目。1935 年 5 月 1 日香港時間晚上 11:30，香港首次與美國歌林比亞電台合作以短波 32 米波長轉播，電波首轉至小呂宋台，再轉美國舊金山。美國駐港領事何花（Charles M. Hoover）作開場白，介紹曾在美國讀書，退休後居港的民國首任總理唐紹儀（1862-1938）與美加聽眾在大氣電波見面。唐先生以粵語和英語講話，大意謂中美兩國素有邦交，希望兩國能永遠維持此種關係。講話完畢，播出兩張中樂唱片，一新一舊。美加華人收到廣播，報稱有 85% 清晰度。又創造出香港另一個第一次。[251] 抗日戰爭爆發，不少華人從北方遷至香港，為照顧這群市民，政府除首次成立難民營外，電台從 1939 年 4 月 1 日開始，翻譯路透社新聞，以粵語和國語播出。[252] 孫中山

251　*South China Morning Post*, 3 May 1935；《工商日報》，1935 年 5 月 4 日。

252　*South China Morning Post*, 17 March 1939.

遺孀宋慶齡抵港時，曾向政府申請在 ZBW 台向美國青年大會（Congress of Youth in America）[253] 致詞，電波經小呂宋台再轉美國舊金山。但港督羅富國看完全文後認為致詞針對日本，若批准，日本提出同樣要求時他也不能拒絕，所以否決申請。[254] ZBW 台緊守廣播新聞操守，在一宗本地山泥傾瀉和上海空襲報導上失誤後，除馬上澄清外，還登報道歉。[255]

到 1939 年，戰事迫近，ZBW 和 ZEK 兩台經常受到干擾，[256] 駐港印度籍軍隊和市民日增，政府於年底在晚上試播 ZBC 台，以印度語講播，1940 年中，除星期日不播和星期二在 7:30 至 9:00 播出外，每晚8:00 至 8:30 播出。內容有唱片、講座和獨唱。[257] 直到戰後 1947 年 1 月因印籍播音員返回印度才停止印語講播。[258] 戰前香港已有三個電台，分別以粵語、國語、英語和印度語廣播，香港成為一個名符其實的國際城市。

253 美國青年大會成立於 1935 年，1936 年發佈了“美國青年權利宣言”，倡導美國政治中的青年權利，並負責向美國國會介紹美國青年權利法案。

254 *CO129/574/3/*, p.21.

255 *Hong Kong Daily Press,* 4 November 1937.

256 *South China Morning Post,* 18 March 1939.

257 *South China Morning Post,* 5 December 1940.

258 *Annual Report of the General Post Office for the Year 1946-1947.*

3. 廣播委員會和政府改組廣播部門

上文提及廣播委員會成立的目的是統籌廣播節目，但在政府公開檔案中未能找到細節。其職權範圍要到 10 周年紀念時才由輔政司（首任委員會主席）說出，是協助港府改善無線電廣播節目。港府多次在定例局或公開場合承認委員是自願性質的，而負責政府無線電服務亦於委員會成立的同年從工務局交到郵政局，工務局只負責技術支援和維修工作。除郵政局長外，局內一直沒有公務員職系或公務員全職處理廣播事務，直至 1939 年成立廣播分部。那麼在這 10 年間，廣播委員會就幹著政府的工作。羅旭龢議員在 1930 年 7 月 31 日定例局發問時，港督直認以公帑補貼廣播節目，從郵政局財政的雜項支付，數目雖不大，但增長幅度驚人。1933 年因唱片版權問題，唱片公司拒絕免費借出唱片，委員會要向市民募捐唱片，並伸手向政府求助。最初成立時，委員會只有一名節目秘書，叫楊夏仕賓太太。1932 年的節目秘書是郭萍小姐（E. Joan Coppin），助理秘書是鄧莉小姐（Miss I. M. Dunnett），播音員是來自軍部的家倫先生（M.A. Cairns），莊晨小姐（Miss Elizabeth Johnson），鄧莉小姐也間中客串播音員。捷士先生（Mr. J.L. Gecks）亦曾一度擔任播音員。[259] 到 1937 年，本地著名鋼琴

---

259 *South China Morning Post*, 5 July 1932.

手利萊（A. T. Lay）成為節目秘書，助理秘書是喬摩亞（G. Gilmore）。當時不容易找合適的播音員，委員會曾登報聘徵播音員，要求是操流利英國廣播電台口音，有鄉音者莫問，希望吸引駕車聽眾。[260] 1930 年代，聽眾投訴音樂表演者短缺，演出者多常客，太單調。委員會公開要求新演員。由此可見，委員會在這三方面的開支需政府補貼。查 1932 年財政雜項支付，有 19,513 元用於廣播，即每月 1,626 元，但沒有細節，牌費收入有 24,939 元，[261] 高於雜項開支。從 1932 年起到 1938 年的情況也相同。

委員會缺人手，聯絡聽眾的工作落在《南華早報》身上，下文會講述官民如何合作諮詢和溝通。但由於《南華早報》的諮詢平台於 1936 年停辦，聽眾在《士蔑西報》猛烈抨擊委員會的功能，要求改善。一些溫和的評論就建議重組香港無線電協會或香港業餘發射器協會。事實上，將技術與節目分割，又將牌費撥入郵政局經費，對交牌費的人士不公，這年牌費收入是 72,794 元，雜項開支是 60,489 元，[262] 正如一位署名 "收音機米 99" 的朋友講，這在道德上說不過去。[263] 上文提到大東電報局看中香港郵政局的電報收入，因

260 *Hong Kong Sunday Herald,* 24 October 1937.

261 *Report of the Postmaster General for the Year 1932.*

262 *Report of the Postmaster General for the Year 1936.*

263 *Hong Kong Telegraph,* 14, 15 September 1936.

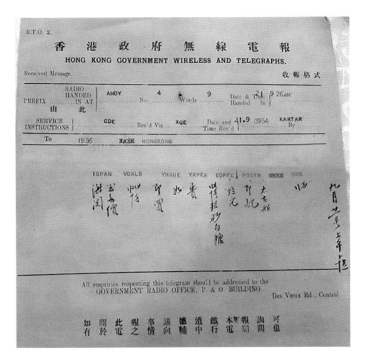

圖 3.52　無線電處發出的電報收據

貝督提出擱置收購而暫時入了書架。郵政局的電報收
入則蒸蒸日上，從 1930 年的 432,620 元增至 1937 年的
976,923 元，增長了一倍多。郵政局這隻"肥雞"終於
在 1938 年拱手讓給了大東電報局，圖 3.52 是無線電
處發出的電報收據。雖然如此，卻帶來廣播服務的一
個檢討的好機會。郵政局瘦身後，有空間增加廣播那
部分。1939 年港府向殖民地部申請開一新職位，名為
節目秘書，多年來在廣播委員會的節目秘書終於被納
入政府機制，由 1937 年已任節目秘書的利萊擔任，估

計是首位政府主管廣播節目的官員。[264] 建議獲批，在部門下有一名助理秘書，由原廣播委員會的喬摩亞擔任。還設有一名中文節目秘書，由劉少川擔任，助理中文節目秘書是廣播委員會成員曹峻安的夫人。下面設一位唱片文員名何太，1939 年 1 月 1 日生效。[265]

　　上文提及唱片版權一事，政府要額外開支，原因是港府（由殖民地部代表）與英國留聲機業簽訂版權合約，從 1935 年至 1939 年，香港廣播站（Hong Kong Broadcasting Station）可播放唱片和轉播演出原著音樂。條件是廣播站不可購買同款唱片多於兩張，但有 25% 折扣；在播出前或後必須宣佈唱片名稱和出版公司；新唱片於第一星期每天不可播出超過一次，跟著的兩月中每星期不可播出超過一次，之後沒有限制；連同轉播演出時間，每月不可多於 180 小時；需提交每月唱片播出名單；每年按持有收音機牌照人數交版權費，少於 25,000 牌照，每 1,000 人 25 英鎊。[266] 圖 3.53 是合約，因此需要一名文員管理唱片。戰前的廣播電台一般稱香港廣播站或 ZBW、ZEK、ZBC 台，到戰後 1948 年 8 月才正名為香港電台（Radio Hong Kong），那年剛是政府廣播測試 20 周年，亦是郵政局

264 *CO129/587/6/*, p. 1.
265 *Hong Kong Blue Book for the Year 1939, 1940.*
266 *HKRS170-2A-2-1*, folio 12.

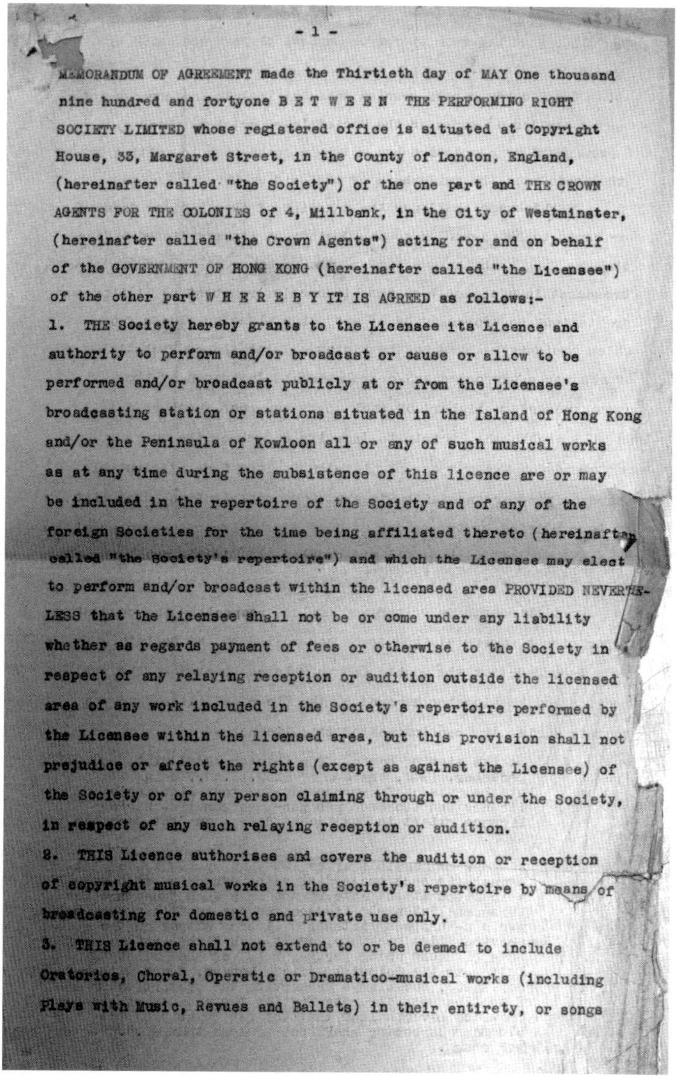

MEMORANDUM OF AGREEMENT made the Thirtieth day of MAY One thousand
nine hundred and fortyone B E T W E E N THE PERFORMING RIGHT
SOCIETY LIMITED whose registered office is situated at Copyright
House, 33, Margaret Street, in the County of London, England,
(hereinafter called "the Society") of the one part and THE CROWN
AGENTS FOR THE COLONIES of 4, Millbank, in the City of Westminster,
(hereinafter called "the Crown Agents") acting for and on behalf
of the GOVERNMENT OF HONG KONG (hereinafter called "the Licensee")
of the other part W H E R E B Y IT IS AGREED as follows:-

1.   THE Society hereby grants to the Licensee its Licence and
authority to perform and/or broadcast or cause or allow to be
performed and/or broadcast publicly at or from the Licensee's
broadcasting station or stations situated in the Island of Hong Kong
and/or the Peninsula of Kowloon all or any of such musical works
as at any time during the subsistence of this licence are or may
be included in the repertoire of the Society and of any of the
foreign Societies for the time being affiliated thereto (hereinafter
called "the Society's repertoire") and which the Licensee may elect
to perform and/or broadcast within the licensed area PROVIDED NEVERTHE-
LESS that the Licensee shall not be or come under any liability
whether as regards payment of fees or otherwise to the Society in
respect of any relaying reception or audition outside the licensed
area of any work included in the Society's repertoire performed by
the Licensee within the licensed area, but this provision shall not
prejudice or affect the rights (except as against the Licensee) of
the Society or of any person claiming through or under the Society,
in respect of any such relaying reception or audition.

2.   THIS Licence authorises and covers the audition or reception
of copyright musical works in the Society's repertoire by means of
broadcasting for domestic and private use only.

3.   THIS Licence shall not extend to or be deemed to include
Oratorios, Choral, Operatic or Dramatico-musical works (including
Plays with Music, Revues and Ballets) in their entirety, or songs

圖 3.53　英國皇家代理代表港府與表演權益協會簽訂的播放唱片版
權合約

第三章　無線電篇：從航運到娛樂

長鍾偉利榮休的時間。[267]

　　1938 年是廣播委員會成立 9 周年，本地無線電之父金海博因病退休，由高級無線電工程師摩利士（Richard Percy Morris）接替他在委員會的工作。金海博 1923 年以無線電專家身份到港工作。在英國不明朗的無線電政策下，制定了香港發展無線電的方向，先從航運、天氣和保安入手，以現有資源逐步改善無線電技術和服務。[268] 待英國落實廣播和無線電政策後，他改組工務局電機工程部，成為該部門首位主管，並力爭興建強力發射站發展短波傳收技術。在帝國國際通訊有限公司收購香港政府無線電部一事上，力撐貝璐港督暫緩討論收購建議。他於 1933 年向皇家代理御用顧問扁嘉衞工程公司 "發牢騷" 的一封私人信，輾轉落入殖民地部手上，獲官員同情和保護。[269] 他指出外交部、軍部和海軍都有其獨立無線電系統，港府在傳收商業無線電電報上，有 70% 的地方是沒有有線電報的，他質疑將私人公司利益凌駕於香港利益之上，這犧牲是值得的嗎？貝督配合海峽總督的提議，加上金海博的觀點，殖民地部因此成功說服英國政府暫緩討論收購。[270] 金海博亦誠實坦言曾在改裝低度發射器

---

267 *Annual Report of the General Post Office for the Year 1947-1948*, item 19.

268 *CO129/485/*, p. 189-192.

269 *CO129/539/13/*, p. 35-39.

270 *CO129/539/13/*, p. 48.

時犯了錯誤。港府的無線電從航運、天氣和保安發展至娛樂，他的忠誠和努力是不可抹殺的。他退休時的職位是總電機工程師，掌管工務局電機工程處，亦是太平紳士。那時的收音機牌費突破 10 萬元，無線電報收入近百萬元，短波廣播亦成功，他亦可以安心退休。工務局、無線電技術員和廣播委員會同寅贈送銀器祝賀他榮休，由郵政局長鍾偉利代表致送。[271]

查 1933 年廣播委員會的成員有主席家利（W.J. Carrie），定例局議員碧嘉，渣甸大班柏德信（John Johnstone Paterson），金海博，米信（F. Mason），David Louis Strellett，羅士比律師（Francis Henry Loseby），志願軍總管雪士（Andrew Lusk Shields），J. Gubbay，郭享利和陳香伯，換了六位成員。1939 年的成員有郵政局長鍾偉利（E.I. Wynne-Jones），周峻年（1893-1971），Hon. Leo D'Almadae Castro, Jr.，何治臣律師（P.M. Hodgson），賴霍（Lindsay A. Lafford），摩利士，彭樹夫（G.A. Pentreath），Dr. Prof Lindsay Tasman Ride, Rev. Father A. Riganti，P.H. Suckling，工務局迪高（Mr. A.G.W. Tickle）和曹峻安（1904-1985），是全新的班子，華人代表換上了周峻年和曹峻安。前者是富豪周少岐兒子，是普慶坊山泥傾瀉悲劇的生還者，曾任定例局首席華人議員，圖 3.54（見下頁）是

---

271 *South China Morning Post*, 29 January 1938, 3 February 1938.

圖 3.54　周峻年　　　　　圖 3.55　曹峻安

周峻年。後者是著名律師曹善允的第三子，曾任香港
輔助警察隊總監及擁有七號車牌，圖 3.55 是曹峻安。

4. 曇花一現的官民合作廣播

上文提及《士蔑西報》帶頭促成政府與 "發燒
友" 合作開啟本地無線電廣播測試。到政府開始廣播
測試時，卻又缺乏足夠資源，要政府技術員兼任測試
工作，節目就由志願的廣播委員會安排，政府只以非
經常性雜項開支補貼廣播委員會每次申請的支出，做
法是臨時性的。廣播音效的意見如 "死位" 和清晰
度、天線和收音機的技術支援、節目的意見如音樂種
類、播出時間和建議等都落在《南華早報》身上。其

實《南華早報》於 1916 年已買入《士蔑西報》，[272] 是兄弟報，弟開先頭，兄再接手。估計與衛理有關，他是《南華早報》總經理，亦是廣播委員會成員，安排以署名"插座"（Plug）的作者創"聽眾會"（Listerners' Club）專欄。在開欄日，"插座"稱在無人批准的情況下成立"聽眾會"，他是會長、秘書和會員，入會資格是擁有一部收音機。編輯對他說：這並不夠，你還需要懂一些無線電知識。"插座"回答：專家很難寫出一般人明白的文章，而我就不會寫一般人不明白的文章，我們已有無線電發射站，無需無線電專家。我叫"插座"的原因是我只識這個，希望每人都適用。編輯再問：我們將寫甚麼？"插座"說本地人比較喜歡收聽外國電台如馬尼拉的 KZRM、廣東的 CMB、上海的 XCBL、星加坡的 VS1AB、英國的 5CB 和 G5SW、澳洲的 VK3ME 和西貢 375 米波長等。他列出鄰近地方的電台波長，又提醒大家繳交收音機牌費。[273] 三個多月後"插座"以工作繁重請辭，慨嘆香港廣播問題與其他問題一樣 —— 缺乏企業心和想象力。[274] 接任的是署名"簾柵"（Screen Grid）的作者。最早的接收器是兩極，李富斯發明三極真空管，讓聲音可以傳播，打開聲音廣播之路。後更發展至以"簾柵"為第四極，

272 *South China Morning Post*, 24 November 1934, 14 April 1971.

273 *South China Morning Post*, 20 January 1932.

274 *South China Morning Post*, 4 May 1932.

製成四極真空管，加大接收強度。"簾柵"是真空管內的新發展（見圖 3.56）。跟著真空管和收音機製造商以"簾柵"做其牌子（見圖 3.57）。"插座"寄語接手人一句"生鏽帽子針"，這給了"簾柵"一個提示。在晶體探測器中有一針，生鏽了的針形容晶體收音機過時，所以改"聽眾會"專欄作者為"簾柵"，以示新發展，延續專欄。同時暗示他對收音機有一些技術認識，以他陳舊的晶體收音機，介紹從晶體到真空管的歷史。又預告即將介紹從郵政總局遷至告羅士打大廈的新播音室和員工，聽眾從此聽不到電車經過的雜音。[275]"簾柵"除繼續"插座"開闢更多外國頻道外，還介紹廣播委員會和港府新動向，如增加新發射站和機器、新播音室、領牌人數、新節目安排等。"聽眾會"設立一恆常信箱，解答聽眾疑難問題如天線和調校頻道、汽車收音機等，聽眾的投訴亦如常刊登。欄中亦有介紹外國和本地無線電雜誌，讓聽眾得以無師自通。"聽眾會"慢慢變成聽眾與港府溝通的主要橋樑。事實上，"簾柵"承認他與委員會關係良好，樂意作橋樑，因為 ZBW 在這種不利的環境下，仍然維持優質服務。[276]

由於"插座"和"簾柵"都不斷刊登發燒友發現本地可收聽的外國頻道的內容，無形中鼓勵他們

---

275 *South China Morning Post*, 5 May 1932.

276 *South China Morning Post*, 5 August 1932.

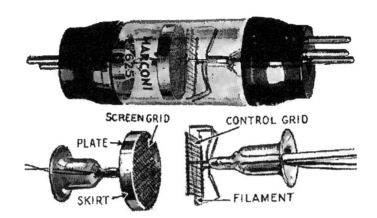

圖 3.56　在真空管內的 “簾柵”（Screen Grid）

圖 3.57　 “簾柵” 牌收音機

開墾新的電台頻道。香港業餘無線電發放協會（HK Amateur Radio Transmitting Society）的發燒友於是參加 1933 年的英帝國無線電聯盟（British Empire Radio Union）大賽。這聯盟是大英無線電協會（Radio Society of Great Britain）創立的組織以之聯繫英帝國收音機熱衷者。1930 年由紐西蘭業餘者提出比賽，1931 年為首屆。在高級組賽事，香港的奧比仁（Pat O'Brien）採用一 150 瓦 R218 真空管做的接收器名列第三，阿華士（Mr. Alvares）用 100 瓦 R218 真空管做接收器名列第五。總共有 119 名參賽者。奧比仁第一屆名列十五。奧比仁同時參加初級組賽事，他是唯一的香港代表，以 25 瓦器參賽，接通 58 電台，名列第五。[277] "簾柵" 在專欄報喜外，不忘推薦業餘發放協會所出版的本地無線電雜誌 *DX*，當時減價至 3 毫，非常便宜，且又好看。[278] 發燒友揚威海外的另一突破是首次有港人成功與南美州智利通訊。1936 年 1 月 10 日，任職港府出入口處的梅利民（Mr. G. Merriman）於上午 6 時半聯上智利約半小時，接收並無減弱。其他參與者有半島酒店的文員葛頓（Mr. Charles Henry Cotton）和滙豐銀行的包路（Mr. Brabazon Disney Gerrard Barlow）。梅利民先生一個月後再接通南美州

---

277 *South China Morning Post*, 31 July 1933.

278 *South China Morning* Post, 3 August 1933.

烏拉圭，是首位完成接通世界五大洲的港人。[279]

差不多同一時間，"簾柵"做一全民統計問卷，讓聽眾選擇最喜愛和最討厭的廣播節目。最喜愛的頭三個節目是跳舞音樂、各款音樂和酒店轉播。最喜愛的尾三個節目是兒童、獨腳戲和股票行情。最討厭頭三個節目是股票行情、轉播英國廣播電台和扶輪社午餐演講。最討厭尾三個節目是樂隊音樂、酒店轉播和管弦樂隊。酒店轉播和股票行情獲得最喜愛和最討厭節目。[280] 對買股票的人來說，他們喜歡現場消息，即今天的即時（real time）消息，是精明的投資者。聽眾一般認為廣播屬娛樂，英國廣播電台和扶輪社午餐演講可能太具學術性或太嚴肅，反而音樂可令人感到輕鬆，特別是周末酒店轉播的跳舞音樂，可讓人聞歌起舞。華人在 1930 年代初已開始熱愛跳舞，華文報章教授跳舞廣告以溫德勝名樂隊和"高尚愉樂"為賣點（見下頁圖 3.58）。外國人主要投訴太多古典音樂，起初亦有增加爵士音樂，但後來又回復九成古典音樂。華人則不滿轉播粵劇"夠鐘關台"的官僚作風，粵劇高潮在結尾大結局，最精彩時就沒有了，真是令人掃興。最初委員會延長轉播時間，但久而久之，粵劇長了，問題又再出現。到 1935 年，聽眾

279 *South China Morning Post*, 11 February 1936.

280 *South China Morning Post*, 11 August 1933.

圖 3.58　華人教授跳舞廣告

對委員會表示失望，以"唔要就算"形容委員會。[281]
自始，投稿人不足"半打"，即少於六人，失去了熱
情。[282] 其實早在 1933 年，投稿人士已開始減少，並呼
籲聽眾表達意見。[283] "簾柵"只有唱獨角戲，除談論港
府短波測試和介紹新節目和表演者外，亦講無線電科
技如雀鳥和飛機對收聽的影響、T 或 L 型天線、電視
發展、有線廣播、短波的發展如烹調食物和介紹無線

281　*South China Morning Post*, 29 January 1935.

282　*South China Morning Post*, 1 March 1935, 19 September 1935.

283　*South China Morning Post*, 9 September 1933, 28 October 1933.

電刊物等冷知識。"簾柵"被讀者冷漠對待令一些忠誠"擁躉"重提組織一實質"聽眾會"。[284] "簾柵"的專欄到 1936 年 3 月 24 日後就不知所終。《南華早報》及其他報章都沒有交待事件。其後"插座"間中亦有發表文章，但影響力不大如前。《南華早報》已完成其歷史任務。

5. 聽眾人數

廣播委員會定期發放領有收音機牌照的人數，從 1927 年的幾十人一直上升至 1941 年的 13,000 多人，從未回落。一部收音機最少可供一個家庭或一層樓成員收聽，在售賣收音機商店外享受免費娛樂的人數就更難估算，還有非法使用者，但可以肯定的是收聽人數一定不止收音機牌照的數字。1932 年《南華早報》不計算在售賣收音機商店外的聽眾，曾估算收聽人數約是收音機牌照數目的五倍左右，即平均五人收聽一部收音機。[285] 亦有學者以物業聽眾量化香港收音機聽眾人數。[286]

284 *South China Morning Post*, 12, 18 March 1935.

285 *South China Morning Post*, 5 July 1932.

286 David Clayton, The Consumption of Radio Broadcast Technologies in Hong Kong, 1930-1960 in *Economic History Review*, LVII, 4(2004), p. 700.

（四十一）一些重要事蹟

1. 短命的本地廣播雜誌

　　香港業餘無線電發放協會出版的本地無線電雜誌 *DX* 的對象一向是業餘無線電發放者。到 1933 年中，編輯決定豐富內容，擴大讀者範圍至所有對業餘無線電有興趣的人士，並減價至 3 毫。當時遠東有三本英文無線電雜誌在港銷售，除 *DX* 外，還有上海的 *Shanghai Calling* 和馬尼拉的 *Philippines Broadcast*。[287] 讀者亦可向當地長期訂閱。上海的亞美公司於 1929 年出版漢文《無線電問答滙刊》半月刊，合訂本共 24 期，由蘇祖國主編。[288] 1933 年蘇祖國改出《中國無線電》月刊，保留無線電常識問答一欄。[289] 讀者有的來自香港，所以內容有談及香港 ZBW 和 ZEK 廣播（見圖 3.59）。馬尼拉的雜誌亦有的報導 ZBW 的消息。[290] 英國的 *World Radio* 也有報導香港無線電新聞如中西廣播時間和 ZBW 的唱片存量。[291] *DX* 和 *Shanghai*

---

287 *South China Morning Post*, 8 November 1933.

288 艾紅紅：《中國早期廣播著作初探》，*https://www.sinoss.net/qikan/up-loadfile/2010/1130/10570.pdf*，2018 年 10 月 26 日。

289 謝鼎新：〈民國時期 (1920-1949) 國人對廣播的認知〉，載《安徽師範大學學報 (人文社會科學版)》，第 37 卷 6 期（2009），頁 716-722。

290 *South China Morning Post*, 10 November 1933.

291 *South China Morning Post*, 16 November 1933, 3 February 1934, 29 December 1934.

圖 3.59　蘇祖國出版的《中國無線電》月刊

Calling 都未能持續，不久就消失了。到 1935 年底，胡義斯先生（Mr. Anatole Wuest）辦一無線電周刊，名為《香港無線電時刊》（*Hong Kong Radio Times*），每本 2 毫。創刊號內容包括訪問本地廣播表演者、給初學者的文章、自製三膽管機、英國、南京、馬尼拉、澳門和本地廣播電台節目等。政府於 1939 年成立廣播分部後，雄心勃勃地發展本地廣播，破天荒地以商業形式創立廣播雜誌，以《香港無線電回顧》（*Hong Kong Radio Review*）為名的周刊宣傳廣播。港府特別設一開支賬目，以支付編輯和印刷費用。[292] 聘請 Eric Liddell O'Neil Shaw 為編輯，每月 525 元酬金，內容有每周節目預告、編印講座、摘記和評論、ZBW 書架、短波電台資訊、《南華早報》評論員屹耳（Eeyore）雜記和讀者角落等。收費 1 毫，年費 5 元。創刊號於 11 月 11 日出版，各大書局有售。創刊號內容有港督寄語、賴恩神父講"一位商人看戰爭"、近況評論、技術分析和中西節目預告等。[293] 圖 3.60 是周刊廣告。周刊很快被指為廣播委員會喉舌，偏袒播放大量古典音樂。[294] 財政司在回答羅文錦議員在定例局的質詢時，亦承認廣播有一職責是宣傳防空襲政策。1941 年 8 月，

---

292 *CO129/582/20*, pp. 1-20.

293 *China Mail*, 13 November 1939; *South China Morning Post*, 7, 8, 11 November 1939.

294 *South China Morning Post*, 14 December 1939.

THE HONG KONG
RADIO REVIEW
A weekly magazine devoted primarily to
local and Far Eastern
Broadcasting

FIRST ISSUE
will be published
TO-MORROW
Advance programmes, reprints of talks,
special articles, notes and comments.
"Miscellany" conducted by "Eeyore".
On Sale at Booksellers · 10 cts. a copy.

圖 3.60 《香港無線電回顧》創刊廣告

周刊開支虧蝕，要向定例局申請追加撥款 15,341 元。
在羅文錦議員的追問下，港府承認 1 毫收費太少，又
缺廣告，決定終止出版周刊。[295] 周刊於開埠 100 周年紀
念時曾出了 1,000 本特刊，全部售罄，需要再印（見下
頁圖 3.61）。[296]

2. 新興行業 —— 無線電值機員

　　上文提及港府開放無線電市場供船隻互通消息，
在傳收無線電資訊時需要技術人員，香港在這方面處

295　*Hong Kong Daily Press*, 8 August 1941; *Minutes of the Legislative Council Meeting*, 7 August 1941.

296　*South China Morning Post*, 30 January 1941.

HONGKONG
RADIO REVIEW

Reaches the DISCERNING reading public

Special Centenary Issue
First Edition (1000 copies)

SOLD OUT

New printing available Immediately

圖 3.61 《香港無線電回顧》開埠 100 周年紀念特刊

圖 3.62 郵政局長胡夫

於真空狀態，因而開拓了一個重要的新興行業——無線電值機員（Wireless Operator）。情況與其他專業一樣，培訓和專業資格都源自英國。港府在總商會的推動下，郵政局長胡夫（見圖3.62）於1917年3月向殖民地部申請在港舉辦無線電值機員資格考試和頒發證書，依英國郵政局模式，考官來自馬可尼公司在鶴咀無線電站的專家。考生必須在港出生或英籍，年齡21至24歲，受訓兩年，考試合格後可成為無線電值機員。英國郵政局長當然沒有異議，考試範圍如下：

理論：應用於無線電報的基本電和磁學；初級和中級電池學；電報儀器；電容器；電機；無線電理論及其應用；原油發動機；圖表分析；內部接駁；緊急器材。

實踐：在5分鐘內每分鐘傳收最少27個字（5字母1字），無錯字為準。在發射站內調校及解釋裝嵌電機和儀器，包括測試和清理錯誤。可操控電焊棒和氣炬接焊槍連接簡單接口。[297]

從考試範圍看，無線電值機員不單要懂無線電報運作，更需要擁有電機和儀器等技術知識，是全能的無線電技術員。船隻在大海中時，若無線電機件失靈，他是唯一的無線電醫生，所以無線電值機員需是全面的無線電技術員。因他們是船上唯一懂技術的

297 *CO129/446*, pp. 166-170.

人，海盜劫船的首要事務便是綁架無線電值機員，所以他們的風險極大。因此當年無線電值機員有其一定的社會地位。

1921 年港府收回鶴咀無線電管治權，馬上成立無線電值機員職系，總監下有高級無線電值機員、無線電值機員和無線電值機員學徒。實行內部培訓無線電值機員。1922 年，本地無線電值機員致函報章指他們在船上是最低薪的一群，起職點每月只有 89 元，8 年後才升至 182 元。[298] 1 年後，總商會有鑑於英國提出強制性法例規定每艘輪船必須設有無線電器和一名合資格的無線電值機員的計劃，要求港府成立培訓華人無線電值機員中心。[299] 1924 年 4 月，傳出太古和渣甸與政府合作，推出華人無線電值機員學徒培訓計劃，招聘 18 至 21 歲本地出生的華人學徒，每星期在香港實業專科學院（Hong Kong Technical Institute）上三晚夜學，學費每月 5 元。三個月試用滿意後，上船工作，每月薪金 60 元，兩年後升至 80 元。[300] 兩大船公司因不願意聘請英國的無線電值機員，故此在港成立培訓華人無線電值機員中心，以供在遠東船隻服務，減低成本。消息傳出太古無線電學校的導師很快

---

298 *South China Morning Post*, 16 June 1922.

299 *South China Morning Post*, 30 March 1923.

300 *Hong Kong Telegraph*, 1 April 1924; *South China Morning Post*, 2 April 1924.

抵港。[301] 自從專家金海博抵港後，燈塔、警署、水警輪、天文台和海事處都需要無線電值機員，政府開設了一個無線電訓練部，專門培訓華籍和印籍無線電值機員。

世界認可無線電值機員專業資格分一級（Class 1）和二級（Class 2），從上面的考試範圍看，本地出生的華籍值機員必須有足夠的英文水平才可有效學習無線電技術知識，進而考取專業資格。當年的華人若擁有一定的英文水平，早就入了買辦行業，富貴名利隨之而來，哪會選擇走每月只得百元的艱苦路。[302] 政府有見及此，特別設立了一個專業資格級別，專門供行走遠東水域的"專業無線電值機員"，名為"特別甲級"（Special A）和"特別乙級"（Special B）。[303] 這一本土專業資格合乎 1927 年的《無線電報規例》（*Radio Telegraph Regulation*）。

這一課程在 1925 年因已有足夠值機員，以及發生省港大罷工而停辦。與此同時，中華基督教青年會

---

301 *Hong Kong Telegraph*, 3 April 1924.

302 馬冠堯：〈香港科學工藝教育的源頭：以李陞格致工藝學堂和香港實業專科學院為例〉，載蕭國健、游子安主編：《鑪峰古今 —— 香港歷史文化論集 2017》（香港：珠海書院香港歷史文化研究中心，2018 年 7 月），頁 147、153。

303 Hong Kong General Chamber of Commerce, *Report for the Year 1932*, p. 55.

亦開辦無線電訓練班。[304] 1926 年新寧號輪船遭海盜劫持，船上的無線電值機員是一名太古無線電學校的華籍畢業生，年僅 21 歲，他英勇的表現受到同僚嘉許，他協助婦孺轉乘拯救船，剛好 S.S. Ravensjell 船的值機員病倒，他又充當該船的無線電值機員。[305] 1927 年，航運業復甦，政府要重開無線電訓練部，那時已由郵政局掌管，學費每月增至 10 元，船上人工亦增至每月 100 元，包食宿。政府無線電值機員人工每年 900 至 1,500 元，生活安定。[306] 1928 年因有了足夠的值機員而停辦，1929 年才重開。[307] 可見培訓是按需求而定，非固定安排。

1931 年，西姆拉會議（Simla Convention）上提出香港船隻是否需要跟隨 1932 年定下的《國際海洋生命安全條約》（*International Convention for the Safety of Life at Sea, 1929*）。"專業無線電值機員" 只有一級和二級，並沒有特別級，地域免除條款亦影響往來香港和印度及海峽殖民地（星馬）的船隻。港府諮詢海軍、船公司和總商會後，認為對持有 "特別甲級" 的本地出生華籍值機員工作表現滿意，足夠應付當時的

---

304 *Hong Kong Telegraph*, 6 April 1924；《華字日報》，1925 年 1 月 7 日。

305 *South China Morning Post*, 20 November 1926.

306 *South China Morning Post*, 4 January 1927, 23 April 1927; *Report of the Post Master General for the Year 1927*.

307 *Hong Kong Daily Press*, 10 May 1929.

需要，若要將華人無線電值機員提升至二級水平，香港只能有少於 10 人可通過考試，最終會變成全港皆是外籍無線電值機員，因此致函殖民地部要求保持 "特別甲級" 的資歷。英國貿易委員會持不樂觀態度，但最終仍要視乎與印度及海峽殖民地政府商討的結果，才可定案。[308]

1932 年，中國內地戰亂，渴求無線電值機員，華籍值機員紛紛北上，香港嚴重缺乏值機員。[309] 太古無線電學校亦停辦。跟隨 1932 年定下的國際海洋生命安全條約又迫在眉睫，有消息傳出政府開辦無線電學校，培訓本地出生的華籍值機員符合國際海洋生命安全條約。[310] 1934 年 8 月政府刊憲通知一級、二級和特別甲級無線電值機員需要換領新證書，但特別乙級證書於 1934 年 1 月取消，準備將特別甲級證書迎合國際海洋生命安全條約。[311] 由於政府預料大部分特別甲級證書持有人均未能通過二級證書考試，政府承認要開辦無線電學校，專門培訓特別甲級證書持有人符合國際海洋生命安全條約和解決當時嚴重缺乏值機員的問願。課程專為在遠東行走日本、星加坡和荷屬東

---

308 Hong Kong General Chamber of Commerce, *Report for the Year 1932*, pp.52-60.

309 *South China Morning Post*, 25 March 1932.

310 *South China Morning Post*, 20 July 1934.

311 *Hong Kong Government Gazette*, No. 611 of 1934.

印度船隻而設，無線電值機員將獲一特別證書。[312] 換句話說，將特別甲級證書優化成國際海洋生命安全條約認可證書，名為"二級（限制）"（Second Class [Restricted]），這有賴於本地船主的努力。[313] 政府終於宣佈於 1935 年 1 月 2 日開辦無線電學校，學費加至每月 10 元，但不承諾畢業生可受聘於政府。[314] 學校由工務局負責，為應付考試，學校加開進修班，為期兩個月，第一班有九人，第二班有 18 人。九個月的課程第一班有 25 人，第二班有 15 人，全年發證書 60 張，即有七人不合格。[315] 1936 年"二級（限制）"證書改為"二級（遠東）"（Second Class [Far East]）證書，只是改名，其他一切無變化。[316] 香港工業學校（Hong Kong Trade School）於 1937 年 2 月接收了工務局的無線電學校，無線電學系成為學校首個收生系別，第一批學生 20 人，僅一半考獲"二級（遠東）"證書資格。[317] 畢業生仍然繼續往內地發展。[318] 香港工業學校培

312 *South China Morning Post*, 17 November 1934.

313 *South China Morning Post*, 19, 21, 22 November 1934; Hong Kong General Chamber of Commerce, *Report for the Year 1935*, pp.33-35.

314 *Hong Kong Government Gazette*, No. 902 of 1934.

315 *Report of the Director of Public Works for the Year 1935*, item 226.

316 *South China Morning Post*, 26 October 1936.

317 *Report of the Director of Public Works for the Year 1937*, item 232; *Report of the Principal of Trade School and Technical Institute for the Year 1937*.

318 *South China Morning Post*, 20 July 1938.

CERTIFICATE OF COMPETENCY IN RADIOTELEGRAPHY
GRANTED BY THE GOVERNMENT OF HONG KONG.

SECOND CLASS.

This is to certify that, under the provisions of the International Telecommunication Convention of Madrid, 1932 .... has been examined in radiotelegraphy and has passed in :—

(a) Elementary theoretical and practical knowledge of electricity and radiotelegraphy and knowledge of the adjustment and practical working of the types of apparatus used in the mobile radiotelegraph service.

(b) Elementary theoretical and practical knowledge of the working of the accessory apparatus, such as motorgenerator sets, accumulators, etc., used in the operation and adjustment of the apparatus mentioned in sub-paragraph (a).

圖 3.63　"特別乙級"（Special B）證書

訓無線電畢業生在 1938 年有 10 人參加"二級（遠東）"證書資格考試，八人合格，成績進步。[319] 圖 3.63 是本港發出的"特別乙級"證書。

　　樹大有枯枝，有三名無線電值機員因將收到的金融消息傳放，被告上公堂。三名被告分別被判罰款 850元、400 元和 200 元。[320]

3. 無線電之父訪港

　　1933 年，馬可尼（Guglielmo Giovanni Maria Marconi, 1874-1937）夫婦在遠東旅遊，從北京到南京

---

319 *South China Morning Post*, 1 August 1938.

320《華字日報》，1940 年 5 月 19 日。

的行蹤早就見報，得國民政府主席林森、交通部長朱家驊等人接見。馬可尼夫婦於 1933 年 12 月 14 日從上海乘坐干尼璐沙號（S.S. Conte Rosso）抵港。原本行程是意大利駐港領事干尼拿（Goneila）接船，先在淺水灣酒店由意大利社群歡迎，再往港督府會貝督，晚上乘船往意大利。但由於郵輪下午 3 時才到港，停泊在九龍倉，得半島酒店經理的同鄉上船歡迎，《南華早報》記者速訪馬可尼先生，他說剛好在 32 年前的那天（1901 年 12 月 14 日）他以數千米長波做實驗，但今天他已用 1 米波長做實驗。微波好處是不受任何干擾，可傳至更遠或更困難的地方，波長只有 50 厘米，不久的將來微波會取代現有頻道。他估計電視會在 5 年內走出測試階段，但要好久才可像廣播那麼深入民間。記者問地球是否可以傳訊息往其他恆星，馬氏選擇不評論，但不排除其可行性。他盛讚維港景色艷麗，可惜逗留時間太短，未能慢慢欣賞，因此有很大誘因會再來。他又讚許中國人的禮貌和熱情。馬可尼看來一點也不老。[321] 可惜他幾年後離世，到港是首次亦是最後一次。圖 3.64 是馬可尼夫婦。

---

321 *Hong Kong Daily Press*, 15 December 1933；《工商日報》，1933 年 12 月 15 日；*South China Morning Post*, 7, 15, 16 December 1933。

圖 3.64　馬可尼夫婦

4. 港府廣播 10 周年紀念

1938 年 6 月 30 日晚上，港府慶祝成立公營廣播 10 周年。港督羅富國在 ZBW 台發表演說。他以輕鬆笑話開場，再轉而嚴肅地說無線電科技的奇蹟是徹底消減世界的空間，令世界變得愈來愈小。但另一方面，科技又把人帶到世界各地，認識各個角落的知識，擴大人的眼光，讓人變成世界公民。他說，傳送真理是其使命，真理是偉大，是優勝。他讚揚廣播委員會的工作，任何服務都是不可能滿足所有人的，有時需要霸道，但亦需要和藹的霸道。他亦欣賞廣播委員會的職員和感謝本地的天才表演者。

布政司史勿夫發言說：他被邀請講話的主因是他曾任第一屆廣播委員會主席。當時他正放大假不在港，他感到遺憾，不知道發生了甚麼事。他憶述在 1929 年中與渣甸大班修打蘭和尚頓籌組委員會，有十二位成員，至今衛理是唯一仍在委員會的委員。他的職權範圍是：“協助改善本港無線電廣播節目”。《南華早報》評論員屹耳描述播音室是一個室內帳篷，這樣說來有點誇張，播音室並非如此簡陋，只是四周有布簾。只有一名女職員，唱片是借回來的，不久便有鋼琴播出。他不敢說效果理想，但要明白公帑是不可能補貼少數聽眾的。事實上表演者只有三文治和咖啡作為回報。其架構是一政府和非正式監控的混合體。公營廣播的基石就建在此。那時只有一部發射器，要播放中西節目，在安排上時有爭論，還有爵士或古典樂的分配，現場轉播的分配等爭議。委員會在這項安排上能做到恰到好處，取得平衡點，史勿夫作為委員會主席，亦交代了委員會以往的貢獻。

郵政局長鍾士接著發表演講，他形容自己有如一位小朋友 10 歲生日時被邀講話，即要做功課。他謹代表廣播委員會同寅在生日會上向各位聽眾問好。周年紀念往往是盤點和展望。他感謝所有譴責或讚揚的意見，這表示聽眾關心本地廣播。但他總是喜歡有建設性的提議。無論如何，任何意見都有助於委員會改善本地廣播。他說，10 年前我們只靠報章得悉新聞，今天有了聲音新聞，10 年後，估計會有視像聲音新聞。在他草擬講稿時，工程師已囑咐不要太樂觀。他說，相信大家仍記得金海博電機工程師，他為人謙卑誠實，手下只有數人，從零廣播發射器起發展至今天的多頻道廣播，可惜因病在數月前退休。他接著說，感謝主，仍有不少當初做開荒牛的專業人仕陪伴我們，這是幸運的。除技術外，難得有一班演藝人和熱心同事的相助，帶給聽眾欣賞、歡笑、咒罵和思考。在這條道路上，ZBW 已經成長，我為此感到自豪。[322]

最後發言的是前線工程師嘉頓，他於 1924 年加入

---

322 *China Mail, Hong Kong Daily Press, South China Morning Post*, 1 July 1938；《工商日報》，1938 年 7 月 1 日。

政府成為高級無線電生，1927 年為無線電報工程師，
1938 年升助理無線電工程師，1939 年為無線電工程
師，退休前為署理總無線電工程師，借調大東電報局
為助理經理。二戰時曾是戰俘，被押解至日本。1945
年 10 月回港，1946 年 5 月借調倫敦辦事處，7 月回
港。他活躍於共濟會，為地區大師傅，1950 年初退休
往澳洲。[323] 嘉頓說，當他在 1927 年參加廣播測試時，
從沒有想過要憶述故事。廣播測試結束第一階段而成
型，是從 1928 年 6 月開始的。那年代的廣播發射器是
用電報發射器改裝而成的，不是正宗的廣播發射器，
其強度甚低，天線接收力亦低，導致接收極不理想。
回想有一天在山頂測試時，金海博指著發射器附近的
水渠和金屬物說："啊！原來你的電波全被這水渠帶走
了。"他們開始興建不同的天線、不同的地線和一些
有關裝置，榨取小發射器每一絲能量。要明白小蟲沒
有可能成為大象，幸好聽眾非常忍耐和包容，給了他
們很多建設性建議。當年他負責"打雜"，看護發射
器、安排節目和負責宣佈。僅有一位同事幫手，GOW
台僅他一把聲音，直至報章批評他"帶有哮喘的牛津
口音"，他才減少在米高峰前的工作。播音室沒有鋼
琴，亦無藝人，只有免費借來的唱片。唱片重複播
放，損毀很大，經常要在片上噴油才可播出。後來才

---

323 *Hong Kong Blue Book for the Year 1940*; *South China Morning Post*, 15
   February 1950.

有郵政總局的播音室，和在告羅士打大廈有空氣調節的播音室。1931 年才有新的廣播發射器，發射站亦移至九龍測試。1935 年更發展至短波廣播測試，與世界各台互聯。

1948 年未見有紀念活動，自 30 周年起，每十周年皆有紀念活動，日期沿用 10 周年的 6 月 30 日。筆者未能找到採用 6 月最後一日為港府廣播紀念日的出處。根據現存的公開檔案，本地 GOW 台廣播測試則始於 1927 年。1928 年 6 月先後確定了 GOW 台頻道 300 米波長恆常廣播天氣和音樂，雖是測試，但也是歷史性的時刻。選取那一天是紀念日只是主觀判斷，重要的是香港廣播歷史的源頭。

5. 開埠 100 周年紀念廣播

1941 年 1 月，政府公告開埠 100 周年紀念廣播節目，在 18、19 和 20 日一連三天舉行紀念廣播演講。第一天由署督、羅旭龢、羅文錦、布朗（C.B. Brown）和摩利士主講。第二天由何東、卡斯弟（P. S. Cassidy）、昌堅（C. Champkin）和陶士（Rev. K. Markenzie Dow）主講。第三天由周壽臣、希郭（Hancock）、碧嘉、麥拿馬華（H. C. Macnamara）和佘示（A. L. Shields）負責。[324]

---

324 *South China Morning Post*, 11 January 1941.

廣播分別由 ZBW 短波和長波播出，本地及全世界皆可收聽。署任港督是駐港司令陸軍中將岳桐（Lieutenant General Edward Felix Norton, 1884-1954）。他回顧香港百年往事，以大嶼山的現貌比喻百年前的香港。他以海港、船塢、醫院和福利、大學和學校、工業和銀行等實例發展形容香港百年往事。又提及英人帶來的各項體育活動，今天很多華人在場上已超越英人。他以令人驚嘆來形容其發展之快，而且還會繼續向前。倫敦能成為一座貿易中心，重要原因之一是英人謹守承諾。香港能成為一座貿易中心，除地理環境外，華洋緊密合作是主因，而且合作愉快。華人和英人都討厭戰爭，喜歡貿易，但仍會合作抵抗戰爭。署督亦提到他曾在印度度過他一半的當兵歲月，他亦關心駐港印兵和印度社群。

　　接著是郵政局長簡短的演講：除廣播外，戰亂前的通訊已發展至空郵和馬尼拉長途電話。籌備中的100周年紀念郵票亦因戰亂而延誤。英國亦準備了一切戰爭工作。在發展廣播的同時，他有信心電視會很快出現，戰爭有助於無線電科技的發展。感謝籌備委員會的努力和秘書處同寅，令廣播順利播出。

　　羅旭龢爵士講中英合作的過去，現在和將來。他說：香港從漁村發展至今天的繁榮自由港和風景美麗的旅遊勝地，全是靠英資的商業眼光和主動，配合華人的能力和勤奮、耐心和容忍，共同創造了香港的奇跡。華洋共通點是質素高和誠實，雙方都有中國諺語"牙齒當金使"的精神，故能夠合作愉快。香港作為遠東中西貿易的樞紐，以有效率和誠實貿易行見稱，銀行信貸和保險輔助往來生意。貿易行、銀行和保險公司有中有西，任君選擇，全無惡性競爭。船塢、造糖、英坭和造繩等業務亦值得我們自豪。輕工業如膠鞋和電筒等也正在趕上世界的發展腳步。在社會方面，華洋皆頂力支持慈善活動。華人有不少專業人士如律師、工程師、建築師、醫生和學者等。他們和外籍人士保持健康和友好的競爭關係，為香港做貢獻。這一發展甚至在宗教界也能看到。香港教育無論是大學或中學都有教授中西文化。體育和娛樂也同樣中西混雜，單是觀看足球比賽的人數就反映出體育能夠將中西文化相融合。傳媒也有中西，各為華洋發聲。行政、立法和市政局也有華人代表，其他志願機構如防空襲服務、輔助消防和警察隊、聖約翰救傷隊等有不少華人參與。大罷工後，港府應華人代表要求恢復經濟，向殖民地部要求貸款 3,000 萬元，16 小時後獲批。這大大鞏固了本地華人對政府的信心。中英有諺語"人多力量大"和"連心可熔金"，合作的力量不可低估。展望將來，憑著香港獨特的地理優勢，市場是無限大的，亦不會受到政治帶來的經濟影響，以華洋合作為基礎，只會再向前發展，這點他是充滿信心的。羅爵士的 100 周年總結，給後世如高馬可（Professor John Carroll）和文基賢（Christopher Charles Munn）等學者帶來了很大啟示，寫出了香港中西合作之歷史的巨著。[325]

周壽臣爵士向市民祝賀，由於眼疾，其子代表他演講：世界正在存亡之秋，是強權和公理之爭，自由與專制之爭，因此香港不會慶祝開埠 100 周年。他以 2,000 人口增至 200 萬、道路從馬道到車路、人力車到電和火車為例來描述香港的轉變。除政府能維持一個有公信力和秩序的社會外，強調華人對香港的繁榮是功不可沒的。他的七代祖先均居於香港，他 81 年前於香港出生，是地道的香港人，並祝願香港早日返回和平之路。周爵士的 100 周年總結，亦給本地歷史學者，如冼玉儀和丁新豹等一些啟發，關於本地華人對香港繁榮所做貢獻的歷史，並據此寫成論文。[326]

何東憶述 60 年往事，從在中央書院讀書講起校長史超域每天早上 6 時到校的情景，他亦目睹大潭水

---

325 John M. Carroll, *Edge of Empires: Chinese Elites and British Colonials in Hong Kong* (Hong Kong: Hong Kong University Press, 2007); Christopher Munn, *Anglo-China: Chinese People and British Rule in Hong Kong, 1841-1880* (Hong Kong: Hong Kong University Press, 2009).

326 Joseph Ting Sun-pao, *Early Chinese Community in Hong Kong 1841-1870*, Thesis for the Degree of Doctor of Philosophy, 1988; Elizabeth Sinn, *The Tung Wah Hospital, 1869-1896: A Study of a Medical, Social and Political Institution in Hong Kong*, Thesis for the Degree of Doctor of Philosophy, 1986.

塘、中環街市、纜車、填海的德輔道、郵政大樓、娛樂戲院、香港會所和中國銀行等建築工程落成。電力、電話和打字機從無到有。華人打扮從辮子到西服。政府亦面對衛生、人口擠迫和土地短缺等問題，有效舒緩情況。香港有幸遇上幾位有魄力的港督，如盧吉成立香港大學、工程師彌敦興建廣九鐵路和梅含理廣築汽車公路。貢獻社會的華人有伍廷芳、黃勝、何啟和韋玉等。若義律或卜公重遊香港，相信他們無法認出今天的香港。最後他向各市民問好。

最後開腔的華人是羅文錦。他選擇的話題比較輕鬆，是華人在體育方面的發展。以游泳、網球和足球為重點。華人以個人或家庭為單位，不以社會為單位。中國遊戲甚少以隊為單位，例如象棋、麻雀或天九，都以個人為主，不似外國的撲克橋牌。"體育"能夠培育身體，是身體文化，而"體育精神"是身體文化的精髓。他回想 1906 年時，甚少華人對體育運動發生興趣，更不用說要女性穿短衣短褲做運動。最早華人泳棚由華人康樂會建於 1910 年，其後康樂會專注網球，由華人游泳會負責。華人游泳會和南華體育會皆有泳棚設於北角供會員使用。自 1920 年起，華人就開始熱愛游泳運動。第一個永久泳棚由南華體育會興建，於 1929 年 6 月 29 日由港督金文泰開幕。今天的北角泳棚有南華體育會、華人游泳會、中華運動會、政府華員會、中華青年會、先施公司、永安公司和銀行公會；鐘聲慈善會泳棚設於堅尼地城。在夏季，每天約有 10,000 人在這些泳棚裡游泳玩水。在 1909 年，香港舉行網球聯賽，有七隊參加，只有中華青年會一隊華籍球隊。次年，中華康樂會才加入。曾獲本地冠軍的華人有吳仕光、羅文惠、徐煒培和徐潤培昆仲。女子組有大律師列顯倫的母親羅德貞。足球方面，1904 年才由官校學生組織球隊。1911 年中國內地在南京舉行全國運動會，香港以南區名義參賽，並取得第一屆冠軍。1913 年這班球員代表中國在馬尼拉參加國際賽，球員有馮平、葉坤、梁榮泰、彭松長、郭寶根、唐福祥等好手。在決賽以 0:1 敗給菲律賓。南華足球會於 1916 年成立。1936 年，中國參加在德國柏林舉行的奧林匹克運動會的足球比賽。南華足球會獲正選的國腳有包家平、譚江柏、李天生、黃美順、葉北華、李惠堂、馮景祥和曹桂成。於 8 月 6 日碰上英國隊，以 0:2 敗陣。這是香港足球的威水史。

（四十二）結語

新事物抵港，港府以監控方法回應。但新科技非一般事物，是需要科技知識的，港府何來人才？剛巧遇上第一次世界大戰，安全致上，政府禁止在港使用無線電，令這問題延後才出現。有趣的是，無線電故事在大戰後接二連三地發生。上海學者訪港進行無線電科技和示範廣播，翻開香港民間發展無線電廣播的第一頁。與此同時，政府亦收回鶴咀發射站的管理權。本地無線電在船務業落後於世界形勢及天災和人禍威脅船隻安全的情況下，不得不迫使政府正視問題。奈何英國國內在廣播和無線電政策上未見成效，仍在摸索階段，謹以官僚手法應付殖民地的查詢。港府亦心明其意，只能利用其本地有限的權力來應對大難題。無線電發燒友熟悉世界發展，理解港府困境，因而成立無線電協會，先解決香港地勢不利於無線電傳收的技術問題。在此情況下，政府只能以口頭允許成立無線電測試站，條件是協會要協助政府把關，從技術層面推薦和允許成立無線電測試站。即以不干擾海軍、軍部和政府運作的大前提下，以"隻眼開隻眼閉"的手法容許無線電測試。這種官民合作的方式，往往非常有效，政府進可攻，退可守，待發展成熟時才合理化，即使失敗，政府亦完全沒有損失。香港在19世紀的救火和救災工作就是由志願救火隊和人道協會開始的，逐漸才發展成為政府機構，[327] 這並非英國人在 20 世紀的新招。這一方法果然吸引英美無線電投資者到港測試，名義上是測試，實質上是售賣收音機，先打入接收市場，等待政府批准成立發射台。最

---

327 馬冠堯：《香港工程考：十一個建築工程故事 1841-1953》（香港：三聯書店，2011 年），頁 92-98、156-158。

高峰時，測試台號排至 HK6，晚上廣播好不熱鬧，更有戲院歌劇轉播。政府以"拖字訣"回應——沒有專家，所以從英國聘請電機專家到港，並欲取回技術權力高地。這場無線電熱浪被省港大罷工冷卻，政府亦趁機改組電機工程部和進行儀器測試。當經濟恢復正常後，發燒友捲土重來，繼續測試廣播，華人亦走到台前表演音樂，跟著有葡語測試廣播，有收音機者每天晚上不愁寂寞。這場大規模測試，是在配合政府立法廣播條例，開徵收音機牌照費用。天文台亦宣佈改台號為 GOW，正式宣佈天氣廣播。無線電投資者心知不妙，退出香港，而無線電協會經過長時間測試，亦山窮水盡，要變賣發射器給新成立的青年會軍部，繼續配合政府徵收收音機牌照政策。這一青年會的軍部分會由商界組成，名義上只為軍人服務，試問大氣電波如何只供軍人收聽！成員除無線電協會專家外，還有政府的兩位無線電專家，測試頻道為 355 米，是日後 ZBW 台的頻道。可見這次官民合作毫不掩飾，收了牌費而沒有節目，這如何向納稅人交待？政府廣播政策呼之欲出，結果天文台率先公佈以 GOW 300頻道廣播天氣，接著工務局公佈在同一頻道測試音樂廣播，並將發射器移至山頂。在硬件上，政府能夠投放資源改善發射器和播音室等，其理由是協助船務業和改善船隻安全，加上無線電報收入大增，可達至收支平衡。但社會對無線電報收入應否津貼沒有回報的娛樂廣播就有很大保留，特別是大罷工後又遇上大旱災，政府開支要按社會需要而設優先次序是可以理解的。在這樣的環境下，政府和議員對娛樂廣播開支都看管得很"緊"，畢竟收音機仍然是少數人能擁有的奢侈品。郵政局要把娛樂廣播開支放在局內雜項，可見其數目之少和用心。官民合作因此不會因政府測試而停止，反而是加強。《南華早報》繼《士蔑西報》後，成為聽眾和政府的橋樑，反映收聽質素和喜愛節目之餘，更設讀者信箱，教授天線安放和收音機維修，還開闢世界新頻道供聽眾收聽。開創新節目的責任就落在了廣播委員會身上，挑選成員來自無線電專家、音樂界、體育界、學術界、志願軍、華人和外籍社會代表等。從這群人的背景，我們便可以知曉新節目的內容了。他們都是自願的。隨著新節目成為恆常節目，成員亦需要有新血，到1939年班子已全換了人。還有一個扮演幕後英雄角色的協會是香港業餘無線電發放協會，他們致力於鑽研短波廣播，在國際上獲獎，更出版本地無線電刊物，推廣無線電知識。港府日後成功使用短波廣播，將香港帶到世界各地，亦是間接受到他們的影響。大東電報局於1938年吞噬郵政局最賺錢的有線和無線電報後，港府才成立廣播分部，正式有廣播事務公務員編制。

年長的讀者或許有經歷過接收收音機的困難，天線的位置和收音機的質素都影響廣播清晰度。這種情況有如今天在偏僻地方收不到智能電話訊號一樣。當年廣播除接收能力微弱外，亦與發射站發出的電波太弱有關。港府專家多次在公開場合表示廣播發射器是低力度，只有四分之一千瓦，而且是從電報機改裝而來的，是名符其實的"土炮"，在裝嵌失敗時亦直認錯誤。可見港府一直受制於英國帝國國際通訊有限公司（即後期的大東電報局）收購香港有線和無線電的政策談判，而不敢投放資源改善發射器。直至港督貝璐叫停收購商討，港府才開始有少許空間改善硬件和娛樂廣播軟件。因此廣播節目亦受發射站和儀器所影響，例如只有一部低力度發射器，一個台號頻道如何雙語廣播、如何分配黃金時段、如何邀請表演嘉賓等問題都交到廣播委員會去解決。所以出現 ZBW 和 ZEK 兩台都有英中有粵和粵中有英的節目，直至到 ZBC 台才是純印語廣播。直播和轉播亦受現場儀器和頻道的影響，解決後才有這類節目。隨著技術問題改善，節目已發展至各個領域，如商業、宗教、兒童、弱勢社群、體育、教育、音樂、宣傳等。可見無線電發展是隨科技而進步的，若將廣播創新節目列出，不難見到無數個香港第一的紀錄，連同無線電硬件的創新，或可寫成一本《香港無線電發展紀錄中的無數個第一》。

鳴謝

　　書中的多幅舊圖和照片，獲英國國家檔案館、佐治爾士文博物館、英國環保資料分析檔案中心、香港政府檔案處歷史檔案館、岑智明先生、張順光先生和劉銓登先生慷慨借出，在此致謝。有關早年電報用於航運和天氣預測的一些資料，亦要感謝岑智明先生提供，並解釋和分享他的心得。最後我亦想趁此機會感謝內人吳熙賢的鼓勵和忍耐，讓我可以經常流連於圖書館和歷史檔案館。

鳴謝

· 香港文庫

總策劃：鄭德華

執行編輯：梁偉基

· 戰前香港電訊史

責任編輯：王　昊

書籍設計：吳冠曼

封面設計：陳曦成

書　　名	戰前香港電訊史	
著　　者	馬冠堯	
出　　版	三聯書店（香港）有限公司	
	香港北角英皇道 499 號北角工業大廈 20 樓	
	Joint Publishing (H.K.) Co., Ltd.	
	20/F., North Point Industrial Building,	
	499 King's Road, North Point, Hong Kong	
香港發行	香港聯合書刊物流有限公司	
	香港新界大埔汀麗路 36 號 3 字樓	
印　　刷	美雅印刷製本有限公司	
	香港九龍觀塘榮業街 6 號 4 樓 A 室	
版　　次	2020 年 3 月香港第一版第一次印刷	
規　　格	大 32 開（140 × 210 mm） 384 面	
國際書號	ISBN 978-962-04-4600-9	

© 2020 Joint Publishing (H.K.) Co., Ltd.

Published & Printed in Hong Kong